LA VOIE DES ARTISANS DE LUMIÈRE

Réveillez votre pouvoir spirituel de la connaissance et de la guérison

DOREEN VIRTUE, PH.D.

Traduit de l'américain
par Lou Lamontagne

AdA Inc.

Syntonisez Radio Hay House à HayHouseRadio.com

Éditeur : François Doucet
Traduction : Lou Lamontagne
Révision linguistique : Lorraine Lespinay
Révision : Nancy Coulombe, Judith R. Savaria.
Graphisme : Nancy Lizotte
ISBN 978-2-89565-419-3
Première impression : 2007
Dépôt légal : 2007
Bibliothèque et Archives nationales du Québec
Bibliothèque Nationale du Canada

Éditions AdA Inc.
1385, boul. Lionel-Boulet
Varennes, Québec, Canada, J3X 1P7
Téléphone : 450-929-0296
Télécopieur : 450-929-0220
www.ada-inc.com
info@ada-inc.com

Diffusion
Canada : Éditions AdA Inc.
France : D.G. Diffusion
ZI de Bogues
31750 Escalquens
Cedex France
Téléphone : 05.61.00.09.99
Suisse : Transat - 23.42.77.40
Belgique : D.G. Diffusion - 05.61.00.09.99

Imprimé au Canada

Participation de la SODEC.
Nous reconnaissons l'aide financière du gouvernement du Canada par l'entremise du Programme d'aide au développement de l'industrie de l'édition (PADIÉ) pour nos activités d'édition.
Gouvernement du Québec - Programme de crédit d'impôt pour l'édition de livres - Gestion SODEC.

Catalogage avant publication de Bibliothèque et Archives Canada

Virtue, Doreen, 1958-

La voie des artisans de lumière réveillez votre pouvoir spirituel de la connaissance et de la guérison

ISBN 978-2-89565-419-3

1. Virtue, Doreen, 1958- . 2. Facultés psychiques. 3. Guérison par la foi. 4. Médiums - États-Unis - Biographies. 5. Guérisseurs - États-Unis - Biographies. I. Titre.

BF1027.V57A3 2007 133.8092 C2007-940372-7

À mes grands-pères,
Ben Reynolds et Fount Leroy Merill,
dont les visites depuis l'au-delà
ont rappelé à ma mémoire
la raison de ma présence ici.

« Dans l'histoire du monde tous les prophètes, voyants, sages
et sauveurs sont devenus ce qu'ils sont devenus
et ont par conséquent eu les pouvoirs qu'ils ont eus –
selon un processus naturel. Tous ont reconnu
et sont parvenus à réaliser consciemment
leur unité avec la Vie Infinie. »

—Ralph Waldo Trine,
métaphysicien, auteur de
En harmonie avec l'Infini (1897)

Table des matières

Avant-propos

de Louise L. Hay

Dans l'Infinité de la Vie dans laquelle nous nous trouvons tous, tout est parfait, entier et achevé. C'est là la vérité de notre être. Nous connaissions cette vérité à notre naissance, pourtant beaucoup d'entre nous l'ont oubliée. Peut-être avons-nous été élevés par des parents qui avaient appris à voir la vie avec des yeux effrayés. La peur peut remonter à de nombreuses générations. Peut-être nos parents, grands-parents et arrière-grands-parents ont-ils eux aussi perdu cette vérité. En étant élevés par des gens craintifs, il est facile de perdre le contact avec l'essence de ce que nous sommes réellement. Je crois sincèrement que nous sommes les magnifiques Expressions divines de la Vie, dotées d'immenses capacités. Nous avons en nous des talents et des dons dans lesquels nous n'avons pas même commencé à puiser.

Le don d'accomplir un travail de guérison est inhérent à chacun de nous. C'est une manière de procéder normale et naturelle. Certains parlent de « l'imposition des mains » comme si c'était quelque chose d'anormal et d'inhabituel. Cependant, si nous nous faisons mal quelque part, nous allons tous placer immédiatement notre main à cet endroit pour nous soulager. Tout le monde le fait parce que c'est normal et naturel. C'est de cette manière qu'il nous faut considérer toutes les formes de guérison. Si vous vous sentez « appelé » à réaliser un quelconque travail de guérison ou même des lectures psychiques, sachez donc que vous avez les ingrédients essentiels pour y exceller. Je voudrais encourager tous les guérisseurs et voyants potentiels à suivre leurs rêves et à apprendre tout ce qu'ils peuvent des méthodes de guérison.

Nos pensées sont si puissantes qu'elles créent les circonstances de nos vies. Ce que nous pensons de nous-mêmes, des autres et de la vie contribue énormément à la manière dont nous vivons. Ce que nous dégageons nous revient toujours. C'est pourquoi, si nous voulons vivre des vies d'harmonie et de bien-être, il nous faut avoir en permanence dans notre univers mental des pensées d'harmonie et d'amour. Nous ne serons jamais en mesure d'aider à la guérison de notre planète si nous critiquons et condamnons des gens, des endroits et des événements. Pour être de vrais guérisseurs, nous devons concentrer notre énergie mentale à voir ce qui est positif partout où la réalité nous montre autre chose.

Chaque fois que j'entends parler d'un membre d'une bande, d'un criminel, d'un politicien véreux, d'un gros bonnet de la drogue, d'un dictateur ou de quiconque faisant souffrir dans le monde, je le bénis avec l'Amour divin car je sais qu'il y a en lui tout le bien qui réside en nous tous. Chacun est capable de se tourner instantanément vers cette partie de lui-même. Si j'entends parler d'une crise ou d'une catastrophe, j'envoie aussitôt de l'énergie d'amour et de guérison vers l'endroit où c'est arrivé. Chaque jour, je visualise le monde comme un lieu harmonieux et guéri où tous trouvent en abondance de la nourriture, des refuges et des vêtements. Je vois chacun accomplir un travail intéressant et recevoir un salaire lui permettant de subvenir à ses besoins. Je visualise l'harmonie dans les familles et entre les nations. Je me sers de mon esprit pour envoyer autant d'énergie positive que possible dans l'atmosphère. Nous pouvons tous contribuer à la guérison du monde grâce à notre conscience collective.

Si vous avez l'impression d'être bien trop insignifiant pour réaliser un travail de guérison, je vous en prie, rappelez-vous que la véritable conscience de Soi et Dieu sont les sources de notre pouvoir de guérison. La confiance en nous-mêmes n'a rien à voir avec le fait de guérir. Nous dépendons tous de l'aide d'un pouvoir supérieur et lorsque nous entrons en relation avec ce pouvoir, nous pouvons accomplir des miracles. Dans *La voie des artisans de lumière,* Doreen Virtue a écrit avec amour un livre qui nous inspirera tous et nous fera découvrir notre pouvoir sur le chemin de la guérison.

—Louise. L. Hay

PRÉFACE

Sont artisans de lumière ceux qui, avant leur naissance, ont offert spontanément d'aider la planète et sa population à guérir des effets de la peur. Chaque artisan de lumière est ici dans un but sacré. Toutefois, parce qu'elle est axée sur le matériel, la vie sur Terre entraîne très souvent une sorte d'amnésie chez les artisans de lumière. Ils oublient alors leur identité divine et parfaite de même que leurs dons pour aider miraculeusement la Terre et tous les êtres vivants. Lorsqu'ils oublient leur identité et leur finalité véritables, les artisans de lumière se sentent perdus et ont peur.

Vous êtes un artisan de lumière si :

- vous vous sentez appelé à guérir les autres ;
- vous voulez résoudre les problèmes sociaux et environnementaux de la planète ;
- vous croyez que les méthodes spirituelles permettent de guérir n'importe quelle situation ;
- vous avez vécu des expériences mystiques telles que des visions prémonitoires ou des rencontres angéliques ;
- vous avez supporté dans votre vie des expériences difficiles qui ont érodé votre connaissance de votre perfection divine ;
- vous voulez que la guérison de votre propre vie soit une première étape dans celle du monde ;

- vous vous sentez irrésistiblement poussé à écrire, enseigner ou donner des conseils à la suite de vos expériences de guérison ;
- vous savez que vous êtes ici dans un objectif supérieur, même si vous n'êtes pas sûr de ce qu'il est ou de la manière de le réaliser.

En ce moment même, partout sur la planète, des artisans de lumière s'éveillent au vague souvenir de la raison pour laquelle ils sont venus sur Terre. Ils entendent un appel intérieur qui ne peut être ignoré. C'est un rappel qu'il est temps d'arrêter de s'amuser avec des rêves matériels et de se mettre au travail.

De nombreux artisans de lumière sont en train de se découvrir des dons spirituels innés comme ceux de communication psychique et de guérison spirituelle. Ce sont les dons que nous avons volontairement proposé d'utiliser pour guérir la Terre et sa population durant les décennies cruciales entourant le passage du millénaire. Des prophéties ont annoncé notre venue et il est temps pour nous à présent d'accomplir notre finalité divine. Le monde a besoin de nous !

Ce livre évoque le voyage que j'ai fait pour me souvenir de mon identité et de mes capacités d'artisane de lumière. Sa finalité est de vous aider à vous rappeler *votre propre* mission divine et vos dons spirituels naturels. C'est pourquoi j'ai raconté en détail comment je me suis réapproprié mes dons de communication psychique, de manifestation et de guérison spirituelle. J'ai également décrit des études et des méthodes scientifiques qui vous aideront à retrouver votre vision et vos capacités spirituelles. De nombreux artisans de lumière se sentent guidés pour écrire des livres et des articles, mais sont perdus et intimidés face au monde de l'édition.

C'est pour cette raison que j'ai inclus des renseignements essentiels pour que vous voyiez vos écrits imprimés.

En écrivant ce guide à votre intention, je me suis sentie totalement dirigée par l'Esprit. J'y ai parlé de mon éducation et de mes interactions avec différentes religions, en particulier la Science Chrétienne, mais il ne s'agit pas d'un livre religieux. J'évoque simplement mon expérience des religions que j'ai croisées sur le chemin de mon développement et mon éveil spirituel. « Spiritualité » et « religion » se chevauchent souvent, toutefois je ne crois pas que l'une dépende de l'autre. J'ai également donné des descriptions de mon travail sur la guérison des cicatrices dues aux « abus religieux ».

La réalisation de ce livre fait partie de ma mission sacrée d'artisane de lumière. Je suis ici, comme vous, pour éclairer le chemin des artisans de lumière encore endormis qui ne font que commencer à s'éveiller à leur raison d'être.

Que la paix soit avec vous !

—Doreen Virtue, Ph.D.

REMERCIEMENTS

Ce livre n'aurait pas vu le jour si certains anges marchant parmi nous ne m'avaient apporté l'aide et l'inspiration qui m'ont aidée à trouver le chemin. Je veux tout d'abord dire merci à Jill Kramer qui m'a suggéré d'écrire ce livre. Jill est non seulement une éditrice remarquable, mais aussi une merveilleuse amie et une artisane de lumière éveillée. Je veux ensuite remercier Louise L. Hay qui est un modèle pour les artisans de lumière de partout. Louise a apporté la preuve que lorsque l'on remet tout à Dieu avec reconnaissance, tous les détails de la vie sont automatiquement pris en charge. Ma gratitude va également à Reid Tracy, vice-président de Hay House, qui a apporté un soutien décisif à mes projets d'écriture. En outre, Kristina Tracy a généreusement prodigué son temps personnel, son énergie et son enthousiasme à diffuser l'amour de Dieu. Je me sens honorée de travailler avec elle. Je suis également reconnaissante à Jeannie Liberati, que son rôle d'artisane de lumière amène à voyager sans cesse, du dévouement et de la bonté qu'elle manifeste dans son travail.

Je veux aussi remercier les autres membres du personnel ayant apporté leur soutien au démarrage de ce livre, notamment Ron et Heidi Tillinghast, Christy Salinas, Jenny Richards, Adrian Eddie Sandoval, Barbara Spivak, Margarete Nielsen, Polly Tracy, Gwen Washington, Lisa Kelm, Lynn Collins et tous les autres employés de Hay House.

Mon cœur est également plein de gratitude envers mes professeurs, notamment Jésus-Christ, Phineas Quimby, Mary Baker Eddy, Ernest Holmes, Forrest Jolly, Joan Hannan, William Hannan, Louise L. Hay, Wayne

Dyer, John Randolph Price, Betty Eadie, Dannion Brinkley et Rosemary Altea.

Durant la rédaction de ce livre, deux artisans de lumière de ma vie, Pearl Reynolds et Ted Hannan ont excellé à m'apporter conseils et aide dans mes recherches. Merci à tous deux d'être entrés dans mes rêves juste au bon moment avec exactement l'information dont j'avais besoin ! Une gerbe de mercis à ma famille, merveilleuse dans son soutien : Steven Farmer, Grant Schenk, Charles Schenk, Ken Hannan et Roméo, mon chat angélique.

Je suis également profondément reconnaissante de l'aide déterminante que m'ont apportée la rédactrice en chef du magazine *Complete Woman*, Bonnie Krueger, et la rédactrice en chef adjointe, Martha Carlson, grâce à qui j'ai pu rencontrer personnellement nombre de ceux qui m'ont enseigné à changer de vie, et m'entretenir avec eux. Je veux également remercier Beverly Hutchinson, Michele Gold, Nancy Griffin et le Dr Jordan Weiss pour leurs dons de lumière. Enfin, mon éternelle gratitude va à mon ange gardien, Frédérique. Merci à tous ! Mon plus profond désir est de prendre les dons que vous m'avez faits et de les transmettre à d'autres.

* * * *

Introduction

Libérer l'esprit

Le père décédé de ma cliente se tenait près de son épaule droite et lui demandait pardon. Lauren sentant la présence de son père, mais ne pouvant ni le voir ni l'entendre, je me servais de mes facultés de guérisseuse et de médium pour permettre leur conversation.

« Il dit qu'il n'a pas d'excuse pour son comportement violent envers vous, ai-je dit à Lauren. Cependant il fait appel à votre compassion pour comprendre combien il est désolé et à quel point il vous aime. Il n'arrête pas de répéter : " Je t'en prie, pardonne-moi "».

Lauren était assise bras croisés, un flot de larmes s'écoulait de ses yeux. D'une voix hésitante, elle a exprimé son désir de pardonner ses traitements cruels à son père. Elle craignait toutefois que son pardon ne soit mal interprété, comme si elle excusait cette violence. Elle comprenait que son ressentiment de longue date envers son père interférait avec son profond désir de devenir une guérisseuse ou une auteure spirituelle. Elle savait qu'il lui fallait laisser aller la colère contenue afin de devenir une guérisseuse efficace, mais elle n'était pas sûre de vouloir pardonner à son père. Après tout, il était à l'origine de son immense angoisse.

Lauren se débattait avec les mots lorsqu'un second esprit a fait son apparition. Il était grand, rougeaud et échevelé. Je pouvais en déduire la force physique que cet homme avait eue durant sa vie. À la description que j'ai faite de ses caractéristiques, Lauren l'a identifié comme étant son grand-père paternel. Sa personnalité s'est imposée avec force lorsque, à travers moi, il a dit à

Lauren : « *C'est moi* qui ai besoin de ton pardon. C'est moi qui ai tellement battu ton père qu'il en est devenu un homme en colère, tout comme moi. C'est de ma faute s'il a passé toute sa colère sur toi. »

Le grand-père de Lauren a expliqué qu'il buvait fréquemment pour étouffer sa peur de perdre l'entreprise familiale et que cela avait été à l'origine d'un mélange explosif de colère et de violence physique. Sans essayer d'échapper à la responsabilité de ses actions, il nous a demandé de comprendre son point de vue et le rôle qu'il avait joué dans l'enfance difficile qu'avait vécue Lauren. Il a demandé à cette dernière de pardonner à son fils et à lui-même afin que tous puissent être libérés.

À ces mots, Lauren a éclaté en sanglots dans son mouchoir. Submergée et incapable de parler, elle a hoché la tête en levant la main droite pour dire : « Oui, je veux vous pardonner, Grand-Papa. » Son grand-père a glissé un bras éthérique autour de ses épaules et l'a serrée une dernière fois en signe d'adieu. J'ai vu une femme escorter son père et son grand-père jusqu'à une sorte de plateforme rayonnant de jaune, puis ils ont disparu.

Lauren s'est reposée quelques instants, puis, je lui ai demandé de s'allonger sur mon sofa. Avant le début de la séance, son plexus solaire était totalement épanoui. À présent que je passais en revue et vérifiais ses chakras avec la main droite, ils palpitaient d'une énergie nette et brillante. Elle s'est assise et a souri. Tandis qu'elle essuyait le mascara qui avait coulé sur ses joues, elle a regardé dans un miroir tout proche et remarqué la disparition d'une rougeur qu'elle avait eue au visage.

Lauren m'a appelée plus tard pour me faire part de sa progression depuis notre séance. J'ai été heureuse d'apprendre qu'elle se sentait libérée de bien des peurs qui l'avaient retenue de réaliser ses aspirations à guérir.

Toutefois, ces bonnes nouvelles ne m'ont pas surprise, car nombre de mes clients me parlent de résultats semblables. En fait, mes propres capacités psychiques et spirituelles à guérir sont le produit d'un voyage spirituel de lâcher-prise et de pardon semblable à celui de Lauren. Je me souviens combien j'ai eu peur, comme Lauren, la première fois que j'ai marché sur la voie des artisans de lumière.

* * * *

Note de l'auteure : Toutes les histoires racontées dans ce livre sont vraies. Seuls les noms et les détails permettant d'identifier mes clientes ont été changés afin de protéger la vie privée de ces dernières.

* * * *

(Par souci d'éviter une formulation maladroite et redondante, j'ai choisi d'utiliser surtout le féminin, plutôt que « elle ou lui » ou « il ou elle ». Toutefois je veux insister sur le fait que ce livre s'adresse autant aux hommes qu'aux femmes.)

Première partie

Le voyage d'une artisane de lumière

CHAPITRE 1

PREMIERS MIRACLES

« Oh, Seigneur, Ton pouvoir est plus grand que tous les pouvoirs, et sous Ta conduite nous n'avons rien à craindre. C'est Toi qui nous as donné le don de prophétie et nous as permis de tout prévoir et interpréter. »

—Prière d'un Dinka (Soudan)
de la tradition religieuse africaine

Mon tout premier souvenir de la puissance de l'Esprit remonte au jour où un miracle a résolu un problème pour l'enfant que j'étais. Elle-même élevée dans un foyer de métaphysiciens, ma mère m'avait enseigné à me servir de la visualisation, de la prière et des affirmations depuis ma tendre enfance. Un soir d'automne lorsque j'étais très jeune, j'ai été témoin de la puissance de ces pratiques spirituelles.

En grimpant dans mon lit, je me suis rendu compte qu'il me manquait mon petit porte-monnaie rouge. Sur le chemin du retour de l'école, je m'étais arrêtée avec des amis au quai de chargement d'un magasin et l'avais laissé sur la plate-forme. Il contenait non seulement l'argent du lait pour la semaine, mais également plusieurs de mes trésors d'enfant. Dans l'excitation du jeu avec mes amis, j'avais quitté le quai sans lui.

J'ai appelé ma mère en criant. La perte de ce porte-monnaie me bouleversait autant que si j'avais perdu mon jouet préféré. Je ne me souciais pas beaucoup de l'argent qu'il contenait ; j'étais surtout triste d'avoir été aussi négligente. C'était presque comme si j'avais abandonné un jouet que j'aimais et j'imaginais son sentiment de solitude, sous le ciel, par une nuit froide sur le quai de chargement. Je voulais annuler mon erreur et avoir à côté de moi ce joli petit porte-monnaie.

Ma mère m'a pris les mains et m'a dit avec fermeté : « Je veux que tu affirmes cette vérité à maintes reprises, Doreen : " Rien n'est perdu dans l'esprit de Dieu "». Faisant confiance à ma mère sans le moindre doute, j'ai eu l'entière certitude que ces paroles me rapporteraient mon porte-monnaie. J'ai bien fermé les yeux et répété cette phrase jusqu'à ce que je m'endorme d'épuisement. Le lendemain matin, ma première pensée a été pour mon porte-monnaie. J'ai ouvert les yeux m'attendant absolument à le voir. *Et il était là, juste à côté de mon lit !* J'étais très enthousiaste, mais pas surprise. Après tout, ma mère avait promis que la prière ferait effet. Des années plus tard, je lui ai demandé si en réalité elle avait trouvé le porte-monnaie et l'avait placé près de mon lit. Elle a juré n'y être pour rien dans cette mystérieuse réapparition. Je la crois, car depuis, ce traitement par la prière s'est avéré efficace pour moi à maintes reprises.

Pourquoi ne croirais-je pas aux miracles et à la guérison spirituelle, somme toute ? Ma propre naissance s'est produite suite à des demandes de prières faites par ma mère au ministère de la prière de l'Église Scientiste*. Après de nombreuses années de mariage, mes parents étaient malheureux de n'avoir toujours pas d'enfant.

* NdT. Ou l'Église de la Science Chrétienne, ou Science Religieuse, qui n'a rien de commun avec l'Église de Scientologie.

Maman s'est donc tournée vers la prière - pas tant en *demandant* un bébé à Dieu qu'en *déclarant* et en *sachant* qu'un bébé venait vers elle. Moins d'un mois après avoir déposé sa demande de traitement par la prière, mes parents me concevaient.

Cette approche affirmative de la prière, dans laquelle on déclare le résultat désiré comme octroyé, est fondée sur ce qui est dit dans le Nouveau Testament : « Quoique vous demandiez en priant, si vous croyez, vous le recevrez ». Le fait d'implorer pour que notre bien vienne à nous est issu de la peur. La Loi de cause à effet entraînant tout ce en quoi nous croyons sincèrement, fait que nos peurs se manifestent souvent en prenant forme.

Je me souviens d'avoir eu des visions spirituelles lorsque j'étais enfant. Petite fille, je voyais des lumières angéliques de toutes sortes de tons de vert et de bleu. Adolescente et jeune adulte, celles-ci m'apparaissaient comme de grands éclairs blancs, comme provenant d'un stroboscope. À présent, je sais qu'un ange est à proximité lorsque je vois de petits éclats blancs de lumière étincelante semblables à des étoiles.

Ma vision spirituelle m'a également permis de voir des esprits, mais, enfant, j'imaginais voir des personnes normales. Ayant parlé à ma mère des gens que je voyais, celle-ci m'a convaincue que ce n'était que la réflexion des images du poste de télévision de notre salon. Pensant que les affirmations de ma mère devaient être justes, je me suis ainsi détournée de mon don de voir les esprits pendant de nombreuses années.

Je sais maintenant que je voyais à travers le voile de la mort et que mes dons de médium se sont manifestés à un âge très précoce. Je crois que beaucoup d'enfants, pour ne pas dire tous, sont clairvoyants. Leurs amis invisibles sont des guides spirituels que seul peut voir le regard non blasé des enfants et de quelques adultes. J'ai vu récemment l'entrevue d'un homme qui, durant son expérience de mort imminente, s'est rendu compte que seuls les enfants le voyaient sous sa forme spirituelle. Dans une étude menée en 1995 sur ce sujet, William MacDonald de l'université d'État de l'Ohio a découvert que les jeunes étaient statistiquement plus susceptibles de faire preuve de dons de clairvoyance et de télépathie que les adultes[1].

Nous devons être prudents lorsque nous parlons de leurs visions avec des enfants, car nous avons le pouvoir de les convaincre qu'ils se trompent. Ces enfants occulteront leur vision spirituelle, comme je l'ai fait, pour faire plaisir à leurs parents. Cependant, si nous insufflons de l'amour dans ce don, nous verrons que les capacités de nos enfants et les nôtres sont aussi admirables que n'importe quelle habileté naturelle. En tant qu'artisans de lumière, nous sommes destinés à nous servir de ces dons et à en jouir le plus possible.

Parmi nous, artisans de lumière, nombreux sont ceux qui commencent à se souvenir de cet impressionnant pouvoir que nous avons tous naturellement. Faits à l'image et à la ressemblance d'un Dieu tout-puissant, nous avons des capacités et un pouvoir renversants dont nous ne sommes peut-être même pas conscients. Avec leur concentration mentale, les artisans de lumière ont le pouvoir de guérir toute la planète.

Mes parents m'ont inculqué qu'il n'y avait pas de limites, et petite fille, je croyais absolument que tout était possible. Je me rappelle encore étant dans la cour de l'école et ordonnant au vent de souffler. Je disais d'un ton autoritaire : « Vent, souffle maintenant ! » et à chaque fois, je sentais une grande bourrasque dans mes cheveux et sur mon visage.

Je ne sais pas d'où me venait cette idée d'ordonner au vent de souffler. Peut-être que je me souvenais du don divin que nous partageons tous et qui nous donne le pouvoir de guérir la Terre. C'est le don qui, une fois que nous le retrouvons et l'utilisons, nous permet de guérir les anciens modèles des tremblements de terre, des tornades, des ouragans et des inondations.

La recherche scientifique sur les liens entre les pensées humaines, les émotions et le temps confirme actuellement en laboratoire ce que les artisans de lumière soupçonnent depuis longtemps : nos pensées influencent le temps, la structure des nuages, celle de l'eau, de même que la température de l'eau et celle de l'air[2]. La peur engendre des modèles destructeurs que l'amour guérit. Nous n'avons pas à accepter les tragédies comme étant naturelles ou inévitables. Elles ne sont certainement pas le « fait de Dieu », à moins que l'on ne se réfère à la Loi divine de cause à effet, qui transforme les pensées en réalités. Heureusement, cette loi permet aux artisans de lumière de manifester une Terre sereine en ayant à l'esprit des pensées paisibles et aimantes.

Ma mère m'a emmenée à l'école du dimanche de l'Église Unitarienne de North Hollywood, en Californie, jusqu'à ce que j'aie dix ans. Je ne me rappelle pas que les professeurs parlaient beaucoup de métaphysique, de religion ou de la Bible. Au lieu de cela, nous colorions et lisions des livres classiques pour enfants la plupart du temps jusqu'à ce que nous rejoignions l'assemblée des adultes pour chanter les hymnes qui marquaient la fin des offices dominicaux. Il est surprenant que j'aie vécu l'une des expériences les plus profondes de ma vie avec pour toile de fond la banalité des classes de l'école du dimanche.

J'avais huit ans et je descendais le trottoir en direction de la voiture de ma mère, après la sortie de l'école du dimanche. C'était une journée modérément chaude, le ciel était dégagé et la blancheur du trottoir était particulièrement éblouissante au grand soleil. Soudain, une force invisible m'a arrêtée et je suis restée pétrifiée, comme figée dans le temps. Puis, lorsque j'ai retrouvé ma conscience éveillée, j'étais à l'extérieur de mon corps et me regardais d'une distance d'environ 30 cm. Je n'avais aucune idée de la façon dont j'étais sortie de mon corps, car cela s'était produit en une fraction de seconde. Ce fut un choc pour moi que mon corps puisse se tenir par lui-même, sans « moi » à l'intérieur.

De l'extérieur, au-dessus de mon épaule droite une voix d'homme a dit fermement : « Voilà ce que tu es venue enseigner, Doreen : ce clivage entre l'esprit et le corps, exactement comme tu es en train d'en faire l'expérience. Tu es ici pour apprendre aux autres que l'esprit contrôle le corps ». Tout aussi soudainement, je me suis retrouvée à l'intérieur de mon corps. Étonnamment, cette expérience ne m'a pas effrayée. Plus que tout autre chose, je ne comprenais pas ce que la voix avait voulu dire par « le clivage entre l'esprit et le corps ». Ce n'est que bien des années plus tard que je comprendrai le phénomène de l'expérience extra-corporelle (OBE*) de mon enfance.

Dans son livre *Transformé par la lumière,* Melvin Morse, M.D. traite de l'étude qu'il a menée sur des adultes et des enfants ayant vécu des OBE. Morse a observé chez des gens ayant eu une OBE ou une expérience de mort imminente, des niveaux d'activités psychiques vérifiables plus élevés par la suite, en comparaison avec

* NdT. OBE: Out-of-Body Experience.

les groupes témoins[3]. Je crois que comme tous les enfants, je suis née avec un don psychique. Je crois également que cette OBE dans l'enfance a largement ouvert les voies naturelles de la conscience chez moi.

À l'époque où cela s'est produit, je n'avais jamais entendu parler des OBE auparavant. Même si ma famille m'avait élevée dans un foyer porté sur la spiritualité, nous ne parlions jamais des phénomènes psychiques. Ce monde était extérieur à notre connaissance et à notre intérêt.

Après avoir entendu parlé de cette expérience de mon enfance, certaines personnes m'ont demandé de leur recommander des livres ou des cours permettant de vivre une OBE. Je leur ai dit que mon OBE s'était produite spontanément et que je ne l'avais pas désirée ; pas plus que je ne l'*aurais* désirée même si j'avais su à l'époque qu'il était possible de quitter son corps. J'ai déjà vu des livres sur la manière d'avoir une OBE, mais je n'ai jamais voulu en lire. Néanmoins, si nous nous sentons en harmonie pour lire des livres ou assister à des cours sur les OBE, il revient à chacun de nous de suivre sa propre orientation. Je pense que nous devons toujours suivre le chemin que nous indique notre intuition.

Toutefois, je ne crois pas en l'utilité de se forcer à vivre une OBE. Au cours de certaines de mes médiations, j'ai fait des voyages très réels dans l'au-delà. J'ai vu nettement des édifices de cristal et des paysages éthériques aux teintes éclatantes. Pourtant, jamais je ne m'*efforçais* consciemment d'avoir une OBE. Le fait que ma conscience sorte du plan terrestre était secondaire, ce n'était pas l'objectif principal.

Je n'ai pas remarqué beaucoup de changements dans ma vie immédiatement après l'OBE de mon enfance. Je n'en ai parlé à personne pendant de nombreuses années.

Je ne voulais pas en parler, parce que bien qu'extraordinaire et détaché de ce monde, cela m'avait également semblé naturel et un peu prédestiné. Aujourd'hui, je crois que j'avais déjà prévu cet événement avec mes guides spirituels avant mon incarnation, comme un moyen de me rappeler mon objectif de vie. L'OBE a été alarmante, mais ne m'a pas semblé inattendue comme l'ont été bien d'autres expériences mystiques de ma vie.

Dans le chapitre suivant, je vous en dirai un peu plus sur les premières influences que j'ai reçues.

* * * *

CHAPITRE 2

INFLUENCES FAMILIALES

« Toute âme est immortelle, car tout ce qui est en mouvement perpétuel est immortel. L'âme de chaque homme a, par la loi de sa naissance, été spectatrice de la vérité éternelle, sinon elle n'aurait jamais pénétré dans notre monde mortel. Pourtant il n'est pas encore facile pour tous de se souvenir de leur passé dans leur existence actuelle. »

—Platon

Lorsque j'étais enfant, papa travaillait comme illustrateur technique et superviseur des arts graphiques à la *Space Electronics Corporation,* un programme spatial en relation avec la NASA. Notre famille avait des revenus confortables, pourtant mon père n'était pas heureux dans le monde de l'entreprise.

Alors que j'avais sept ans, *Space Electronics Corporation* a fusionné avec une autre société et est devenue *Space General Corporation.* La société a déménagé à El Monte, lointaine banlieue du Sud de la Californie. Pour éviter un long trajet, mon père a choisi de travailler à la maison en tant que consultant. Cela lui donnait la possibilité de faire un autre travail plus en rapport avec ce qu'il aimait, comme d'écrire des articles pour des magazines de maquettes d'avions, la passion de son enfance.

Il était également réviseur pigiste pour un petit éditeur proche de chez nous.

Un jour, papa a décidé de quitter son travail de consultant et de pigiste. Avec deux amis, ils ont démarré une entreprise par correspondance de modèles réduits d'avions. Finalement, les autres associés ont cédé l'entreprise à mon père, ce qui l'a conduit à écrire une série de livres sur le sujet. Mes parents ont transformé l'entreprise par correspondance des débuts en *Hannah's Runway*, une société par correspondance spécialisée dans les livres d'aviation qu'ils gèrent toujours de leur domicile.

Des années plus tard, cette entreprise allait s'avérer florissante, mais au début les revenus de notre famille ont brusquement chuté. Papa a commencé à travailler vingt-quatre heures sur vingt-quatre dans son bureau à domicile. Il était à la maison toute la journée et tous les jours, pourtant je ne le voyais guère. Il passait la majeure partie de son temps à écrire des articles et des livres, et à concevoir des plans de maquettes d'avions. Durant les week-ends, il assistait à des réunions sur les maquettes d'avions, autant pour évacuer son stress que pour présenter les capacités de vol de ses modèles à des clients potentiels. Chaque fois que maman se plaignait que la vie de mon père tournait essentiellement autour de ces modèles réduits, celui-ci répondait : « Hé bien, au moins je ne cours pas après l'*autre* genre de modèles ! »

Lorsqu'il ne travaillait pas, papa m'accordait beaucoup d'attention afin de rattraper le temps que nous n'avions pas pu passer ensemble. Il m'assignait constamment des projets de rédaction créatifs dans lesquels je plongeais avec joie, autant pour faire plaisir à mon père que parce que j'aimais les défis. Il m'entraînait aussi dans des débats amicaux sur des concepts rhétoriques afin d'aiguiser mon esprit logique et de pratiquer l'art d'échanger les idées philosophiques.

Papa est un homme élancé aux manières douces, et un végétarien ayant sa propre conception de la spiritualité. Sans toutefois adhérer à une religion officielle, il préfère épouser et pratiquer les vertus de la bonté et de la générosité. Chaque fois que nous allions quelque part ensemble, il m'enseignait régulièrement la politesse. Il ouvrait toujours les portes pour les inconnus et ne se souciait pas d'en être remercié. Papa m'a appris également que tout arrive pour une raison et qu'il n'existe pas de coïncidences. Il disait que si l'on pensait à quelque chose, on l'attirait dans sa vie. Un jour, il m'a enseigné la « loi du flux » en disant : « Nous sommes tous semblables à des tubes. Les choses s'écoulent dans nos vies, et nous devons les laisser en sortir, sinon nous allons nous obstruer. C'est pourquoi je fais toujours circuler les différents livres et articles que je reçois, en me débarrassant des choses aussi vite qu'elles entrent. Pourtant, il y en a toujours plus qui entrent que je n'en fais ressortir. »

Papa a dû hériter de la générosité et de la spiritualité de ses parents. Mon grand-père paternel, Ted Hannan, un des hauts dirigeants dans la distribution des produits Amway*, était parvenu à cette situation élevée en faisant la démonstration de l'abondance à des distributeurs et des clients potentiels. Ted plaçait des pièces de un dollar en sandwich entre deux cartes professionnelles portant des trous de façon à ce qu'on puisse voir l'argent. Sur ses cartes, il était écrit : « Vous en voulez plus ? Appelez Ted Hannan ». Une manière de s'amuser, était d'acquitter le péage des voitures en file derrière lui, du pont près de sa maison de l'État de Washington. Il disait : « Toute la journée, j'imagine la surprise que ces conducteurs ont

* NdT. Amway est une société de vente directe de produits qui ne se trouvent pas en magasin.

dû avoir en arrivant à la cabine de péage et en découvrant que quelqu'un avait payé pour eux ! »

La mère de mon père, Pearl, a également influencé la spiritualité de celui-ci. Lorsque j'allais la voir chez-elle, nous jouions avec ses baguettes divinatoires. Comme les cartes de tarot, chaque baguette était gravée d'un nombre. Vous posiez une question, puis tiriez une baguette et lisiez dans le livret l'accompagnant ce que signifiait le nombre. Ce livret et ces baguettes me fascinaient, en particulier parce que les réponses du livret semblaient avoir un sens profond et en rapport avec chaque question que je posais.

Ma grand-mère Pearl était tant sur le plan physique qu'affectif une belle femme. Avide lectrice, elle passait souvent à travers deux ou trois livres par semaine. En outre, elle adorait les sucreries, surtout le chocolat, mais n'a jamais montré le moindre signe d'embonpoint. La première fois qu'elle a rencontré mon grand-père Ted, elle travaillait comme commis dans un magasin. Il est entré et a demandé quel cadeau il pourrait acheter pour la plus jolie fille qu'il ait jamais vue : elle.

Malheureusement, leur mariage s'est soldé par un divorce et chacun s'est remarié. Cependant, Ted a continué à envoyer à Pearl des roses rouges pour son anniversaire chaque année. Je me demande si leurs conjoints respectifs étaient au courant de cette pratique. Dans l'intervalle, Pearl a épousé Ben, que j'appelais affectueusement « Pop-Pop ». En grandissant, Ben était celui que je croyais être mon grand-père. Ils ont vécu près de nous dans la vallée de San Fernando pendant de nombreuses années. Ensuite, Ben a pris sa retraite et ils ont déménagé à Bishop, dans le centre de la Californie, ainsi il pouvait pêcher dans les lacs des alentours. Une ou deux fois par an, grand-maman Pearl et Pop-Pop faisaient le trajet en voiture pour venir nous voir et c'était toujours une surprise qui nous remplissait de joie.

La famille de ma mère était également profondément religieuse. Ma grand-mère Ada était membre depuis des années de l'Église Scientiste, tout comme l'avait été mon arrière-grand-mère maternelle. Le premier mariage d'Ada avec mon grand-père naturel, Fount Leroy Merrill, avait été tumultueux - principalement parce c'était un très gros buveur. Ils se disputaient constamment, parfois au point que ma mère en avait mal au ventre de nausée. Fount Leroy est mort d'une maladie due à son alcoolisme avant ma naissance. Personne ne parlait beaucoup de lui, et pendant des années j'ai cru que le second mari de grand-maman Ada, Lloyd Montgomery, était mon véritable grand-père.

Mes parents avaient chacun supporté des moments difficiles dans leur enfance à cause des disputes des leurs, qui tournaient souvent autour de l'alcool. Par conséquent, lorsqu'ils se sont rencontrés et mariés, ils ont fait un pacte solennel de ne jamais se disputer devant nous, leurs enfants. Ils se sont également abstenus de boire de l'alcool durant la majeure partie de leur vie d'adulte. À ce jour, je ne peux pas me souvenir d'avoir entendu la moindre dispute entre mes parents. Je sais qu'ils ont dû avoir des désaccords au fil des ans, mais tout ce que je peux supposer c'est qu'ils réglaient leurs différends au cours des longues promenades qu'ils faisaient (et font encore) ensemble.

En novembre 1968, j'avais alors dix ans, nous avons déménagé à Escondido dans le nord du comté de San Diego. J'étais terriblement malheureuse de déménager. À North Hollywood, j'avais de nombreux amis à l'école et dans le quartier. La vie avait semblé magique, comme si j'avais la chance de mon côté. Pourtant, mes parents s'inquiétant de l'augmentation du taux de criminalité, du smog et de la circulation dans le comté de Los Angeles, ma mère avait trouvé un nouveau lotissement à Escondido.

Elle nous avait emmenés visiter la maison modèle et j'avais été enchantée par ses décorations aux couleurs méditerranéennes. Dans une chambre, il y avait un éléphant indien en osier décoré de minuscules miroirs taillés. Je me souviens avoir pensé *C'est ma chambre ! J'adore cet éléphant et les autres décorations indiennes !* Toutefois lorsque nous avons finalement emménagé dans notre maison, j'ai eu un choc en découvrant que ma nouvelle chambre et toute la maison étaient totalement vides ! J'avais simplement supposé que l'éléphant en osier et les autres décorations venaient avec la maison.

Là, j'étais donc dans une nouvelle ville, une nouvelle maison et ne connaissant personne. Pire encore, mon évaluation académique pour entrer dans l'arrondissement scolaire de San Diego avait montré que mes résultats étaient supérieurs à mon niveau scolaire. On m'a donc fait sauter de la quatrième année du primaire à la sixième. Au lieu d'être remplie de joie par cette promotion dans mes études, je me suis sentie embarrassée d'être la plus jeune élève de mes cours. À cette nouvelle école, je manquais cruellement les sentiments d'acceptation et de popularité que j'avais connus à North Hollywood. Plusieurs filles se moquaient des vêtements que je portais, en disant que mes robes et ma coupe de cheveux étaient démodées. Je me demandais comment la frontière entre deux comtés pouvait-elle changer à ce point ce qui était considéré à la mode.

Je me rends compte à présent que la conscience que j'avais de moi poussait les autres enfants à m'éviter. Chaque matin je m'enfouissais sous mes couvertures en priant avec ferveur pour être de retour à North Hollywood lorsque j'ouvrirais les yeux. Pourtant, chaque matin j'étais encore à Escondido. Je crois que cela a été mon premier sentiment de doute à propos de l'efficacité de la prière.

Après le déménagement, au début nous avons fréquenté l'Église Unitarienne d'Escondido. Ma mère passait beaucoup de temps à pratiquer le violon, et a bientôt rejoint l'orchestre du collège communautaire Palomar. Elle y a rencontré une femme du nom de Lois Crawford, qui était assise à côté d'elle dans l'orchestre. Membre de l'Église Scientiste, Lois a invité ma mère à participer avec elle à un atelier que donnerait prochainement son église. Ayant accepté avec joie, maman a trouvé le prêcheur très inspirant.

Le soir même de cet atelier, ma grand-mère Ada, grand-papa Lloyd, mon arrière-grand-mère, ainsi que ma grand-tante et mon grand-oncle ont été frappés de plein fouet alors qu'ils circulaient à bord de leur camionnette *Volkswagen*. Le véhicule s'est renversé, laissant chacun suspendu à sa ceinture de sécurité. Grand-papa Lloyd et ma grand-tante Ruby ont été grièvement blessés.

Ma mère m'a dit : « Les vérités que j'ai apprises juste dans cette petite heure de conférence ont été de véritables réconforts pour moi et je suis sûre qu'elles ont aidé à la guérison ». Lloyd et Ruby se sont vite rétablis, ce que ma mère porte au crédit de sa foi en la Science Chrétienne.

Cette démonstration de guérison a incité ma mère à se joindre à l'Église Scientiste locale. Elle nous a pris à part, mon jeune frère Kenny et moi, et nous a expliqué que nous allions fréquenter une nouvelle église. Elle nous a dit qu'elle attendait de nous que nous allions à l'école du dimanche, et qu'il n'y aurait pas d'excuses. J'ignore pourquoi elle a été aussi ferme sur ce sujet. Peut-être nous étions-nous mal conduits à cause de notre tristesse depuis le déménagement. Peu importe, bientôt, je fus inscrite à l'école du dimanche de l'Église Scientiste d'Escondido.

J'ai aimé ces cours sur-le-champ. C'était une oasis où j'étais totalement acceptée. Mes professeurs étaient fascinants et nous racontaient chaque semaine comment nos esprits influençaient la réalité. Par exemple j'ai entendu l'histoire d'une femme qui avait perdu son mari à la guerre. Lorsqu'il est mort, le temps s'est arrêté pour elle et elle a arrêté de vieillir. Elle s'est simplement assise dans sa chaise berçante jour après jour, attendant son mari qui ne devait jamais revenir. Au fur et à mesure qu'elle prenait de l'âge, la chevelure et la peau de cette femme sont restées les mêmes que le jour où sa vie s'est figée dans le temps. Nous entendions également parler de gens guérissant de blessures et de maladies parce qu'ils alignaient leurs pensées sur la prière. Ces cours me rappelaient les choses que ma mère m'avait apprises alors que j'étais toute petite.

L'un de mes professeurs à l'école du dimanche, Forrest Holly, était un homme surprenant qui m'impressionnait beaucoup. Apparemment, Forrest impressionnait beaucoup de monde parce qu'en 1996, un film sur un réseau de télévision et un livre intitulés *What Love Sees* ont retracé l'histoire de sa vie.[1]

Aveugle des deux yeux, Forrest était pourtant « voyant » de bien des manières. Loin d'être handicapé, c'était un entrepreneur en bâtiments couronné de succès, qui se servait de bâtonnets de balsa pour tracer les contours de ses plans d'architecture. C'est lui qui a conçu la splendide et coûteuse maison dans laquelle lui et sa famille vivaient sur une falaise d'Escondido. Il écrivait même une chronique hebdomadaire intitulée « *Demandez à l'Architecte* » pour le journal local. Sa femme, Jean, était aveugle également comme l'était « Hap », l'un de leurs quatre enfants. J'ai appris de Forrest que nos seules limites sont celles que nous nous imposons. En dehors de cela, rien ni personne ne nous barre le chemin.

Un jour, il s'est servi d'une visionneuse à diapositives 3-D pour aborder un point de métaphysique à l'école du dimanche. Il a fait circuler la visionneuse en évoquant la manière dont notre cerveau prend deux images planes et en fabrique une troisième en trois dimensions. Il a expliqué que c'était un exemple de la façon dont la perception crée l'impression que la matière est réelle, alors qu'en fait c'est une illusion du cerveau. Un élève a regardé une photo particulièrement belle d'une majestueuse montagne couverte de neige. Le souffle coupé d'émerveillement, il a vite tendu la visionneuse à un autre élève en s'exclamant : « Regarde ça! »

Forrest a arrêté ce garçon et lui a dit : « Pourquoi sommes-nous si souvent pressés de se départir d'une magnifique expérience personnelle, au lieu de prendre d'abord un moment pour en profiter pleinement nous-mêmes ? » Il a expliqué l'importance de goûter pleinement des bonnes choses, et d'éviter de se laisser à peine effleurer par la beauté avant de la faire partager. « Goûtez pleinement la beauté pour vous-mêmes et *ensuite* partagez-la avec les autres », a-t-il insisté.

Ma mère aussi appréciait la Science Chrétienne, peut-être parce que c'était la religion dans laquelle elle avait été élevée. Elle s'est bientôt inscrite à des cours pour devenir une praticienne autorisée par cette Église. Après l'obtention de son autorisation, sa clientèle s'est vite développée jusqu'au moment où elle a finalement eu besoin d'un bureau à l'extérieur. Cependant, comme les clients de maman appelaient à la maison, nous avions l'impression que la pratique de guérison l'absorbait totalement.

Maman avait recours au traitement spirituel chaque fois que mon frère et moi avions des coupures ou des bleus. Je me rappelle qu'à maintes reprises, nos éraflures disparaissant pratiquement sous nos yeux. À force d'être témoin de ces guérisons miraculeuses pour moi-même, pour mon frère, pour les clients de ma mère et pour les autres pratiquants, j'ai commencé à me sentir de nouveau en phase avec Dieu. Je Lui ai pardonné le fait de m'être retrouvée à Escondido, et un sentiment de paix oublié est finalement revenu dans ma vie.

Un jour à l'école du dimanche, on nous a parlé d'un cambrioleur, alors qu'il rentrait d'une de ses soirées de « travail », a découvert que son appartement avait été cambriolé. « Parce qu'il avait conscience de la malhonnêteté, il a permis et provoqué que la malhonnêteté se produise dans sa propre vie », nous a expliqué notre professeur. L'histoire finissait bien cependant : le cambrioleur a réalisé que sa vie criminelle avait engendré les conditions mentales au cambriolage de son propre appartement. Lorsqu'il a compris qu'il avait été victime du genre de crime que lui-même commettait, il a décidé de vivre honnêtement.

Mon jeune cerveau impressionnable avait soif d'histoires semblables, car elles soulignaient la connaissance qui se développait en moi du fait que notre esprit crée chaque expérience. La nuit suivant le récit de l'histoire du cambrioleur qui s'était « converti », j'ai fait un rêve d'apparence réelle dans lequel j'étais adulte et vivais dans mon propre appartement. Un homme forçait la porte de devant, entrait chez moi et menaçait de me faire mal et de me voler. Au lieu de me soumettre à ses exigences, je lui criais : « Non ! » d'une voix forte. Puis, je hurlais : « Dieu est bon ! » À ces mots, l'intrus se figeait et sortait sans un mot de mon appartement.

Je me suis réveillée de ce rêve avec le sentiment de me réapproprier mon pouvoir (*empowerment*). Je savais que mon expérience était un rêve, mais que ses implications étaient très réelles. Je me rendais compte que je pouvais fixer moi-même les limites de ce que j'accepterais et n'accepterais pas de la vie et des autres.

Cette force intérieure que je venais de découvrir m'était bien utile dans certains domaines de ma vie, mais malheureusement, je me débattais encore à cause de ma vie sociale à l'école. L'une des raisons pour lesquelles je me sentais déconnectée des autres enfants était le fait que les pratiques spirituelles de notre famille étaient tenues en quelque sorte secrètes. Il y avait dans ma famille un accord tacite de ne pas parler de nos expériences de guérisons miraculeuses, sinon les autres nous prendraient pour des énergumènes. Par ailleurs, j'avais déjà fait au moins une fois l'objet d'un rejet lorsqu'une camarade de classe m'avait demandé quelle église je fréquentais. En répondant « l'Église Scientiste », elle m'avait dit : « Oh, vous êtes ces gens qui ne croient pas aux docteurs ! » Il y avait du dédain et du sarcasme dans sa voix et je n'avais pas aimé cela. À partir de ce moment-là, j'ai gardé mes croyances et mes pratiques spirituelles secrètes pour tous, à part mes amies intimes.

Deux de mes meilleures copines, Anita et Silvia, sont venues quelquefois avec moi à l'école du dimanche et ont eu l'air d'aimer cela. Anita a guéri merveilleusement d'une acné chronique qui avait défié les meilleures tentatives de médication de son pharmacien de père. Grâce à un traitement spirituel, pendant lequel un praticien a prié pour elle et lui a donné des passages de la Bible à lire chaque jour, la netteté de la peau d'Anita a rayonné de beauté. Anita ne parlait pas beaucoup de Dieu ou de spiritualité, mais j'ai senti que sa vie avait été transformée à la suite de son expérience avec le miraculeux. Elle avait l'air plus heureuse et plus à l'aise avec elle-même et cette joie ajoutait à la beauté nouvelle de son teint.

À part Anita et Silvia, toutefois, personne à l'école n'était au courant des miracles qui étaient devenus pratiquement banals dans notre famille. Pendant ce temps-là, j'assistais avec ma mère aux soirées de témoignage et j'apprenais comment d'autres personnes appliquaient le traitement spirituel à leur vie. Je me souviens d'avoir entendu parler de guérisons du cancer, de fractures et des mésaventures comme la suffocation et les collisions évitées de justesse.

Pour ceux qui ne connaissent pas l'Église Scientiste, je donnerai un peu d'information sur ses origines. (Permettez-moi d'insister sur le fait que je n'écris pas sur cette Église dans le but de plaider en sa faveur, mais simplement pour expliquer mon éducation. Étant donné le rôle profond joué par la Science Chrétienne dans ma vie, j'inclus cette information de sorte que vous compreniez mieux les premières influences qui ont été les miennes.)

En bref, la Science Chrétienne est une religion du mouvement de la « Nouvelle Pensée » qui doit beaucoup de ses origines aux enseignements de Jésus-Christ, tels que les a interprétés le guérisseur spirituel Phineas Quimby (1802-1866). Parmi ses patients figurait Mary Baker Eddy, qui a fondé la Science Chrétienne en 1879. Des années plus tard, une patiente de Mme Eddy, Emma Curtis Hopkins, a donné des cours sur la pensée philosophique de P. Quimby. Certains des élèves d'E. Hopkins sont devenus les fondateurs d'autres religions de la Nouvelle Pensée. Par exemple, Ernest Holmes a créé l'institut des Sciences religieuses en 1927 ; Charles et Myrtle Fillmore ont ouvert l'Église Unitarienne en 1889 et Nona Brooks a fondé, avec Fannie James et Althea Small, la Science Divine en 1898.

P. Quimby, souvent appelé le « père de la Nouvelle Pensée », était un homme d'origine modeste, pauvre et sans instruction, mais doté d'une curiosité vorace pour la science et la spiritualité. Il a assisté à un séminaire donné par Franz Mesmer, le père de l'hypnotisme moderne, et c'est ce qui a déclenché sa décision d'hypnotiser les gens pour les guérir. Quimby a vu qu'il pouvait par la clairvoyance découvrir les pensées sous-jacentes occasionnant les maladies d'un patient. Ensuite, il parlait au patient de ses fausses croyances jusqu'à ce que les symptômes disparaissent. Sa pratique de guérison avait tellement de succès qu'il n'a eu guère de temps pour diffuser sa pensée philosophique, excepté quelques articles.

Dans l'un de ces rares articles, il a écrit ceci :

> Chaque maladie est une invention de l'être humain qui n'existe pas dans la Sagesse, mais pour ceux qui y croient, cela devient une vérité. Il peut paraître étrange à ceux qui sont en bonne santé que nos croyances puissent nous influencer. Le fait est que nous ne sommes que croyance. C'est tout le capital et la marque de commerce de l'homme. C'est tout ce qui peut être changé, et cela englobe tout ce que l'homme a fait ou fera un jour. Les gens semblent n'avoir jamais pensé au fait qu'ils sont responsables envers eux-mêmes de leur croyance. Analyser leur croyance, c'est se connaître eux-mêmes, et là est la plus importante étude de l'être humain. Il y a une chose que l'homme ignore ; c'est celle-ci : il souffre de sa propre croyance, à son insu, mais de son plein gré.[2]

P. Quimby croyait fermement que les médicaments et les plantes n'étaient efficaces qu'à cause de la confiance du patient ou de la patiente en son médecin. Il reprochait à la communauté médicale de « condamner » les patients à mourir ou à être malades en posant des diagnostics que ceux-ci acceptaient comme le sceau du destin.

Mary Baker Eddy, à la fois élève et patiente de Quimby, a fusionné les idées philosophiques de ce dernier et sa propre intuition sur l'origine de Dieu, l'homme et la maladie. Autant Quimby que Mme Eddy ont insisté sur les origines et la guérison mentale de la souffrance humaine. Toutefois, ils divergeaient sur d'autres points. Par exemple, Quimby croyait que les pensées erronées créent des déséquilibres dans les fluides et les températures corporels, ce qui en fin de compte entraîne la maladie. Mme Eddy affirmait que la pensée erronée crée l'*illusion* de la maladie et que les fluides, températures et autres fonctions corporelles sont aussi illusoires que la soi-disant maladie. P. Quimby mettait l'accent sur le traitement de l'esprit qui était axé sur les pensées du patient. En revanche, Mme Eddy déclarait que l'« esprit mortel » était irréel et que seule une concentration totale sur l'Esprit unique de Dieu pouvait ramener les hommes à la réalité de leur excellente santé.[3]

De nos jours, les Églises Scientistes de la Nouvelle Pensée souscrivent à l'usage de la prière et des affirmations dans leurs traitements de guérison. Les mots, en eux-mêmes et par eux-mêmes, n'ont aucun pouvoir. Toutefois, ils peuvent servir à aligner les pensées du guérisseur et du patient sur l'énergie de Dieu et du Christ. Les mots soignent parce qu'ils nous aident à élever nos pensées de la peur vers l'amour.

Les Scientistes utilisent une affirmation appelée « la déclaration scientifique de l'Être » dans leurs traitements de guérison. Jusqu'à ce que l'esprit lâche prise sur les fausses pensées qui engendrent la mort, la maladie et les limites, ils répètent à maintes reprises ceci :

> « *Il n'y a ni vie, ni vérité, ni intelligence ni substance dans la matière. Tout est Esprit infini et la manifestation infinie de l'Esprit, car Dieu est Tout en tout. L'Esprit est Vérité immortelle, la matière est erreur mortelle. L'Esprit est le réel et l'éternel ; la matière est irréelle et temporelle. L'Esprit est Dieu et l'homme est à son image et à sa ressemblance. L'homme n'est donc pas matériel, mais spirituel.* »[4]

Les paroles d'affirmation nous aident à nous concentrer sur ce qui est réel et éternel et à échapper à l'emprise d'un état d'esprit de peur. Une fois que nous laissons aller la peur et nous nous concentrons sur la réalité immuable de toute vie – l'harmonie, la santé et le bonheur – la situation extérieure reflète nos espérances inspirées par l'amour. De même que les affirmations guérissent nos pensées, la Loi de cause à effet révèle un monde guéri résultant de nos pensées.

* * * *

CHAPITRE 3

L'Esprit et la matière

« *Une Loi régit toute l'existence, une Loi qui n'est pas intelligente mais Intelligence.* »

—Ralph Waldo Emerson (1803-1882),
auteur et philosophe américain

J'ai commencé l'école secondaire alors que je me sentais tiraillée dans deux directions. D'une part, je me sentais en sécurité et heureuse à l'école du dimanche et à la maison. J'étais heureuse d'avoir dans ma vie mon amie Anita et nous passions de nombreuses heures de bonheur à jouer avec nos petits chevaux Breyer. Nous jouions aussi avec nos animaux de compagnie, parmi lesquels se trouvaient des chats, des lapins, des lézards et même des rats.

Je m'étais procuré les rats pour un projet scientifique scolaire dans lequel je voulais étudier les effets des conditions de promiscuité intense sur l'agressivité. Durant le projet, j'ai placé mes rats dans des cages de plus en plus petites et j'ai compté ensuite le nombre d'actes d'agression, tels que les coups de griffes et les morsures. Évidemment, les rats devenaient plus méchants et mauvais à chaque fois que je rapetissais leur espace vital. Assez rapidement, l'expérience a pris fin et j'ai eu les résultats formulés en hypothèse. J'ai déménagé les rats dans un environnement plus spacieux et me suis rendu compte que je m'étais attachée à eux. Alors Anita, mon frère et moi avons décidé de les garder comme animaux de compagnie. Les rats étaient de couleur noir et blanc, propres, dont les moustaches s'agitaient tandis qu'ils mâchaient avec appétit des légumes, des fruits et des sandwiches au beurre et à la gelée d'arachides. Anita et moi emmenions nos rats partout, même à l'église.

Un jour, alors que nous jouions avec les rats dans la cour, notre attention a été momentanément distraite. Les rats ont filé et Anita et moi les avons cherchés partout. C'est alors que je me suis rappelé le traitement spirituel que ma mère m'avait enseigné quand j'avais perdu mon porte-monnaie. Anita et moi, nous nous sommes solennellement tenu les mains tandis que je répétais : « Rien n'est perdu dans l'esprit de Dieu ». Nous nous sommes souvenues que même si *nous* ne pouvions voir les rats, Dieu savait où ils étaient. Donc, en vérité ils n'étaient pas perdus du tout.

La paix du traitement spirituel soulève le lourd fardeau de peur inhibant l'harmonie. Il est dit dans le manuel de spiritualité *Un Cours en Miracles* : « Les miracles sont naturels. Lorsqu'ils ne se produisent pas, c'est que quelque chose s'est mal passé.[1] » Je crois que le « quelque chose » qui empêche les miracles de se produire librement ce sont nos attitudes tendues et notre peur. Lorsque vous affirmez : « Cette situation est déjà guérie, dès maintenant », l'effet calmant des mots soulage la peur assez longtemps pour que les miracles arrivent naturellement.

Lorsque j'ai déclaré que nos rats n'étaient pas perdus dans l'esprit de Dieu, une forte impression mentale m'est venue exprimant : « Pense comme penserait un rat et tu les trouveras ». Quelque chose m'a dit de me concentrer sur la rangée de séquoias qui bordait l'allée de notre maison. « Si j'étais un rat, je me promènerais à l'abri de ces séquoias », ai-je dit à Anita. Nous avons fait quelques pas le long de la bordure et trouvé nos rats chéris tremblant sous deux buissons.

La guérison spirituelle agit très bien sur les animaux, en partie parce les pensées et les émotions des humains influencent la santé physique de leurs animaux de compagnie[2]. En fait, on peut dire beaucoup de choses à propos de la santé émotionnelle d'une famille en observant la santé physique de ses enfants et de ses animaux de compagnie. J'ai appris en écoutant des témoignages, ainsi que de la pratique de guérison de ma mère que les bébés, les enfants et les animaux absorbent le stress de la famille comme des éponges. Quand les couples ne cessent de se disputer, leur maison s'emplit d'un stress toxique qui engendre des problèmes de santé pour leurs enfants et leurs animaux.

Heureusement, ces derniers réagissent également vite lorsque leur famille retrouve le bon sens et la paix. Ma propre famille a dû vivre du stress peu après l'adoption de notre chaton, Alfalfa. Ce petit chat semblait en assez bonne santé, mais avait l'air plus tendre que la plupart des chatons. Je me souviens qu'Alfalfa était timide mais doux. Puis quelque chose d'horrible est arrivé et il est tombé mortellement malade. Je ne sais toujours pas s'il a mangé du poison, s'il a absorbé le stress de notre famille ou s'il était prédestiné à nous montrer le pouvoir de l'amour. Je sais simplement que lorsqu'il était encore un chaton il est mort très brusquement.

Je revois ma mère assise jambes croisées sur le linoléum de la cuisine et berçant son corps mou et sans vie dans ses bras. Je pleurais bruyamment, la suppliant de faire quelque chose. « Ramène-le, ramène-le ! » lui criais-je pratiquement. Le pauvre Alfalfa n'avait même pas encore commencé à vivre et je ne pouvais supporter la pensée d'être loin de ses ronronnements affectueux. Mon chagrin était accablant mais j'avais confiance que ma mère pouvait le sauver.

« Sois sans crainte, un acte de foi seulement, et elle sera sauvée », a dit Jésus à une foule qui le regardait ramener une jeune fille du monde des morts[3]. Petite fille, j'ai eu cette foi intense en la capacité de ma mère à sauver mon précieux petit chat. Celle-ci a fermé les yeux et son sourire familier empreint d'amour céleste a envahi son visage. Elle a dit quelques mots impératifs au chaton comme « La mort n'existe pas » et « Tout est amour ». Soudain, j'ai vu un mouvement dans la touffe de fourrure. J'ai pensé que c'était mon imagination, pourtant j'avais été totalement confiante que les prières de ma mère me ramèneraient Alfalfa.

Assise à environ 60 centimètres de ma mère et d'Alfalfa, j'ai regardé, hébétée, mon chaton revenir à la vie. Quelques instants auparavant, il était mou et sans vie et voilà qu'il avait l'air d'émerger d'une glaciation. Ma mère avait un air radieux, mais je pouvais voir ma surprise se refléter dans ses yeux. Elle aussi semblait hébétée. Je pense qu'elle était entrée en transe et que cela l'avait fait sortir de la conscience normale. À ce jour, bien qu'étant une personne lucide et très alerte, elle n'a que des souvenirs fragmentaires de la guérison d'Alfalfa.

Ce miracle m'a enseigné l'importance de laisser notre conscience éveillée lâcher prise sur l'objectif de la guérison. Nous ne pouvons pas faire arriver une guérison de force. Nous pouvons seulement garder énergiquement dans notre cœur et notre esprit notre connaissance de la vérité divine. Ensuite, nous devons laisser aller l'attachement au résultat et permettre à la Loi d'Amour de Dieu de suivre son cours naturel. Les études sur la guérison spirituelle insistent sur le fait que les résultats sont en relation avec la capacité du guérisseur à avoir des attentes positives sans délibérément trop essayer d'influencer le résultat[4].

Le principal blocage empêchant la guérison consiste à voir la mort, la maladie ou la blessure comme des conditions réelles qu'il faut « annuler ». La guérison vient de la seule acceptation ce qui est réel et éternel, pas de l'acceptation de ce qui est temporel. Les recherches en physique quantique apportent la preuve que nos attentes et nos observations déterminent si nous verrons et ferons l'expérience de la santé ou de la maladie[5].

Disons que vous vouliez être un canal de guérison pour un ami malade. Vous ne commenceriez pas avec la conviction que la maladie est une condition réelle pour essayer ensuite de l'éradiquer. Les tentatives de guérison fondées sur la pensée *Va-t'en, maladie !* sont fondamentalement enracinées dans la fausse conviction qu'il existe un problème nécessitant une solution. Ainsi, vous donnez de l'énergie et du pouvoir mental à ce qui n'existe pas, et vous ressentirez donc la maladie comme ayant une vie et un esprit à elle - ce qu'elle n'a pas et que n'a aucune maladie.

Toute la question derrière la guérison spirituelle c'est de se rappeler qu'il n'a pas de problèmes, pas de mort et pas de maladies, ni affections ou blessures. Il n'y a rien à guérir, à régler ou à changer parce que tout ce qui est réel est déjà parfait. Lorsque nous vivons cela consciemment comme étant la vérité, même pour un instant, l'amour guérit notre esprit de la peur. Nos expériences matérielles changent alors pour être le reflet de la guérison de notre état d'esprit.

Toute la matière réagit à nos pensées, pas uniquement la chair et les organes soi-disant vivants. Robert Jahn et Brenda Dunne, chercheurs à Princeton, ont étudié l'influence de l'esprit sur la matière avec des volontaires assis face à une machine d'où sortaient des pièces de monnaie au hasard. On a demandé à ces derniers de se concentrer pour influencer mentalement les pièces afin qu'elles tombent d'une certaine façon, comme « face en l'air ». La plupart ont été capables d'influencer la chute des pièces de monnaie de manière statistiquement significative. Plus tard, ces chercheurs ont obtenu les mêmes résultats lors une expérience similaire impliquant une grosse machine à boules automatique contenant 9 000 billes. Cette fois-ci, les volontaires se concentraient pour faire atterrir les billes dans des bacs placés à l'extérieur de la machine. Comme auparavant, les résultats ont été satisfaisants et statistiquement significatifs[5].

Les résultats des études de Jahn et Dunne ne devraient pas nous surprendre, toutefois. Pourquoi ne pourrions-nous pas maîtriser la matière avec nos pensées ? Étant donné que tout dans le monde matériel est la représentation extérieure de nos pensées et de nos croyances en tant que mortels. Voilà un point important dont nous devons nous rappeler en tant qu'artisans de lumière, car nous apportons la plupart de nos contributions vitales à la planète sur le plan mental et spirituel. Si une artisane de lumière est frustrée de se sentir incapable « d'apporter sa contribution » au monde par le biais d'efforts physiques, ces pensées de frustration contrarient ses habiletés à guérir. De même, si un artisan de lumière se tourmente à cause d'un problème mondial ou autre, son inquiétude ne fait qu'alimenter un sentiment de peur à la conscience de masse du monde.

La substance qui compose nos corps ne diffère en aucune manière de toute autre forme de matière. À ce propos, toute la matière réagit à la prière et à la modification de la pensée. J'ai appris cela dans ma jeunesse, alors que ma mère et moi rentrions en voiture après avoir fait des courses à l'épicerie. Soudain, notre Ford Pinto est tombée en panne, nous laissant en rade au bord de la route avec nos provisions qui fondaient sur le siège arrière. Ma mère a essayé de mettre le contact, mais le moteur n'a pas réagi.

Immédiatement elle s'est mise à réciter à haute voix la déclaration scientifique de l' tre, affirmant avec autorité que toute cette situation était déjà guérie. J'ai joint ma prière à la sienne. Cinq ou dix minutes après, ma mère a mis le contact et la Pinto s'est mise en marche en ronronnant comme si rien d'anormal ne s'était passé. Et évidemment rien d'anormal ne *s'était* passé, à part les pensées erronées qui avaient engendré cette situation. J'ai été témoin de rétablissements similaires de voitures, d'ordinateurs et autres machines durant toute ma vie d'adulte.

Les vérités et les guérisons spirituelles m'étaient naturelles, pourtant je semblais avoir de la difficulté à appliquer ce savoir à l'image que j'avais de moi. Le déménagement de notre famille et le fait de sauter une classe avaient durement ébranlé mon estime de soi, et il m'aura fallu de nombreuses années avant que ma croissance spirituelle ne ramène l'harmonie dans ma vie.

Anita et moi avons commencé notre deuxième année de secondaire après avoir passé un été magique ensemble. Nous avions loué des chevaux et nos après-midi étaient remplis à courir des gymkhanas, à faire du saut et même des courses de barils dans quelques concours hippiques régionaux. Nos corps qui devenaient adultes avaient changé et grandi durant l'été également. Anita était devenue une grande blonde élancée et les garçons lui accordaient beaucoup d'attention – bien plus qu'à moi, comme je l'admettais à contrecœur pour moi-même. En fait, Anita devenait de plus en plus populaire, tant chez les filles que les garçons de notre école secondaire. J'avais peur de la perdre et d'être bientôt privée de ma meilleure amie.

En tant que scientiste, je respectais plusieurs exigences s'appliquant à mon mode de vie et qui indiquaient que j'étais différente de mes camarades de classe. Cette Église nous demandait d'éviter les produits chimiques à effet psychotrope tels que la caféine, l'alcool et les cigarettes, interférant avec la communication divine, et qui risquaient de placer un autre « dieu » avant Dieu.

La Science Chrétienne nous demandait également d'éviter les médias et les cours où il était enseigné que la maladie ou la mort sont bien réelles. Puisque nos pensées conduisent à la maladie, si nous évitons les émissions concernant les maladies diffusées par la télévision et ceux du même genre, nous sommes plus aptes à rester en bonne santé physique. Les personnes, les animaux de compagnie et les petits enfants qui sont affectés de maladie à leur insu, ont absorbé des pensées de maladie provenant de la conscience de masse de l'humanité. Donc, si nous protégeons notre esprit des théories médicales sur la maladie, non seulement nous nous gardons en santé, mais nous exerçons également une influence positive sur le monde entier.

À chaque fois que débute une publicité ou une émission sur les maladies, je change de chaîne ou je quitte la pièce. Je dis aussi pour moi-même la déclaration scientifique de l' Être afin de laisser aller toute pensée malsaine ayant pu pénétrer dans mon esprit. Je crois que c'est l'une des raisons pour lesquelles je suis rarement malade.

Aux États-Unis, les établissements scolaires accordent aux membres de l'Église Scientiste une dispense légale pour les cours portant sur la santé. À l'école secondaire, ne voulant pas être différente des autres jeunes, j'ai tout d'abord insisté pour suivre le cours obligatoire « Hygiène et sécurité ». Le premier jour de cours, notre professeur a traité des accidents et donné la leçon sur la manière d'éviter les blessures à la maison et en voiture. Ses paroles contredisaient mes croyances selon lesquelles il n'y a pas d'accidents, mais seulement les résultats d'une pensée bien ou mal orientée. À la fin de la classe, lorsqu'il nous a demandé de rédiger un essai définissant ce qu'était un accident, je devais donc écrire ce que je croyais sincèrement : « Un accident est un mensonge et une illusion, entraînés par les pensées erronées de quelqu'un. »

Pour une raison quelconque, le professeur ne s'est pas offensé ni n'a pensé que ma réponse était la plaisanterie d'un petit malin. Au lieu de cela, il m'a prise à part et m'a recommandé de signer le document administratif de dispense de cours pour les membres de la Science Chrétienne et de passer dans un cours à option. À partir de là, au lieu de suivre les cours de santé ou de science de la vie comme les autres jeunes de l'école, j'ai pris des cours facultatifs. J'ai adoré mes cours de peinture, de dessin et de calligraphie. Toutefois, sur le plan social, le fait de sauter le cours de science me faisait l'effet d'une autre lézarde dans mon estime de soi. C'était comme un autre exemple de ma différence par rapport à mes camarades.

Pendant ce temps, Anita avait commencé à fréquenter les jeunes qui avaient la cote à l'école. Ils s'habillaient à la dernière mode, conduisaient des voitures sports coûteuses et nous traitaient, nous, le reste des élèves avec indifférence. La famille d'Anita ayant des revenus nettement plus importants que la mienne, elle pouvait se permettre des vêtements chics. En revanche, ma famille dépendait du revenu du travail à domicile de mon père qui écrivait des livres et des articles sur les maquettes d'avions, et de la pratique de guérison de ma mère. De plus, les valeurs de mes parents différaient de celles des parents d'Anita. Je ne pouvais donc pas susciter beaucoup de sympathie lorsque j'ai dit à mes parents que je voulais m'habiller comme les jeunes qui avaient la cote à l'école. Ce n'était pas raisonnable de dépenser de l'argent pour des tendances, m'ont-ils dit. Mieux valait investir dans des styles classiques qui duraient longtemps.

Donc, pendant qu'Anita retrouvait les jeunes qui avaient la cote, je passais davantage de temps avec ceux qui étaient des bûcheurs comme moi. Soudain, il y a eu un fossé social entre Anita et moi et je n'ai pas aimé cela du tout. Cela a fait remonter tous les vieux sentiments de rejet que j'avais combattus et surmontés.

Anita m'a dit un jour qu'elle s'était mise à fumer de la marijuana avec ses nouveaux amis et m'a posé un ultimatum. « Je ne veux plus te fréquenter à moins que tu fumes de la marijuana », a-t-elle dit avec une sévérité méconnaissable. À présent, je sais que la marijuana m'avait volé la Anita que je connaissais et que j'aimais ; mais à l'époque de cet ultimatum, j'ai simplement été choquée et ressentie une ardente colère contre mon amie.

Je l'ai délibérément évitée les jours suivants, me sentant trahie et triste qu'elle fume de la marijuana. Je retrouvais mes amis bûcheurs, mais j'ai bientôt senti que la compagnie d'Anita, plus optimiste et excitante, me manquait. Pendant ce temps, celle-ci avait noué des liens étroits avec deux filles qui habitaient près de l'école secondaire Orange Glen. L'une d'elles, Tammy, était grande, bronzée et belle comme Anita. L'autre, Amy, était un garçon manqué terre-à-terre qui vivait dans un petit ranch et possédait un cheval de spectacle. Chaque après-midi, toutes les trois fumaient au point de se défoncer et partaient à cheval. Moi, de mon côté, je retrouvais des chevaux dans les pages des livres de Marguerite Henry et de Wesley Dennis. Je rêvais de faire les expériences auxquelles Anita prenait plaisir, du bonheur de monter un vrai cheval et de partager cette frénésie de vivre.

Un jour, je suis tombée sur Anita en rentrant à la maison. Elle m'a décrit avec animation les nombreuses soirées de bière (en fût) auxquelles elle et ses nouveaux amis participaient. Elle m'a expliqué que tous les jeunes se réunissaient dans les orangeraies, près du ranch d'Amy sur la route de San Pasqual. Le frère aîné d'un garçon faisait la « tournée des barils » et apportait de la bière dans sa camionnette. Ensuite, tout le monde buvait, écoutait de la musique bruyante et riait ensemble. Anita a demandé en me regardant du coin de l'œil : «Tu veux venir à la soirée que nous organisons ce week-end? »

L'attrait de l'amitié et des bons moments passés avec Anita me tentait fortement, mais je me suis inquiétée à haute voix de la manière dont j'obtiendrais la permission de mes parents pour rester dehors aussi tard. De plus, notre religion interdisant l'alcool – je n'avais même jamais tenu un verre d'alcool, alors ne parlons pas d'en avoir bu – je ne savais pas comment gérer une situation aussi explosive. Anita a chassé mes inquiétudes d'un haussement d'épaules en disant : « Pas de problème! La mère de Tammy est vraiment géniale, elle nous laisse sortir toute la nuit. Tu n'as qu'à dire à tes parents que tu passes la nuit chez elle. »

Anita avait raison en cela que ma mère a volontiers accepté que je passe toute la nuit chez Tammy. Je me justifiais à mes propres yeux en pensant que je disais la vérité à ma mère puisque je serais réellement avec Tammy. Je n'avais simplement pas mentionné à maman tous les autres détails comme : « Oh, au fait, maman, je vais à une soirée de beuverie dans une orangeraie du coin. Mais ne t'en fais pas pour ça ! »

Ma mère m'a conduite chez Tammy le samedi après-midi. La première chose que j'ai remarquée a été que la chaîne stéréo jouait du *Grand Funk Railroad* à fond et que la mère de Tammy semblait ne pas en être consciente. Elle faisait simplement cuire une marmite de spaghettis dans la cuisine pendant que Tammy fumait ouvertement des cigarettes *Virginia Slim*, choisissait quelles boucles d'oreilles porter pour la soirée et jurait en présence de sa mère. J'ai été à la fois choquée et impressionnée. Jurons, boucles pour oreilles percées, rock'n'roll et cigarettes étaient tous interdits chez moi. Je n'avais jamais entendu parler d'un parent qui tolérait cela. En fait, je ne les avais même jamais considérés comme souhaitables, jusqu'au moment où Tammy a rendu tout ça terriblement *cool*.

Tammy m'a regardée et a dit : « Oh non, cette chemise ne va pas du tout ». Elle a ouvert son placard et m'a tendu une chemise *Pendleton*, écossaise rouge et blanche, que j'ai enfilée et glissée dans mon jeans. À présent, j'avais la même allure qu'Anita, Amy et Tammy, tandis que nous faisions toutes les quatre les 400 mètres à parcourir pour nous rendre où avait lieu la soirée.

Je n'étais pas au bout de mes surprises. Assis sur un gros rocher dans l'orangeraie, j'ai vu trois des garçons les plus mignons de l'école buvant tranquillement de la bière. Moi qui n'avais même jamais eu le culot de dire « salut ! » à ces garçons auparavant, voilà que je trinquais des gobelets de bière avec eux et me moquais de nos professeurs. Toute la soirée était comme imaginaire et avant de m'en rendre compte, j'avais bu plusieurs bières. Je n'ai pas réalisé à quel point j'étais euphorique jusqu'au moment où je me suis levée et découvert que mes jambes ne coopéraient pas. Le reste de la soirée s'est passé dans une confusion où se mêlaient les rires, les bêtises d'Amy et les gars mignons de l'école réunis avec nous.

Les mois suivants, j'ai pris l'habitude de fumer des cigarettes. Tammy, Amy et Anita fumaient ouvertement lorsque nous étions dans les cafés, chez les petits vendeurs de hamburgers ou dans les centres commerciaux. J'étais toutefois horrifiée à l'idée qu'un membre de notre Église me voie en train de fumer, car les cigarettes étaient absolument interdites. Avant d'en allumer une, je regardais dans toutes les directions pour m'assurer de ne voir aucun visage familier de ma congrégation.

Chaque fois que j'en avais l'occasion, j'assistais aux soirées de bière en fût avec Anita et je montais à cheval avec Amy. Un après-midi pluvieux, nous étions toutes assises à l'abri au sec, dans la grange qui sentait le moisi. Amy a sorti un joint de marijuana roulé peu serré de sa poche arrière et l'a allumé. Elle en a pris une grosse bouffée, puis l'a fait circuler. Quand il est arrivé à moi, je l'ai pris et l'ai regardé. Les filles qui étaient au courant de mon inexpérience avec la marijuana, m'ont montré comment « tirer une taffe ». Elles m'ont dit de bien garder la fumée dans les poumons, mais lorsque j'ai essayé, j'ai toussé douloureusement. Les filles n'arrêtaient pas de me dire combien ça les rendait « stone », mais la première fois que j'ai essayé la marijuana, je n'ai rien senti.

Fumer de la marijuana avec Amy, Anita, Tammy et les autres jeunes signifiait que j'étais à présent complètement initiée en tant que jeune ayant la cote à l'école. Mes amis bûcheurs ont commencé à m'éviter, mes notes ont baissé, et quant à ma personnalité et mes intérêts, ils avaient nettement changé. J'ai arrêté les coûteuses leçons de violon que ma mère avait payées et me suis mise à jouer de la guitare. Quand je n'étais pas avec mes amis, j'étais seule dans ma chambre imitant les riffs de mes disques de Led Zeppelin et Robin Tower. J'avais suffisamment l'oreille musicale pour bientôt pouvoir jouer la plupart des chansons de Jimmy Page.

J'ai demandé à mes parents qu'ils m'achètent une guitare électrique *Fender Telecaster*. Mon père a été d'accord à condition que je rapporte d'abord un bulletin de notes avec seulement des A. C'était assez incitatif et j'ai mis toutes mes pensées et mes efforts dans mon travail scolaire. Je n'ai eu que des A et un B+ ce trimestre-là et papa m'a acheté une *Telecaster* dont le manche était en érable et un amplificateur *Fender Twin-Reverb*. Je me suis jointe à un groupe rock composé de plusieurs membres de l'*Emmanuel Faith* de l'Église chrétienne *born-again*. Nous jouions dans des soirées et aux bals de l'école.

J'avais tout à coup plus d'amis que mon agenda pouvait en contenir, mais je n'y trouvais pas grand plaisir. Je voyais comment les jeunes de l'école, qui s'étaient moqués de moi parce que j'étais une bûcheuse ridicule plusieurs mois auparavant, voulaient à présent être mes meilleurs amis. Cette popularité me semblant simulée et hypocrite, j'ai continué à limiter mes relations sociales à

Anita, Amy et Tammy, et bien sûr à ma nouvelle « amie », la marijuana.

Les membres du groupe rock ont dû entendre parler de ma consommation de marijuana parce qu'un jour ils m'ont affrontée comme dans un tribunal bidon. « Il faut que tu commences à venir à notre église, sinon tu ne fais plus partie du groupe », ont-ils dit. Il n'y avait même pas à y penser. J'ai simplement rangé ma *Telecaster* dans son étui et suis partie sans dire un mot.

J'allais encore activement à l'école du dimanche de la Science Chrétienne, mais les gueules de bois résultant de mes beuveries du samedi soir entravaient totalement toute profondeur de pensée. Parfois, Anita et moi allions à l'église complètement défoncées, ce que l'on voyait comme quelque chose d'hilarant. Lorsque le temps fut venu pour moi de partir pour mon séjour d'été annuel au camp de jeunesse de la Science Chrétienne, dans le Colorado, j'ai rangé plusieurs joints de marijuana dans mon matériel de camping.

Au Colorado, à l'établissement pour les jeunes de l'Église Scientiste, nous mêlions des activités de plein air comme l'escalade de rocher, l'équitation et la descente de rivière en radeau pneumatique avec des séminaires inspirants. De nombreux scientistes renommés comme Jean Stapleton, de « *All in the Family* », Ginger Rogers et Alan Young, de « Monsieur Ed », ont donné des conférences pendant les étés que j'ai passés au camp. Toutefois, cet été-là je m'isolais des autres jeunes et filais dans les bois épais du Colorado pour fumer de la marijuana.

En rentrant à ma cabine après avoir fumé en cachette, j'ai remarqué que quelqu'un avait déplacé mes affaires. Soudain, mes cheveux se sont dressés sur la tête car je savais ce que signifiait la scène que je regardais : on cherchait de la drogue et on avait trouvé ma came! Sachant que j'avais des ennuis, j'ai attendu l'inévitable punition, l'estomac noué. Après tout, n'importe quel camp de jeunesse sévirait concernant la consommation de drogue ; mais là c'était pire, c'était un camp de jeunesse de la Science Chrétienne et *personne* n'avait le droit de prendre quelque drogue que ce soit.

La punition fut prompte, mais clémente. Une conseillère du camp m'a conduite avec un air sévère au bureau administratif du camp, dans une voiturette de golf qu'utilisait le personnel. Là, je me suis assise dans une pièce déserte, tandis qu'elle appelait mes parents d'un bureau adjacent. Maman et papa ont dû payer un billet d'avion pour mon retour immédiat à la maison, en Californie.

J'étais profondément honteuse lorsque, à ma descente d'avion, j'ai vu mes parents les yeux rougis et humides. Mon père était en colère et à court de mots. Sur le chemin de la maison, ma mère s'est contentée de regarder droit devant, sans un mot. Je suppose qu'elle priait, mais je me sentais de plus en plus coupable à chaque kilomètre parcouru en silence.

Mes amies Anita et Amy ont trouvé mon renvoi du camp de l'Église Scientiste génial et elles ont ri comme des hystériques en entendant l'histoire. Plus je m'attachais à elles, plus je m'éloignais de Dieu et de mes parents. J'étais accro à la marijuana et accro aussi à l'approbation et à la compagnie de mes amies.

À part les quelques sous que je me faisais comme guitariste, j'avais également démarré un commerce de peinture au pistolet. Je peignais à la main des nuages et des oiseaux exotiques sur des T-shirts que je vendais à l'école secondaire. Ces produits avaient tellement de succès que bientôt le magasin de l'école s'est mis à les vendre. J'adorais la beauté qu'il y avait à créer des scènes de la nature que mes amis et mes professeurs pouvaient porter. J'étais souvent défoncée à la marijuana tandis que mon pistolet peignait des arcs-en-ciel et des goélands sur mes toiles en coton.

Pendant ce temps, ma mère s'activait davantage à l'Église de la Science Chrétienne. Son cabinet était rempli de clients et elle était devenue deuxième lectrice (l'équivalent du ministre auxiliaire du culte) à notre église locale. Également bénévole au salon de lecture d'Escondido, maman était considérée comme un pilier de l'église. Je m'impliquais encore à l'église, moi aussi, mais je voyais que beaucoup de gens avaient entendu parler de ma « perquisition » au camp. Je sentais que quelques membres de la congrégation des jeunes et des adultes m'évitaient et me jugeaient. Pourtant, prenant à mon compte la responsabilité de mon statut de proscrite, je me contentais de les éviter en retour, au lieu de les blâmer.

Je n'ai pas réalisé à l'époque, mais ma mère et plusieurs autres membres de l'Église priaient avec ferveur pour que j'arrête de consommer de la marijuana et du tabac. Après mon renvoi du camp, ma mère et moi avions eu une conversation intime à propos de mon usage de drogues. Je m'étais sentie assez à l'aise pour lui dire mes pensées et mes sentiments à l'égard de la marijuana, disant que je n'y voyais rien de nocif. Elle ne m'avait pas sermonnée mais simplement écoutée.

Maman a été très fine de gérer la situation avec des prières plutôt qu'une punition. Un matin, je me suis réveillée sans aucune envie de marijuana. Lorsque mes amies ont fait passer un joint après l'école, je n'en ai même pas voulu. Le contraste était tellement frappant ! Un jour mon appétit pour la marijuana me consumait tout entière et le lendemain quelque chose avait changé en moi : j'avais perdu toute envie de marijuana. La prière m'avait guérie sans que je le sache ou que j'y consente.

Dans son livre *Ces mots qui guérissent*, Larry Dossey, M.D., présente des études scientifiques sur l'efficacité de la prière[6]. De nombreuses études montrent l'effet de guérison statistiquement significatif de la prière, que le patient soit informé des prières ou pas[7]. Plusieurs études montrent que les plantes et les microbes pour lesquels on prie croissent plus vite que ceux pour qui on ne prie pas[8]. Cet ensemble de recherches illustre le fait que la guérison spirituelle est bien plus qu'un effet placebo résultant des attentes positives du patient.

Soudaine et spectaculaire, ma propre guérison de la dépendance à la marijuana - alors que je ne voulais pas guérir, ne pensais pas avoir besoin de guérir et n'avais pas su d'avance que d'autres prieraient pour moi - m'a prouvé l'efficacité des prières. Cela a été une grande leçon pour moi et elle allait exercer plus tard une profonde influence sur ma carrière de psychothérapeute traitant les accoutumances.

Ma consommation de marijuana avait embrumé mes processus mentaux et c'est environ trois jours plus tard que mon esprit s'est éclairci. J'étais heureuse et impressionnée de la perte instantanée et sans souffrance de tout désir pour la marijuana, l'alcool et le tabac, et d'ailleurs ils ne me manquaient pas du tout. La guérison s'était produite naturellement comme on passe d'une pièce à une autre.

L'esprit libéré des influences des drogues, je me suis réengagée de mon plein gré dans mes études spirituelles à l'école du dimanche. Ma guérison avait renforcé mon intérêt pour les liens entre l'esprit et le corps et je dévorais chaque mot que je pouvais lire ou entendre à propos de métaphysique. J'éprouvais une béatitude que je n'avais jamais connue auparavant. C'était un état bien plus fantastique que tout état dû à la drogue.

* * * *

CHAPITRE 4

Une visite depuis l'Au-Delà

« Ah, les esprits de mes ancêtres ont regardé en bas depuis le ciel, ils veillent sur moi et m'aident. »

– *Nihon Shoki 3*

Texte spirituel du Shinto (Japon)

Entre le temps passé à faire la fête, ma position très publique de guitariste solo dans des groupes de la région et ma prospère entreprise de peinture au pistolet, j'avais atteint mon objectif de popularité sociale. Pourtant, c'était une maigre victoire car je savais que les autres jeunes ne m'aimaient que pour ce que je faisais et non pour qui j'étais. Cette popularité me m'apportant aucune satisfaction, je n'appréciais que la compagnie des gens qui avaient été mes amis avant que je devienne artiste et guitariste.

Il s'est avéré que la plupart de mes vrais amis se trouvaient à l'église et à la maison. Ma famille m'était restée fidèle, même lorsque mes sautes d'humeur dues à la marijuana m'avaient rendue impossible à vivre et, à part quelques personnes, ma famille religieuse m'avait témoigné un amour inconditionnel. Ceux qui ne m'avaient pas abandonnée m'aimaient parce que j'étais – tout comme vous – l'enfant bénie de Dieu. Je méritais leur amour – tout comme vous – simplement parce que j'étais l'enfant de Dieu.

L'amour sous conditions que j'avais reçu à l'école semblait bien pâle en comparaison. En y repensant, je me rends compte à présent que la plupart de mes camarades d'école ne savaient pas comment montrer leur amour. Beaucoup venaient de familles tumultueuses et surtout, quand les drogues émoussent vos pensées et vos impressions, votre conscience de la présence de l'amour s'émousse elle aussi. Alors, bien qu'entourée d'amis bien intentionnés, je me sentais comme dans un cliché : seule dans la foule.

J'avais 17 ans quand ma grand-mère paternelle, Pearl, et mon grand-père par alliance, « Pop-Pop » Ben, sont venus de Bishop passer quelques jours avec nous dans notre maison d'Escondido. Je me souviens d'avoir attendu enthousiaste leur arrivée, guettant attentivement le bruit de leur voiture familiale se garant dans notre allée. Cela a été un merveilleux séjour, et je me suis sentie particulièrement proche de mes grands-parents alors que je les regardais sortir de notre allée, avant de rentrer chez-eux.

Plusieurs heures après leur départ, le téléphone a sonné. J'ai regardé papa tenir le combiné, le corps frissonnant. « Ben et Maman ont eu un accident de voiture, a-t-il dit d'une voix pressante. Un conducteur en état d'ébriété a coupé la route et les a heurtés de plein fouet. Maman est à l'hôpital et ... Ben est mort. »

Nous avons tous protesté à cette nouvelle avec des larmes et en criant « Non ! Non ! » J'ai couru dans ma chambre plongée dans l'obscurité et j'ai attrapé ma guitare acoustique, la serrant contre moi pour me réconforter. J'ai pincé quelques cordes et la musique m'a aidée à sentir la paix dans mon cœur. J'entendais mes parents et mon frère pleurer dans le salon et me sentais coupable de ne pas partager leur chagrin. Oui, j'aimais mon Pop-Pop autant que n'importe qui. Oui, sa présence me manquerait beaucoup. Cependant, au fond de mon âme sa mort ne m'attristait pas. Mon seul désespoir était de ne ressentir aucun chagrin.

C'est alors qu'une lumière rayonnante a attiré mon attention au-delà du pied de mon lit. J'ai jeté un coup d'œil et là, clair comme le jour, se trouvait Pop-Pop Ben. Il semblait exactement comme lorsque je l'avais vu la dernière fois, vêtu d'une chemise écossaise, mais il était simplement plus petit et légèrement transparent. La lumière blanc-bleuâtre qui semblait émaner de lui atténuait les couleurs de ses vêtements. Par un moyen télépathique, il m'a clairement exprimé : « Tu as raison de te sentir comme cela, Doreen. Je vais bien et tout est correct ». Puis, son image s'est évanouie et il a disparu, me laissant avec la certitude que mon calme était dans l'ordre des choses.

Lorsque plus tard, j'ai parlé à mes parents de l'apparition de Ben, ils m'ont confié que le frère de celui-ci, qui vivait très loin de notre maison d'Escondido, avait lui aussi vu Ben peu après sa mort. Ben nous avait-il rendu visite à tous, à l'insu des autres membres de la famille ? Peut-être le vif chagrin de mes parents et de mon frère les avait-il empêchés de remarquer sa présence ou peut-être que la force de leurs sentiments avait empêché Ben d'arriver. Je ne sais pas, mais *ce que je sais* c'est que tout en étant une émotion parfaitement normale, qui peut jouer un rôle utile dans la guérison, le chagrin peut bloquer notre conscience de la vie après la mort.

Ma sobriété, la mort de Ben et des sentiments mêlés à propos de mes relations à l'école me troublaient. Je me sentais plus âgée que mes 17 ans, mais incertaine de l'orientation de ma vie. Pour une raison ou une autre, j'ai eu dans les mains un livre sur l'effort personnel qui allait me sauver de mes sentiments liés à l'auto-récrimination. *You Are Not the Target*, de Laura Huxley[1], a été comme un baume guérisseur sur mon ego d'adolescente blessée. Ses mots m'ont convaincue que je n'étais pas une victime et que je pouvais prendre le dessus sur mes pensées et mes sentiments. J'ai lu ce livre à maintes reprises jusqu'à ce que ses pages soient cornées et j'ai décidé d'apporter un jour, quand je serais plus âgée, une contribution similaire en écrivant un ouvrage sur l'effort personnel.

Écrire a toujours été l'une de mes passions. Elle a débuté avec les rédactions de l'école élémentaire et s'est poursuivie par mon travail de jeune journaliste au journal de mon école secondaire de premier cycle. Mon père, auteur de plus d'une dizaine de livres et d'une rubrique dans un magazine mensuel sur les maquettes d'avions, m'a toujours encouragée à écrire. Il a également passé quelques années à travailler comme rédacteur en chef d'une petite société d'édition, près de Los Angeles, spécialisée dans les avions. Durant cette période, le président de cette société a découvert un inconnu ayant écrit des articles à propos des conversations qu'il avait eues avec un oiseau. Il l'a convaincu de transformer ces articles en un livre inspirant et mon père a préparé, pour sa publication, le manuscrit qui en a résulté.

Je me souviens de trajets dans mon enfance, assise sur le siège arrière de la coccinelle *Volkswagen* de mon père. Comme le font souvent les enfants, je me plaignais de la longueur du voyage. Pour me divertir et faire taire mes incessants « Quand est-ce qu'on arrive? », papa passait le bras par-dessus le siège et me tendait une pile de feuilles dactylographiées fines comme du papier de riz. C'était le livre qu'il était en train de réviser et je lisais avec grand intérêt ces épreuves originales qui parlaient de la philosophie de vie d'un oiseau.

À un moment du processus de publication, l'auteur a décidé de présenter son manuscrit à une maison d'édition plus importante. Le patron de mon père a accepté à contrecœur, mais avec calme, que son client se fasse publier ailleurs. Ce livre, que j'ai accepté de ne pas nommer ici par respect pour les vœux de mon père, est devenu un best-seller dans le monde entier.

Naturellement, mon père et son patron étaient déçus que tout leur travail ait permis à un autre éditeur de remplir ses coffres. Pourtant ils étaient heureux d'avoir joué un rôle important pour un livre qui, en fin de compte, allait aider bien des gens. Puis un jour, l'auteur est apparu dans une émission de télévision pour faire la promotion de son livre et a fait quelques remarques offensantes à propos de la maison d'édition de mon père. Puisque c'était comme ça, le patron de papa a décidé de poursuivre l'auteur pour rupture de contrat. Il s'en est suivi un énorme procès et mon père a passé des jours à témoigner devant des avocats. Il nous a mis en garde, mon frère et moi, de ne pas répondre aux questions des étrangers au téléphone ou à la porte. Toute cette affaire m'a appris comment un livre pouvait influencer bien des vies et de bien des manières.

Lorsque j'étais en dernière année de secondaire, ma sobriété et mon enthousiasme renouvelé pour l'écriture ont considérablement fait remonter ma moyenne. Ce changement dans mes notes a été tellement spectaculaire que mon professeur d'histoire m'a soupçonnée de tricher dans mes devoirs à la maison. Juste avant la remise des diplômes, il a donné à notre classe un projet pour lequel il fallait écrire sur un personnage historique que nous admirions.

J'avais choisi d'écrire sur Charles Lindbergh et, comme je le fais encore aujourd'hui, j'ai plongé dans les recherches sur mon sujet. Après de nombreux voyages à la bibliothèque, je me suis sentie assez inspirée et informée pour m'attaquer à mon rapport. Les mots s'écoulaient sans efforts de mes doigts tandis que je tapais. Alors, imaginez le choc et la déception lorsque mon professeur m'a rendu mon rapport une semaine plus tard, un gros *F* griffonné en haut, en travers de la page. Lorsque je lui ai demandé pourquoi, il a dit que le rapport était tellement bien fait qu'il était évident que je l'avais plagié.

J'ai protesté en bégayant que mon rapport était le fruit de mon travail, mais il n'a pas voulu m'écouter. Ce *F* menaçait de me coûter mon diplôme de l'école secondaire et il a fallu que mon père aille parler avec le professeur pour que nous le convainquions de l'authenticité de mon rapport. Il a changé ma note finale pour un A+ juste à temps pour la remise des diplômes et s'est excusé à plusieurs reprises au début de la cérémonie à l'école de m'avoir mal jugée.

Après la remise des diplômes, je suis entrée en première année au collège communautaire Palomar, à San Marcos en Californie. Me spécialisant à la fois en musique et en journalisme, j'apprenais la théorie musicale et les gammes, j'étudiais la guitare jazz et je rédigeais des entretiens et des essais pour le magazine du collège. Puis, un jour j'ai entendu dire qu'un poste de rédacteur en chef s'ouvrait dans un petit hebdomadaire s'appelant *The San Marcos Outlook*. J'ai posé ma candidature bien qu'ayant à peine commencé à apprendre l'abc du journalisme.

L'éditeur du journal, William Carroll, m'a demandé pourquoi je voulais cet emploi. Je lui ai expliqué mon rêve d'être une professionnelle de l'écriture et je lui ai parlé de mes cours de journalisme au collège. Après l'entretien, j'ai prié pour qu'il m'embauche. Deux jours plus tard j'ai obtenu l'emploi, j'ai laissé tomber le collège et suis partie travailler comme rédactrice en chef à temps plein de *The San Marcos Outlook*.

Mon travail m'amenait à endosser plusieurs fonctions notamment celles de correctrice d'épreuves, de maquettiste, de reporter et de réviseure. Pour un petit hebdomadaire, la pression était énorme et constante. Le travail accaparait la plupart de mes heures durant la semaine et je passais mes soirées à couvrir les réunions du conseil municipal et de la commission de planification.

Je fréquentais un garçon nommé Larry qui, âgé de 20 ans, avait un an de plus que moi. Je l'avais rencontré dans une soirée, après avoir lu un article sur la manière supposée infaillible de rencontrer des gars en établissant un contact visuel avec eux pendant six secondes. À cette soirée, je plaisantais sur cette méthode avec mon amie Laurie et nous avons décidé de vérifier son efficacité. Nous avons pris pour cible un grand gars filiforme que nous n'avions jamais vu. J'ai capté son regard tandis que Laurie et moi comptions pendant ce qui a semblé les six secondes les plus longues jamais enregistrées. Toutefois son intensité m'a effrayée et j'ai trouvé une excuse pour m'éloigner de lui, mais plus j'évitais cet homme et plus il était déterminé à me rencontrer. J'avais l'impression d'être une proie.

Une poursuite comme au jeu du chat et de la souris dans toute la maison s'est terminée dans la cuisine, où se trouvaient de nombreux fêtards. Je me suis dirigée vers un homme à l'air inoffensif que je n'avais jamais rencontré et de façon impulsive je l'ai entouré de mon bras. Il m'a regardée de côté tandis que j'expliquais : « J'ai besoin que tu fasses semblant d'être mon copain. Il y a un gars qui me poursuit ». L'homme qui m'a « sauvée » était Larry et nous sommes devenus un couple stable.

Larry était habitué aux horaires exigeants de mon travail au journal. Il restait souvent à l'appartement que je louais près du bureau, attendant que je finisse la couverture d'un événement d'actualité. Larry et moi avions une relation délicieusement romantique même si nos horizons spirituels étaient très différents. Du reste, je lui parlais rarement de cet aspect de ma vie. Mes heures et mes pensées occupées par mon travail et par le temps que je passais avec Larry éloignaient ma conscience du chemin spirituel. Je n'avais pas fréquenté l'église ou ouvert un livre spirituel depuis des mois. Aussi, l'empressement avec lequel je me suis jointe à lui un soir pour fumer un joint n'était-il pas surprenant.

Je n'avais pas fumé de marijuana depuis des années, mais je suis rapidement retombée dans ce mode de vie. J'ignore en quoi les prières de ma mère pour ma guérison spirituelle n'ont pas eu un effet durable sur mon goût pour la drogue. Tout ce que je peux penser c'est que le libre arbitre - ma décision d'abuser de la marijuana - s'est substitué au pouvoir de la prière. Je crois que nous avons tous le libre arbitre de faire ce que nous voulons de nos vies même lorsque notre décision est autodestructrice. Cependant, chaque fois que je m'égare du chemin spirituel une force invisible intervient pour m'y ramener.

Une nuit, après une frénésie de marijuana et d'alcool, j'étais assise dans une berceuse seule dans l'obscurité de mon salon, essayant de me bercer pour m'endormir. J'ai eu une image mentale qui semblait très réelle d'une grosse poubelle argentée dont le fût s'allongeait vers le haut jusqu'à finir par redescendre en une arche vers le sol comme un ressort *Slinky*, ce jouet pour enfant. Une forte impression accompagnait cette vision et disait pour l'essentiel : « Tu es en train de jeter ta vie et tes talents à la poubelle en consommant de la marijuana. Arrête ça immédiatement. »

Cette vision m'a secouée et j'ai arrêté la marijuana, l'alcool et le tabac, ne continuant à prendre que les pilules contraceptives, car Larry et moi étions devenus intimes. Lorsqu'un jour, je n'avais presque plus de pilules, mon exigeant horaire de travail a fait qu'il m'a été difficile de trouver le temps de renouveler mon ordonnance. Le jour où je n'en ai plus eu, je me suis promis de le faire le lendemain et c'est ce que j'ai fait. Cependant, ce jour de 1977 où je n'ai pas pris la pilule, je me suis retrouvée enceinte de l'enfant de Larry. J'avais 19 ans.

Je ne savais pas quoi faire ! Même si le climat social et sexuel avait sensiblement changé durant les années 1960 et 1970, c'était encore une honte d'être mère célibataire. Or, j'avais déjà décidé de ne pas me faire avorter, et la mère de Larry l'avait convaincu que le mariage était une erreur étant donné notre jeunesse et notre insécurité financière.

La famille de Larry a fait pression sur moi pour que j'entre dans une institution pour mères célibataires tenue par leur Église catholique. Même si j'aimais déjà le bébé que je portais dans mon ventre, c'est à contrecœur que j'ai finalement accepté de rencontrer l'agence d'adoption. Aussi, à chaque fois que les conseillers en adoption se présentaient à la porte de mon appartement, je faisais semblant de ne pas être à la maison. Je les ai évités au point qu'ils ont fini par arrêter de me poursuivre. Finalement, j'ai annoncé ma décision de garder l'enfant. J'étais absolument sûre de ma décision, mais je n'étais pas prête à vivre l'embarras que me causerait le statut de femme enceinte hors du mariage. Lorsque mon état a commencé à se voir, la honte m'a fait quitter mon poste au journal et j'ai pris un emploi où je préparais des sandwichs dans une épicerie fine du quartier.

Les rares fois de ma vie où j'ai vu un médecin étaient pour une ordonnance de contraceptifs, puis pour les soins prénatals. Pendant l'examen obstétrique, le médecin a commenté mon excellente santé, et nous en sommes arrivés à parler de mon éducation dans la Science Chrétienne. « Oh oui, la Science Chrétienne, a remarqué le médecin. J'ai un voisin qui en fait partie. Je pense qu'il est tout à fait crédible que les émotions puissent jouer un rôle dans la santé du corps. »

J'étais heureuse que mon médecin accepte ce que la plupart des gens considéraient alors comme une idée farfelue, à savoir qu'il existe des liens entre l'esprit et le corps. J'avais été élevée dans la croyance que non seulement l'esprit exerçait un contrôle sur tout, mais que seul l'esprit existait. Le corps était irréel, une illusion projetée par l'ego. Je ne m'attendais jamais à entendre un médecin déclarer que nos pensées pouvaient influencer notre santé. Enfant, je me souviens que je voulais faire changer le monde en prouvant scientifiquement la validité du lien entre l'esprit et le corps. Il ne m'était jamais venu à l'esprit qu'un jour la science en viendrait à accepter comme un fait les principes métaphysiques selon lesquels j'avais été élevée.

Un jour pendant ma grossesse, j'ai été examinée par un médecin remplaçant à qui je me suis plainte que mon bébé me donnait fréquemment de violents coups de pieds. Je me suis demandé à voix haute si le stress de mon travail à la sandwicherie pouvait affecter le bébé. Le médecin a souri à cette pensée et puis, il a ri bruyamment. « Le stress!» s'est-il esclaffé, puis il a rapidement changé de sujet. J'ai compris à sa réaction qu'il ne croyait pas que le stress puisse avoir une influence sur la santé de quelqu'un. Beaucoup de gens ne le croyaient pas jusqu'à très récemment.

On me demande souvent pourquoi les scientistes ne vont pas chez les médecins. Souvent les gens qui posent cette question parlent des médias rapportant occasionnellement qu'un enfant est mort parce que ses parents, membres de la Science Chrétienne, ont refusé une intervention médicale. Beaucoup en ont conclu de manière erronée que les membres de cette religion sont des extrémistes sacrifiant avec témérité le bien-être de leurs enfants. On me pose souvent la question rhétorique suivante : « Dieu n'a-t-il pas créé les médecins et la médecine ? »

Ce n'est pas que les scientistes soient opposés aux médecins ou ne croient pas en eux ; c'est simplement que la Science Chrétienne enseigne que Dieu est l'unique puissance. Personne ne peut contester que les médicaments ont un effet; toutefois leur pouvoir vient uniquement de la croyance des humains. C'est donc notre choix d'éliminer le médicament comme intermédiaire et de ne compter que sur la foi.

Comme l'a écrit Mary Baker Eddy dans *Science et santé avec la clé des Écritures* :

> « La médecine traditionnelle substitue les médicaments au pouvoir de Dieu - et même à la puissance de l'Esprit- pour guérir le corps. Lorsque le malade se rétablit en prenant des médicaments, ce qui guérit, c'est la loi d'une croyance générale qui culmine dans la foi individuelle. Le résultat sera en fonction de cette foi. La Science Chrétienne traite entièrement de la cause mentale afin d'évaluer et d'éradiquer la maladie. La Science Chrétienne supprime le médicament et se repose sur l'Esprit seul en tant que Principe thérapeutique, en reconnaissant que l'Esprit divin a tout pouvoir.[2] »

On vérifie, grâce à la recherche scientifique, que les pouvoirs thérapeutiques des médicaments dépendent des attentes positives des médecins qui les prescrivent et de celles leurs patients. Un exemple spectaculaire est le fait que de nombreux médicaments, notamment la vitamine E et le méprobamate, un tranquillisant, ne sont efficaces que lorsqu'ils sont administrés par des médecins croyant fermement à leur efficacité. Lorsque des médecins doutant de l'efficacité de ces médicaments en administrent *d'identiques*, ces derniers ne font pas effet. Il semble que le point de vue des médecins se transmet aux patients, influençant ainsi leur confiance ou leur manque de confiance dans le médicament[3].

L'efficacité de la prière semble également avoir pour origine la Loi de cause à effet selon laquelle « ce que vous attendez et croyez est ce que vous vivez ». Lorsque la prière semble ne pas donner les résultats désirés, c'est en général parce que le destinataire n'est pas en mesure de lâcher prise sur la peur assez longtemps pour que sa santé et l'harmonie se rétablissent. La mort ou la destruction étant sa principale pensée, la Loi de cause à effet fait que celle-ci se manifeste dans la réalité. En outre, si le patient choisit la mort ou une maladie débilitante, la Loi de cause à effet fait alors de ses désirs des réalités qu'elle manifeste.

Lorsque les peurs d'une personne bloquent l'efficacité des prières, le bon sens veut que celle-ci s'adresse à un médecin. La Science Chrétienne n'approuve pas les parents qui permettent que leurs enfants souffrent physiquement, au lieu de voir un médecin. La conscience spirituelle de tels parents ne semble pas assez élevée pour qu'ils aient une pensée de vérité totale ; ils ne peuvent donc pas créer un climat mental pour que la guérison se produise. Ce sont le bon sens et l'honnêteté face à soi-même quant à ses capacités à avoir des pensées de vérité qui amènent à décider s'il faut prendre des mesures concrètes concernant la santé de quelqu'un.

* * * *

CHAPITRE 5

Avoir confiance en l'esprit

« *Le corps est le temple de Dieu ; Dieu réside en chaque corps, que son propriétaire le reconnaisse ou non. C'est Dieu qui vous inspire de bien agir, qui vous met en garde contre le mal. Écoutez cette voix. Obéissez-lui et vous ne ferez aucun mal* »

— Sathya Sai Baba,
renommé professeur indien de spiritualité[1]

Mon fils, que nous avons appelé Charles Wesley Schenk II, en souvenir du père de Larry, est né le 7 juin 1978. J'étais aux anges en berçant mon bébé. Trois mois plus tard, Larry et moi étions mariés. Deux ans après, j'ai donné naissance à notre deuxième enfant, Grant William Schenk, que nous avons appelé William comme mon père. Grant avait tout à fait l'air et les manières d'un petit chérubin.

Des années auparavant, en roulant sur une route de campagne à San Marcos, j'avais vu jouer deux petits garçons. Ils avaient l'air adorables dans leurs petits jeans bouffants et j'ai demandé sur-le-champ à Dieu si je pourrais avoir deux fils moi aussi. Comme toujours Dieu m'a donné satisfaction, toutefois je ne m'attendais pas à avoir des enfants en étant encore moi-même aussi jeune.

J'ai arrêté de fumer de la marijuana après ma vision, mais Larry a augmenté sa consommation. Son humeur est devenue maussade et il se plaignait continuellement. Je pensais que sa consommation contribuait à la plupart de nos problèmes financiers et matrimoniaux et, à plusieurs reprises, il s'est rendu à mes arguments pour qu'il se défasse de cette habitude. Toutefois, lorsqu'il arrêtait de consommer, son humeur sombrait dans une colère sourde qui couvait. Au cours d'une cure de désintoxication où il était particulièrement violent, je l'ai même supplié de recommencer à fumer de la marijuana juste pour m'apporter un soulagement. Et à d'autres moments, Larry retournait à son habitude derrière mon dos.

En dépit de sa consommation de drogue, nous essayions de maintenir un ménage familial traditionnel. Larry travaillait dans des magasins de matériel électrique, tandis que je restais à la maison avec Chuck et Grant. J'adorais leur coudre des vêtements et regarder les émissions pour enfants « Sesame Street » et « Mister Rogers » avec eux. Nous faisions des jeux et chantions ensemble.

Nous avions très peu d'argent. Pendant un certain temps, nous n'avons même pas pu nous permettre d'acheter un lit et j'ai passé ma première grossesse à dormir inconfortablement sur des couvertures, sur la moquette du plancher. Mon grand-père, Ted Hannan, le distributeur de produits *Amway*, et mes parents nous donnaient fréquemment de petits montants d'argent qui nous aidaient à nous en sortir.

Peu après le décès de mon grand-père Ted, j'ai commencé à recevoir du soutien financier par des moyens miraculeux. Un jour, je descendais Grand Avenue à Escondido quand, pour une raison quelconque, je suis entrée dans un magasin de meubles de chambre à coucher. C'était la grande ouverture du magasin et on faisait un tirage pour gagner un très grand lit à deux places. J'ai écrit mon nom sur un bulletin de participation et deux jours après j'apprenais que j'avais gagné le lit et une literie complète ! Le nouveau lit a été livré chez nous peu après la naissance de Chuck et j'ai été reconnaissante de ne plus avoir à dormir sur le plancher. Une autre fois, alors qu'on menaçait de nous couper l'électricité pour non-paiement, j'ai reçu un chèque de 1000 $ d'un concours auquel j'avais oublié avoir participé. À ce jour, je peux sentir l'énergie angélique de grand-papa Ted soutenir les finances de mon frère Ken et les miennes. Mentalement, je vois Ted sourire avec ravissement chaque fois qu'il nous aide Ken et moi à guérir nos pensées de manque ou de limites.

Les cadeaux miraculeux de Ted contribuaient quelque peu au revenu de ma petite famille, mais nous luttions encore pour payer nos factures. Larry se disputait souvent avec ses patrons et quittait fréquemment ses emplois. J'étais malheureuse une bonne partie de temps, me sentant piégée dans un mode de vie hostile et une précarité financière qui me semblaient étrangers. Larry et moi avions une manière complètement différente de résoudre nos nombreux désaccords. Je venais d'une petite famille d'introvertis qui discutaient calmement des problèmes ou les ignoraient dans l'espoir qu'ils s'éloigneraient. Larry, au contraire, était le benjamin d'une grande famille et avait appris à parler énormément pour obtenir qu'on réponde à ses besoins. Pour Larry, il était normal de crier et de claquer les portes des placards de colère, alors que moi, je me recroquevillais de peur lorsqu'il se mettait à crier.

Je me soulageais avec de la crème glacée au chocolat dont j'étais devenue insatiable. Lorsque Larry était au travail ou dormait, je subtilisais un carton de crème glacée dans le congélateur et en avalais le contenu sans un bruit. Sa texture veloutée et crémeuse et la douceur du chocolat semblaient élever mon humeur et mes pensées vers une autre dimension où tout était heureux et harmonieux. Je n'ai compris que des années plus tard que je me gavais de produits chimiques à effet psychotrope que contenait la crème glacée au chocolat pour calmer ma dépression.

Ma frénésie de crème glacée ajoutant de nombreux kilos à mon corps, Larry s'est bientôt plaint de que j'étais grosse et laide. « Tu as de la chance de m'avoir parce qu'aucun autre homme ne voudrait de toi », disait-il. Plus il me piquait, plus je me tournais vers la nourriture pour me réconforter et j'ai fini par enfler jusqu'à peser 25 kilos de plus que mon poids normal. Ses insultes sont alors devenues encore plus personnelles et cruelles. Il me disait que j'étais stupide, incompétente et ne valais rien. Comme une créature sans défense ne sachant pas comment riposter, je laissais les opinions de Larry imprégner l'image que j'avais de moi-même. N'ayant aucune expérience ni même aucune connaissance du comportement violent, il ne me venait pas à l'esprit que j'avais le droit de lui dire d'arrêter, ou autre chose. J'étais trop effrayée par le souffle de colère qui jaillissait bruyamment de sa bouche chaque fois qu'il me blâmait de quelque chose.

À présent, je me rends compte que mon mari me faisait subir une violence psychologique. Comme beaucoup de gens ayant survécu à la violence, mon « sentiment d'impuissance » me paralysait. Les victimes de violence finissent par perdre leur assurance et à croire que seul leur agresseur a des droits. La voix forte et belliqueuse de mon mari et son assurance arrogante m'amenaient à croire que ses opinions valaient plus que les miennes.

Donc, s'il me disait que je n'étais pas à la hauteur, ce devait être vrai. Ce type de sentiment d'impuissance correspond souvent à une dépression débilitante chez les animaux et les humains exposés à la violence.

Ma mère et ma grand-mère Ada voyaient que mon mariage s'effondrait. Elles se demandaient à voix haute quoi faire, et j'imagine qu'elles priaient pour une solution, car ma vie a soudainement pris un autre tournant radical et miraculeux.

Un après-midi, alors que je changeais Grant de vêtements, j'ai vu une image mentale de moi-même. C'était comme un film en noir et blanc dans lequel je me voyais moi-même et où j'étais en même temps au centre de l'action. Dans cette vision, je me suis vue dans un autre genre de vie où j'étais mince, attirante et heureuse. Auteure accomplie et publiée, j'étais une guérisseuse professionnelle aidant les gens par mes enseignements.

J'ai bien fermé les yeux pour ignorer cette vision. Ce n'était pas un spectacle bienvenu, mais plutôt quelque chose qui ajoutait à la douleur de mon inutilité. Il me semblait masochiste d'entretenir des pensées à propos d'une aussi bonne vie. Cependant, les visions ont continué les jours suivants. C'était toujours les mêmes, mais elles comportaient souvent des détails et des dimensions supplémentaires. Je me suis vue apparaissant dans des émissions-débats nationales et vivant dans une magnifique maison au bord de la mer.

Comme ces visions cessaient chaque fois que je mangeais de la crème glacée, je me suis mise à en manger davantage. C'était ma façon d'ignorer le conseil divin dans lequel je n'avais ni confiance ni foi. Manger de la crème glacée équivalait à me mettre les doigts dans les oreilles en disant à Dieu : « Je ne peux pas T'entendre ! » Je l'entendais à un certain niveau cependant et ces visions ont réveillé une partie de moi-même oubliée depuis longtemps.

J'avais toujours été créative en art, en musique et en écriture, pourtant à part coudre des vêtements pour mes enfants, j'avais négligé mon côté créatif depuis de nombreuses années. De plus, les paroles de Larry m'avaient convaincue que j'étais stupide et, bien qu'ayant été la plupart du temps une élève n'ayant que des A et ayant sauté sa cinquième année, je me demandais si les périodes de consommation de marijuana pouvaient avoir entraîné la destruction de mes cellules cérébrales. Au lieu de voir les opinions de Larry comme violentes et fausses, je les reprenais à mon compte.

Mes visions m'ayant poussée à trouver un exutoire dans des activités créatives comme le jardinage et la peinture, je trouvais ces occupations vivifiantes. Je méditais tout en jardinant et les visions de ma vie d'écrivaine sont passées du noir et blanc à des images en couleur. La pensée d'écrire des livres aidant les gens, autant que le livre de Laura Huxley m'avait aidée, était sincèrement enthousiasmante. Pourtant, je me demandais comment une grosse ménagère sans éducation, comme moi, pourrait, ne serait-ce qu'espérer être une auteure publiée. Si j'étais stupide comme le prétendait mon mari, comment pourrais-je écrire quelque chose susceptible d'aider quelqu'un ? J'étais si impressionnée par les écrivains publics que je les considérais presque comme une race distincte d'êtres supérieurs. L'édition me semblait être le domaine d'une élite restreinte ayant un rang exclusif, inaccessible au commun des mortels.

Et bien, il est vrai que les anges entrent souvent dans notre vie sous la forme de livres qui se présentent à nous au bon moment. Le livre de Norman Vincent Peale *La Pensée Positive* est l'ange qui m'a sauvée[2]. Le Dr Peale a écrit sur le pouvoir qu'ont les affirmations et la visualisation d'entraîner des changements positifs dans nos pensées. J'ai appris que nos attentes créent notre réalité. « Hum, je m'attendais à y lire sur l'échec et les problèmes financiers », ai-je pensé au fur et à mesure que je lisais *La pensée positive.*

Je me suis rappelé que ma mère m'avait enseigné à avoir recours aux affirmations et à la visualisation. Lorsque, adolescente, j'avais commencé à me préoccuper de mon poids, elle m'avait appris à me visualiser svelte et bronzée. Comme j'étais particulièrement soucieuse d'un surpoids dans la région de l'estomac, maman a travaillé avec moi pour que j'aie une image mentale de moi-même avec un ventre plat. À ce jour, bien qu'étant insatisfaite de l'aspect de d'autres parties de mon corps, j'ai toujours eu un ventre plat.

Dans mon esprit, il n'y avait pas de doute quant à l'impressionnant pouvoir de la visualisation et des affirmations, mais j'avais si peu d'estime de moi-même que je m'inquiétais que ces outils métaphysiques ne puissent plus m'aider. Toutefois, les écrits du Dr Peale m'ont incitée à essayer à nouveau les affirmations. Il citait les paroles réconfortantes de Jésus disant qu'il nous suffisait d'avoir la foi « gros comme un grain de sénevé » pour déplacer les montagnes dans nos vies.

Comme je n'avais pas les moyens d'acheter une cassette d'affirmation préenregistrée, j'ai décidé de faire la mienne. J'ai donc écrit plusieurs affirmations positives à partir de mes visions, comme : « Je suis une auteure publiée », « J'ai un corps mince et attirant », « J'attire des gens aimants dans ma vie » et « J'aide beaucoup de gens par mon travail ». J'ai énoncé chaque déclaration en termes positifs insistant sur ici et maintenant, comme le suggérait le Dr Peale dans son livre. Selon lui, il était important d'affirmer que notre demande nous était déjà accordée et de remercier qu'il en soit ainsi.

J'ai enregistré ces déclarations sur un magnétophone, puis j'ai écouté la cassette deux fois par jour pendant près de deux mois. Je n'ai parlé à personne de ce que je faisais. J'avais l'impression qu'une critique, même bénigne, de la part de mon mari ou de mes amis m'aurait fait abandonner prématurément l'écoute de mes affirmations. Tout d'abord, mon estime de soi était tellement basse que je ne pouvais supporter d'entendre ma voix. J'avais peu de respect, j'avais même du dédain pour moi-même. Je me crispais en entendant mes affirmations, me demandant si tout cela était une perte de temps ou une mise en scène qui déboucherait sur une déception douloureuse. Pourtant, je me souvenais continuellement des promesses du Dr Peale et de ma mère à propos du pouvoir des affirmations.

En moins d'un mois d'écoute de ces affirmations disant que j'étais une auteure à succès, j'ai commencé à me sentir motivée à écrire. J'ai tiré ma vieille machine à écrire manuelle du placard de l'entrée et l'ai placée sur la table de la cuisine. Ensuite, lorsque les garçons faisaient une sieste, je glissais soigneusement une feuille de papier blanc dans la machine en m'assurant qu'elle était bien droite et verticale.

Mes premiers essais d'écriture étaient des articles que j'ai envoyés à différents magazines nationaux et régionaux. J'ai tenté d'écrire quelques essais et des articles documentaires à propos du mariage et de la vie de famille. Toutefois, je n'avais pas assez étudié le processus de l'édition pour savoir qu'il est d'usage d'envoyer d'abord à un rédacteur en chef une requête lui demandant s'il est intéressé à lire mon article. Celui-ci répond alors par téléphone ou par courrier grâce à une enveloppe pré-affranchie que l'auteur joint à sa demande. N'ayant pas envoyé de requête ni joint d'enveloppe pré-affranchie, j'avais par conséquent saboté toute chance de publication.

J'ai décidé de retourner au collège communautaire Palomar comme étudiante à temps partiel. Dans mes visions, j'étais une guérisseuse professionnelle ; je ne pouvais pas dire de quelle sorte, mais puisque je voulais écrire des livres sur l'effort personnel, j'ai choisi le monde de la psychologie. Je me suis donc inscrite à trois cours : Initiation à la psychologie, Aérobic et Préparation de la déclaration d'impôt sur le revenu. Le cours de psychologie était pour vérifier et voir si j'aimais le domaine ; celui d'aérobic pour m'aider à perdre du poids et celui concernant l'impôt sur le revenu me semblait pratique. J'ai pensé que je pourrais utiliser ces connaissances pour remplir mon propre rapport d'impôt et peut-être faire un peu de travail à temps partiel au moment de la déclaration d'impôts.

Ces cours étaient exactement le genre de thérapie dont avait besoin mon estime de moi meurtri ! Dans le cours sur l'impôt, j'ai découvert qu'une partie de moi-même adorait les mathématiques. Je ne m'étais jamais considérée brillante pour les chiffres et je voyais les maths comme le territoire des mâles qui correspond à l'hémisphère droit de leur cerveau. Pourtant, ce cours a bien marché pour moi et lorsque j'ai obtenu un A, j'ai su que les cellules de mon cerveau et mon intelligence étaient encore intactes.

Le cours d'aérobic a fait diminuer peu à peu mes kilos superflus et j'ai commencé à me sentir mieux quant à mon allure. Je m'habillais un peu mieux et je me maquillais même avant de quitter la maison. Larry a commencé à devenir soupçonneux, m'accusant d'essayer d'attirer un autre homme. Il m'a alors mise en garde de ne pas oser essayer en me menaçant du genre : « Si tu me quittes j'obtiendrai la garde de Chuck et Grant ». Parfois, il me disait : « Aucun autre homme que moi pourrait vouloir de toi parce que tu as deux gamins ; et les gars n'aiment pas les femmes qui ont des gamins ». Cependant, ses paroles mordantes commençaient à avoir moins d'effet sur moi, car je me sentais plus forte et plus confiante.

Je me suis fait de nouveaux amis, hommes et femmes, au collège. J'appréciais particulièrement les gens de mon cours de psychologie. Mon enseignante, Barbara Erickson-Williams, était une pétillante infirmière en psychiatrie douée pour raconter des histoires merveilleuses qui rendaient ses cours vivants. Elle commençait souvent ses phrases par : « En tant que psychologue, vous découvrirez que… » comme si nous avions déjà un doctorat. Ses paroles excitaient mon imagination et j'adorais avoir l'impression d'être déjà psychologue. Je me suis inscrite à temps plein au collège, jonglant avec les horaires de travail de Larry de manière à ce que l'un de nous soit toujours à la maison avec nos fils. Mes études et mes notes ont monté en flèche et j'ai continué à faire de l'exercice et à perdre du poids. Je gagnais beaucoup en assurance, mais il semblait que l'indépendance que je venais de découvrir dérangeait Larry. Il m'a accusée de comploter une aventure extraconjugale et a commencé à me filer lorsque je sortais faire des courses. À plusieurs reprises, au moment où j'entrais dans un magasin, un employé m'a demandé : « Est-ce que vous vous appelez Doreen ? » Lorsque je répondais oui, il me tendait le téléphone en disant : « Votre mari veut vous parler. »

« Pourquoi as-tu mis autant de temps pour arriver au magasin ? » exigeait-il de savoir, disant que j'avais mis cinq ou dix minutes de plus que ce qui était nécessaire selon ses calculs. Un jour, alors que j'arrivais chez mon amie Silvia à qui je rendais visite, Larry était au téléphone et m'attendait. À nouveau, il m'a accusée d'avoir mis trop de temps pour arriver. « Tu t'es arrêtée chez un homme ? » a-t-il demandé en colère.

Avant, Larry se plaignait que j'étais trop grosse et stupide. À présent que j'avais une silhouette mince et de bons résultats dans mes cours, ses plaintes changeaient de direction. Chaque jour, il me disait qu'il *savait* simplement que je le trompais. Comme il ne tenait pas compte de mes paroles rassurantes sur ma fidélité, j'ai fini par ne plus l'écouter. Je me suis rendu compte à quel point nous nous étions éloignés l'un de l'autre, lorsqu'une année, nous avons oublié tous les deux notre anniversaire de mariage et ne l'avons remarqué que la semaine suivante !

Ce qui restait de notre mariage s'est brisé un jour où, en se réveillant d'une sieste de l'après-midi, Larry m'a demandé de lui faire du café. J'imagine que je n'ai pas entendu sa demande, car une demi-heure après, il s'est mis à crier à pleins poumons : « Pourquoi n'as-tu pas fait de café comme je te l'ai demandé ? » J'ai regardé son visage tordu par la colère et n'ai rien ressenti. Je sentais ni colère, ni mépris, ni amour — seulement de l'abattement.

Nous avons brièvement essayé la consultation matrimoniale, mais cela semblait sans espoir. À l'époque, j'étais détachée des pratiques spirituelles, aussi ne m'est-il jamais venu à l'esprit que la prière ou la guérison spirituelle pourrait sauver notre relation. Je voyais notre mariage d'un point de vue uniquement humain et de ce point de vue-là, il avait l'air sinistre.

Nous avons décidé de nous séparer, et j'ai donc cherché des sources de revenu. Tous les emplois auxquels j'avais postulé étant payés au salaire minimum, je ne pensais pas pouvoir subvenir à mes propres besoins et à ceux des garçons avec si peu de revenus. Alors, Larry et moi nous sommes entendus pour que j'emménage chez mes parents. Toutefois, comme la maison de papa et maman ne pouvait pas accueillir les garçons, nous nous sommes tous mis d'accord pour que je commence par déménager seule chez mes parents, que je trouve ensuite un travail puis un logement, et les garçons emménageraient dans mon nouveau logis.

Le jour de notre séparation a été le plus pénible de ma vie. Chacun pleurait sur son sort. Les nouveaux arrangements étaient effroyables, mais nous avions l'impression qu'il n'y avait pas d'alternative. Je n'arrêtais pas de me dire : « Il vaut mieux pour les garçons avoir des parents divorcés que de vivre dans une maison où il y a tant de colère et de disputes. »

Je n'avais toutefois pas prévu ce qui allait se passer ensuite. J'ai téléphoné aux garçons pour parler avec eux et je suis tombée sur un enregistrement disant que ce numéro n'était plus en service. Larry et mes fils avaient disparu et je n'avais aucune idée de l'endroit où ils étaient ! J'étais hors de moi, mais je me sentais prise au piège, avec mes ressources limitées qui ne me permettaient même pas d'engager un détective privé.

J'ai filé moi-même Larry dans ses allées et venues pour finalement découvrir qu'il avait déménagé dans une ville éloignée du Colorado, près de chez son frère. Je suis partie retrouver mes fils. Pendant ce temps, j'avais commencé à travailler comme secrétaire dans une compagnie d'assurances pour subvenir à mes besoins et payer mes frais de scolarité au collège. Je voulais prendre les garçons avec moi, comme nous en avions convenu Larry et moi, mais il a refusé de les laisser partir avec moi. Depuis notre séparation, il était devenu encore plus amer à mon égard. Il s'était construit une image de moi tellement négative qu'il croyait à présent les protéger en se réservant la garde des garçons.

À mon retour en Californie, j'ai engagé un avocat et j'ai commencé la bataille pour la garde des enfants. Les garçons étant trop jeunes pour être mêlés au procès, la majeure partie de la décision reposait sur le juge. Mon avocat et celui de Larry ont échangé d'horribles insultes, chacun essayant de dépeindre le client de l'autre comme un parent inapte. Ce qui a abouti à la dichotomie du bon/mauvais parent. Mon avocat et moi avons fait de notre mieux pour présenter Larry comme le mauvais, pendant que Larry et son avocat faisaient la même chose à mon sujet.

Le jour où la Cour a rendu sa décision, j'étais absolument sûre de gagner. Après tout, j'étais la mère des garçons et une bonne mère en plus ! Lorsque le juge a statué en faveur de Larry, citant le fait que les enfants avaient déjà passé des mois avec leur père et qu'il ne voulait pas changer le statu quo, j'ai cru m'évanouir sous l'effet du choc.

Je n'avais jamais entendu parler auparavant de mère ayant perdu la garde de ses enfants. Il me semblait que seules les femmes violentes ou les criminelles pouvaient se voir retirer les leurs. Pourtant, l'impensable s'était produit et je ne verrais désormais mes garçons que durant les week-ends. Profondément attristée et incroyablement honteuse du statut que me conférait le fait de ne pas en avoir la garde, j'ai déménagé dans une nouvelle ville et j'ai caché le fait que j'avais des enfants. C'était simplement trop douloureux de répondre à des questions comme : « Pourquoi vos enfants ne vivent-ils pas avec vous ? »

Ce n'est deux plus tard que j'ai appris que plus de deux millions d'Américaines avaient le même statut que moi. La plupart de ces femmes perdaient la garde de leurs enfants dans des circonstances similaires à celles que je vivais. Contrairement aux stéréotypes, « l'inaptitude » à s'en occuper ne fait perdre la garde de leurs enfants qu'à une infime partie des mères.

J'ai déposé une nouvelle requête pour obtenir la garde des enfants et engagé un avocat qui était le président de l'association des avocats de même que juge à temps partiel dans le comté de San Diego. Mon nouvel avocat a expliqué au juge comment Larry ne me permettait pas de voir les garçons durant les visites qui m'étaient accordées. Le juge a sermonné Larry à propos de l'importance pour les enfants d'entretenir un contact régulier avec leurs deux parents. J'ai promis au juge que s'il m'attribuait la garde des garçons, je m'assurerais qu'ils voient leur père régulièrement. Trois jours avant Noël, j'ai obtenu leur garde et Chuck et Grant sont venus vivre avec moi.

Durant cette époque, je sortais avec Dwight Virtue, un homme que j'avais rencontré au collège, où il se spécialisait lui aussi en psychologie. Dwight avait une surprenante mémoire photographique. En fait, j'ai tout d'abord été attirée par lui parce qu'il obtenait toujours les meilleures notes de la classe. Pour les contrôles, il prétendait n'étudier qu'une heure avant l'examen. Bouddhiste, Dwight était et le fils grand et costaud d'un père canadien français et d'une mère japonaise. Il avait été contrôleur aérien dans les Marines et me parlait de son rêve de devenir contrôleur au bureau fédéral de l'aéronautique

(FAA). À cette époque cela lui semblait un rêve lointain. C'est alors que l'Histoire est intervenue.

À l'été 1981, les membres du syndicat des contrôleurs aériens (PATCO) ont organisé un débrayage massif. Les contrôleurs ont fait des piquets de grève dans l'ensemble du pays et revendiqué des changements dans leurs conditions de travail. Le réseau aérien du pays tout entier a cessé de fonctionner et le président Reagan a exigé qu'ils reprennent immédiatement le travail sous peine de licenciement. Croyant que Reagan bluffait, les contrôleurs ont poursuivi leur grève. Deux jours plus tard, celui-ci mettait sa menace à exécution et la plupart des contrôleurs aériens des États-Unis se sont retrouvés sans emploi sur-le-champ.

Le FAA a fait des pieds et des mains pour embaucher des remplaçants et recruté immédiatement quiconque avait une expérience du contrôle en circulation aérienne militaire. Dwight a été de la première vague de stagiaires envoyés à l'école du FAA à Oklahoma City, avant de passer finalement contrôleur aérien à temps plein. Ne voulant pas nous séparer, Dwight et moi nous sommes mariés. Il a accepté son affectation définitive comme contrôleur aérien en route au centre de Los Angeles, dans le haut désert du Sud de la Californie. La vie de notre petite famille a débuté dans un modeste pavillon de lotissement, à Lancaster, et j'ai changé de collège pour étudier au *Antelope Valley College*.

Je continuais à travailler comme secrétaire tout en prenant des cours, mais j'étais de plus en plus insatisfaite du travail de bureau. J'étais prête à me lancer et à faire du counseling, mais qui m'engagerait sans diplôme spécialisé ? La réponse est venue comme un coup de pouce quand une intuition m'a inspiré de faire du bénévolat dans un centre de santé mentale. Le travail bénévole m'apporterait une expérience pertinente qui manquait à mon curriculum vitae et pourrait même déboucher sur une embauche !

* * * *

CHAPITRE 6

Le Centre de soins

« L'esprit parlant vrai avec les lèvres ou pensant vrai consciemment, peut apporter au monde toute la satisfaction qu'il recherche. Rien de matériel ne peut renforcer les gens, mais la Vérité Toute-Puissante peut les renforcer de tout Son pouvoir. »

—Emma Curtis Hopkins,
auteure de *Scientific Christian Mental Practice*

J'étais très nerveuse le jour où j'ai commencé à appeler les centres de santé mentale en demandant s'ils avaient besoin d'aide bénévole. Beaucoup disaient : « Non, merci ». Finalement, dans un centre de traitement de l'alcoolisme qui s'appelait « le Centre de soins », un gentil monsieur du nom de Andy Palmer m'a demandé de venir passer un entretien.

Andy m'a demandé si j'avais une quelconque expérience des « 12 étapes » et j'ai dû reconnaître que non. Je n'en avais même jamais entendu parler ! J'étais totalement novice en matière d'alcoolisme, mais il a dû se rendre compte de mes bonnes intentions. J'ignore si c'est cela, ou l'Esprit qui m'avait donné l'idée de faire du bénévolat qui a influencé la décision d'Andy. Peu importe, il a dit que je pourrais faire quatre heures de bénévolat par semaine au service de désintoxication et qu'il me superviserait. J'étais transportée de joie !

Mon premier jour de travail au Centre de soins de l'hôpital Palmdale a été une véritable révélation pour moi. J'étais assise à côté d'un homme en pyjama, Dave, à moitié endormi dans son lit de la chambre de désintoxication, prévue pour deux personnes. Nous avons parlé de sa vie, de sa famille et des raisons pour lesquelles il était à l'hôpital. Il m'a semblé que nous nous rejoignions en profondeur, à un niveau spirituel, et je me sentais fière d'accomplir quelque chose de bien. Imaginez donc ma surprise lorsque j'ai vu Dave la fois suivante et qu'il ne m'a pas reconnue ni ne s'est souvenu de la moindre chose dont nous avions parlé ! La stupeur provoquée par les médicaments qu'il prenait avait effacé de sa mémoire le processus de désintoxication. La plupart de mes interactions avec des patients en désintoxication se passaient de cette façon.

J'ai été rapidement initiée au monde de l'alcoolisme et de la toxicomanie et j'ai appris à la dure que les toxicomanes diront n'importe quoi pour se procurer leur drogue. Un jour, un homme m'a juré que son grand-père venait de mourir et qu'il fallait lui permettre de sortir de l'hôpital pour assister aux funérailles. Il a enjolivé son histoire avec des larmes et des détails sentimentaux sur son cher vieux Papi. Lorsque j'ai raconté son récit à l'infirmière en chef, elle a roulé les yeux et a vite appelé la famille de cet homme pour se faire confirmer le décès. Papi était mort, c'était un fait, mais dix ans auparavant.

En moins de deux mois, je faisais deux heures de bénévolat par jour. La plupart de mes attributions impliquaient des entrevues de premier contact. Cela signifiait s'asseoir avec des patients nouvellement admis et les interroger sur leur histoire familiale et leur toxicomanie à l'aide d'un « questionnaire psychosocial ». Une page de ce questionnaire portait sur l'historique de leurs arrestations. Presque tous les patients en avaient un, certains pour des crimes très graves. Finalement, au lieu de demander à un patient s'il avait été arrêté, j'interrogeais : « À quelle fréquence avez-vous été arrêté et pour quelles raisons ? »

Un jour, j'étais seule dans une salle de conseil en train de faire une entrevue d'évaluation avec un homme qui avait l'air extrêmement énervé. Quand je suis arrivée à la question des arrestations, il m'a dit qu'il avait été emprisonné pour meurtre. Je ne lui ai pas demandé de détails et suis simplement passée à toute vitesse aux questions restantes pour pouvoir m'éloigner de lui. Je lui ai posé une question et au lieu de répondre, il m'a fixée droit dans les yeux. Il a fini par dire : « Savez-vous ? Vous ressemblez exactement à mon ex-copine. Celle qui vient de me laisser tomber ! » J'en avais assez entendu et me suis excusée en toute hâte pour m'en aller. J'ai trouvé un infirmier en psychiatrie qui a terminé le questionnaire avec ce patient.

Au bout de quatre mois de bénévolat, j'ai demandé à la direction du programme du Centre de soins de m'engager comme employée rémunérée. Cela a été accepté et j'ai quitté mon emploi de secrétaire pour commencer à travailler à temps plein comme conseillère. Je venais de recevoir mon certificat en arts et je commençais un baccalauréat en psychologie à l'université Chapman, en cours du soir.

Il n'y a pas de coïncidences, mon père me l'avait toujours dit. Je l'ignorais à l'époque, mais Bill, le frère de ma grand-mère Pearl, était mort dans ce même hôpital Palmdale où je travaillais. En traversant une rue proche de là, il avait été heurté par une voiture et amené aux urgences, où il n'avait jamais repris connaissance. Avais-je été conduite à cet hôpital pour accomplir un karma familial, ou pour terminer quelque affaire restée en plan pour la tranquillité d'esprit de Bill ? Je ne le sais toujours pas, mais le fait que deux membres de la famille aient abouti dans le même hôpital *à une très grande distance* de là où ils habitaient me stupéfie.

Je brûlais toujours du désir d'écrire des livres sur l'effort personnel, mais je n'arrivais pas à trouver de thème. À cette époque, je ne pensais pas que cela intéresserait quiconque de lire quelque chose sur l'alcoolisme ou la toxicomanie ; c'était avant que Melodie Beattie et John Bradshaw écrivent sur le dysfonctionnement de la famille et la co-dépendance. Je n'arrêtais pas de me demander : « Quel sujet aimerais-je lire et qui n'a pas encore été publié ? »

La réponse m'est venue comme un coup de foudre, et je sais qu'elle était d'origine divine parce que c'était une vision totalement achevée. J'ai vu que j'allais écrire un livre sur l'effort personnel, destiné aux parents endurant des batailles pour la garde de leurs enfants. Un tel livre n'existait pas à l'époque, et j'en aurais certainement eu besoin des années auparavant. Il n'y avait qu'un problème, ma profonde honte qu'à une époque la garde de mes enfants ne m'ait pas été accordée. Pour écrire un tel livre avec autorité, il me fallait rompre ma propre confidentialité et parler de mes expériences. J'avais gardé mon secret depuis si longtemps qu'il en était devenu un monstre hideux et déformé. Je m'étais convaincue que si un de mes amis apprenait qu'un jour on m'avait refusé la garde de mes enfants, je serais jugée et rejetée.

Mon profond désir de produire un livre pouvant aider les autres a finalement vaincu les peurs de mon ego. J'ai acheté un manuel intitulé *How to Write a Book Proposal*[1], de Michael Larsen, et décidé de rédiger une proposition pour mon livre sur l'effort personnel. J'ai tout d'abord remis les choses au lendemain, car je voulais tellement être publiée que ma tension interne était presque douloureuse. Une partie de moi craignait de mourir avant la publication. Je ne cherchais pas tant la renommée ou la fortune qu'à contribuer à changer quelque chose dans le monde. Je disais constamment à mes amis : « Cela n'a pas d'importance si on ne trouve mes livres que sur les rayons de l'Armée du Salut, au moins il y aura une preuve que j'ai existé. »

J'avais fait de la publication un objectif si important, si crucial que j'avais profondément peur de l'échec. Si je gardais mon rêve comme une perpétuelle possibilité future, je n'avais pas à me confronter à la réalité en le poursuivant, et éventuellement en échouant. Alors, chaque fois que je m'asseyais pour taper ma proposition de livre, je me trouvais quelque chose à faire dans la maison comme faire la vaisselle, passer l'aspirateur ou même nettoyer la poussière sous le réfrigérateur. Je me mettais à nettoyer compulsivement pour éviter la souffrance d'un possible rejet.

En faisant part de mes frustrations avec l'un de mes professeurs de psychologie, Ricki Gherardi, j'espérais qu'elle compatirait. Au lieu de cela, elle m'a gentiment encouragée en disant : « Voulez-vous que je vous dise le secret pour que votre livre soit écrit ? Vous n'avez qu'à l'écrire ». Ses paroles ont sonné à mes oreilles comme l'évidence que j'avais besoin d'entendre. J'ai acheté un grand calendrier et me suis établi un programme de rédaction. Chaque soir, après le coucher des garçons, je m'y conformais sans questions ni compromis. Lorsque Dwight et nos amis allaient au cinéma, au restaurant ou à une soirée, je refusais d'y aller si mon programme exigeait une soirée d'écriture.

J'ai finalement rédigé ma proposition pour *The Custody Crisis*. J'avais également un aperçu, un plan chapitre par chapitre, ainsi que deux échantillons de chapitre dactylographiés avec netteté. J'ai photocopié ma proposition et l'ai envoyée accompagnée d'une lettre de présentation à quatre éditeurs de livres sur l'effort personnel que j'avais choisis dans le livre *Writer's Market*[2].

En moins d'un mois, les quatre éditeurs avaient rejeté ma proposition. J'ai essayé de rationaliser, mais j'avais sincèrement l'impression d'avoir été *moi-même* rejetée. J'ai mis l'original de ma proposition dans un tiroir de bureau et j'ai soupiré : « Je savais que je n'étais pas faite pour l'écriture. »

Toutefois, un mois après environ, j'ai reçu une lettre de l'université Pepperdine. On me demandait de parler des répercussions des batailles pour la garde des enfants sur les émotions et la santé mentale des parents, à la conférence internationale sur les études de la famille. J'avais oublié que, deux mois auparavant, j'avais répondu à leur invitation à présenter des communications écrites ! Le fait que l'université Pepperdine s'intéresse au thème de mon projet de livre a rallumé ma détermination à être publiée.

Cette fois, je me suis dit que j'allais faire jouer la « loi du nombre » en ma faveur. J'ai donc photocopié et envoyé ma proposition à 40 éditeurs en même temps, en mentionnant dans ma lettre de présentation mon prochain exposé sur la garde des enfants à la conférence de Pepperdine. Je me souviens encore de la curiosité qu'on lisait sur le visage de l'employé au bureau de poste quand je suis entrée avec 40 enveloppes rembourrées.

Le lendemain au travail, j'ai parlé au psychologue qui me supervisait de mes aspirations à être publiée. Il a immédiatement rétorqué : « Tu ne seras jamais publiée tant que tu n'auras pas ton Ph.D. », comme si ça allait de soi. Cependant, je ne me suis pas laissée décourager par ses paroles ; du reste, mes propositions étaient déjà dans le courrier. À partir de ce moment-là, j'ai fait le vœu de garder mes objectifs pour moi-même, ou du moins, loin des oreilles des sceptiques.

Je vaquais à mon travail tout en attendant un mot des éditeurs. À ce moment-là, au centre de soins on me faisait mener les entretiens initiaux avec d'éventuels patients. Je m'asseyais avec des gens qui, en raison de leurs convictions personnelles, de menaces de leur employeur ou de pressions de leur famille envisageaient d'entrer dans notre service de traitement pour un séjour de 30 jours. Naturellement, ils hésitaient à s'engager pour un mois de traitement, inquiets du remboursement par leur assurance, de la perte d'un mois de salaire, de l'éloignement d'avec leur famille et, la plupart d'entre eux, d'être privés de leur drogue de prédilection.

Mon travail consistait à répondre à leurs questions et, le cas échéant, de les encourager à entrer dans notre programme. Un jour, j'ai été incapable de convaincre un homme âgé de s'inscrire pour un traitement ; son médecin et sa famille l'avaient pourtant averti que son alcoolisme était en train de le tuer. La semaine suivante, les ambulanciers l'ont amené en toute hâte aux urgences de l'hôpital général Palmdale pour des complications liées à la surconsommation d'alcool. Les médecins ont essayé de le sauver, mais il est mort.

Lorsque j'ai appris la nouvelle le lendemain, j'ai eu un choc et j'étais en colère contre moi-même de ne pas avoir réussi à convaincre cet homme de suivre le traitement. Je me suis juré de tirer quelque chose de bon de cette tragédie. Quelques heures après, un homme et sa femme sont venus pour discuter de la possibilité que le mari entre au centre de soins. J'ai décidé de me servir de ce que j'avais appris du livre de Norman Vincent Peale pour obtenir le résultat que je désirais.

Tandis que cet homme et sa femme me parlaient, je le fixais et le visualisais délibérément en train de me dire : « Oui, je vais m'inscrire dès à présent au centre de soins ». Je me suis mentalement repassé cette image à maintes reprises jusqu'à ce que je sois sûre qu'il s'inscrirait. Lorsque quelques minutes plus tard, l'homme a dit pratiquement les mêmes mots que ce que j'avais imaginé, j'étais un peu effrayée. Je lui ai alors raconté l'histoire de l'homme qui était mort la nuit précédente pour ne pas avoir traité son alcoolisme à temps. Il a souri et dit qu'il était encore plus heureux de sa décision de vouloir guérir.

Pourtant était-ce vraiment sa décision ? Un sentiment de culpabilité m'a envahie lorsque je me suis rendu compte que je l'avais probablement influencé avec ma visualisation. J'avais appris lors des réunions de témoignage que, pour la Science Chrétienne, un tel usage de la puissance de l'esprit était un « abus ». Nous devons être particulièrement sûrs de la pureté de nos motivations pour nous servir de notre puissance mentale. Mon désir de ne pas voir un autre alcoolique mourir inutilement était altruiste, mais je l'avais combiné avec la volonté délibérée d'essayer de manipuler le comportement d'une personne. Nous ne pouvons pas savoir si cet homme serait entré au centre de soins en dépit de mes visualisations. Toutefois, j'ai appris une importante leçon ce jour-là : la fin ne justifie pas les moyens. Même s'il est honorable, tout objectif venant de l'ego s'accompagne de souffrance.

L'une des choses que je préférais dans mon travail était de passer du temps à échanger avec les patients. Un homme m'a parlé un jour avec une sincérité solennelle et force détails de l'expérience de mort imminente qu'il avait vécue. J'ai écouté attentivement, mais n'ai pas su quoi faire de son récit. J'avais entendu parlé d'un livre du Dr Raymond Moody intitulé *La vie après la vie*[3], j'en avais même lu un extrait paru dans *The Reader's Digest*. Cet homme m'a demandé : « Est-ce que vous me croyez ? » J'ai dit oui et lui ai raconté ma rencontre avec mon grand-papa Ben après sa mort. Pourtant, l'expérience de mort imminente de cet homme ne m'a pas semblé en rapport avec ma vie quotidienne et je l'ai tout bonnement oubliée.

Je concentrais la majeure partie de mon attention à réunir de l'information sur un modèle que je voyais parmi les patients du centre de soins. J'avais remarqué chez les toxicomanes dont la drogue de prédilection était la cocaïne une différence de caractère très sensible par rapport à ceux qui consommaient de la marijuana, lesquels étaient différents de ceux qui prenaient de l'héroïne, etc. Même ceux qui consommaient un mélange de drogues présentaient des caractéristiques uniques. J'ai commencé à noter ces observations dans un dossier, ainsi que d'autres données à propos de nos clients, telles que l'historique familial en matière de toxicomanie, la profession et le mode relationnel. Parfois, je jouais mentalement avec moi-même en parlant avec de nouveaux patients. Avant qu'ils aient pu me le dire, j'avais deviné pour moi-même leur drogue de prédilection en m'appuyant sur leur personnalité et leur profession. Je voyais que je devinais presque toujours correctement. Lorsque je m'étais trompée, j'étudiais soigneusement les indicateurs qui m'avaient induite en erreur.

Je m'efforçais de comprendre ce qui poussait mes clients à consommer de la drogue. Après tout, j'avais vécu des expériences intensément agréables et d'autres horribles avec la marijuana et l'alcool. De plus, une partie de moi était à vif et pas encore guérie de la violence que j'avais endurée à cause des sautes d'humeur que la marijuana provoquait chez Larry. J'avais parfois l'impression que la marijuana était mon dragon, celui que je voulais tuer pour que d'autres ne connaissent pas ce genre de souffrance. Pourtant, je savais que les jugements issus de la colère ne guériraient personne de sa toxicomanie. Au lieu de cela, j'essayais de pénétrer dans la tête de mes clients et de voir le monde avec leurs yeux. Ainsi, j'espérais parler avec des mots ayant un sens pour eux.

Au début, j'ai eu un peu de mal à compatir avec les héroïnomanes. L'idée de se planter une aiguille dans le bras me semblant horrifiante, j'essayais de me concentrer sur les émotions de mon client plutôt que sur mes jugements et ma peur des aiguilles. Chaque fois qu'un client prononçait le mot *héroïne*, je substituais mentalement l'image d'un gâteau ou d'une crème glacée au chocolat. Je ne pouvais pas établir de lien avec l'idée d'être attiré par l'héroïne, mais je pouvais *tout à fait* compatir avec celle de ne pouvoir s'empêcher de manger du chocolat.

Le rôle de conseillère est une question de délicat équilibre. Vous êtes un enseignant, mais sans être supérieur à l'étudiant. En fait, l'enseignant à l'esprit ouvert apprend continuellement de ses étudiants. Une conseillère doit rester objective et détachée des émotions de son client. Pourtant, son détachement ne peut pas être extrême au point d'empêcher celui-ci de recevoir son amour, lequel est en fin de compte l'agent de guérison. En outre, le conseil intuitif, qui est ce que je faisais lorsque « j'entrais dans la tête de mes clients », exige que la conseillère soit consciente à la fois des pensées et des impressions de ses clients et des siennes.

À un certain degré, je dois admettre que je jugeais certains de mes clients comme faibles. Pourtant, je me trompais moi-même en ne regardant pas en face le fait que mon propre modèle d'hyperphagie était tout autant une dépendance que leur habitude des drogues. Chaque soir, je sortais du service avec l'impression de n'avoir pas totalement réussi à aider mes clients ce jour-là. Je me disais toujours : « Si seulement, j'en savais plus en psychologie, je pourrais les guérir de leur toxicomanie ». L'irréalisme de cette croyance selon laquelle j'avais la responsabilité de sauver mes clients de leur toxicomanie, me donnait l'impression d'un vide à l'intérieur de moi que j'essayais de combler avec des choses extérieures comme la crème glacée et le gâteau au chocolat ou les sorties pour des achats qui n'avaient aucun intérêt.

Un jour où je me complaisais dans l'hyperphagie compulsive, l'idée m'a frappée que mes clients essayaient d'améliorer leurs vies. « Au moins, ils reçoivent de l'aide pour leur toxicomanie! » Cette pensée m'est venue à l'esprit comme un coup de foudre. Après cela, je n'ai pas eu d'autre choix que de trouver de l'aide pour m'aider à guérir de ma dépendance.

Mon professeur de psychologie, Dan Matzke, travaillait au Centre de soins avec moi. Pour l'un des devoirs qu'il nous avait donnés, les étudiants devaient assister à une réunion portant sur les 12 étapes et écrire sur ce sujet. Ces réunions avaient débuté lorsque deux hommes alcooliques ont eu recours à la prière et à un ensemble de pensées et de comportements pour s'abstenir de boire. Beaucoup de personnes pensent que les douze étapes ont été d'inspiration divine, car plus que tout autre forme de traitement, elles ont réussi à aider des gens à guérir de leur dépendance. Le premier groupe à suivre les 12 étapes a été les Alcooliques Anonymes, puis les mêmes étapes ont servi à traiter avec succès la toxicomanie (Narcotiques Anonymes), les déséquilibres psychologiques ou encore l'obsession sexuelle (Dépendants affectifs ou sexuels Anonymes), les problèmes relationnels que vivent les proches d'un toxicomane ou alcoolique (Al-Anon), les dépenses ou le jeu compulsifs (Joueurs ou Gamblers Anonymes), et enfin les troubles de l'alimentation (Outremangeurs Anonymes).

Sachant qu'une partie de mon travail au Centre de soins impliquait d'accompagner des patients aux réunions des Alcooliques Anonymes et des Narcotiques Anonymes, mon professeur m'a demandé de choisir un autre groupe suivant les 12 étapes pour mon devoir. J'ai pris arbitrairement les Outremangeurs Anonymes (O.A.). Je suis allée à ce groupe dans un état d'esprit rationnel, avec la seule intention d'étudier le groupe en observatrice détachée et non en participante. Tandis que chaque personne se présentait en disant : « Bonjour, je suis untel et je souffre d'hyperphagie compulsive », j'ai simplement dit : « Bonjour, je m'appelle Doreen et je suis observatrice ». Ils ont souri, hoché la tête et répondu : « Bonjour, Doreen ». Ce soir-là, j'ai écouté les femmes et les hommes du groupe raconter leur histoire. Étant dans un état d'esprit critique et défensif, j'ai jugé sévèrement que toutes les personnes présentes dans la pièce étaient cinglées sauf moi.

Cependant, le jour où je me suis avoué honnêtement que je mangeais de façon compulsive, qui ne différait guère de la façon que mes clients prenaient des drogues, j'ai décidé de donner une autre chance aux O.A. Cette fois, j'ai écouté les membres du groupe avec un autre état d'esprit et j'ai parfaitement compris tout ce qu'ils disaient. Lorsqu'ils ont dit que discuter ouvertement de leurs troubles alimentaires avait un effet thérapeutique qui leur permettait de reconnaître leur impuissance, j'ai pris mon courage à deux mains pour confesser publiquement mon hyperphagie.

Quelle leçon d'humilité ! J'ai reconnu chez deux membres du groupe des O.A. les épouses de patients que j'avais alors au Centre de soins (il est commun pour des mangeurs compulsifs d'être mariés à des alcooliques). J'avais peur que si elles étaient au courant de mon trouble alimentaire, ces femmes me jugent et que ma réputation au Centre de soins soit ruinée. Mais rien n'était plus éloigné de la vérité comme je l'ai appris avec bonheur. Le fait de parler ouvertement de ma dépendance au chocolat a été une importante étape qui m'a aidée à me remettre de l'hyperphagie.

J'ai consacré mon temps et mon énergie à me rétablir de mon trouble de l'alimentation, me faisant contrôler avant chaque repas par mon « parrain » (un outremangeur guéri depuis longtemps qui servait de mentor aux gens en voie de rétablissement), lisant chaque livre que je pouvais trouver sur le sujet et assistant aux réunions des O.A. J'ai également été bénévole pour le programme sur les troubles alimentaires destiné aux patientes externes du Centre de soins. Ressentant une affinité avec les femmes qui luttaient pour se libérer de leurs obsessions pour la nourriture, j'ai demandé à mon patron si je pouvais être affectée à ce programme-là. Toutefois, les contraintes budgétaires de ce dernier ne permettaient pas d'engager une conseillère de plus.

Néanmoins, ma brève période de bénévolat dans ce service m'a donné le goût de travailler à temps plein avec les hyperphagiques, les boulimiques et les anorexiques. Et une fois cet objectif identifié, mon impatience n'a fait que grandir. Mon intuition me criait d'une voix brûlant d'ardeur: « Écris des livres ! » « Fais du counseling en troubles de l'alimentation ! » « Libère-toi des contraintes et des limites ! »

« Mais comment ? » me demandais-je tard dans la nuit, quand le silence me laissait seule face à moi-même. *Comment ?*

* * * *

CHAPITRE 7

Le plan divin

« En convergeant vers l'unité, on peut tout accomplir. La vertu dénuée d'intérêt personnel permet de maîtriser même le surnaturel. »

– *Chuang Tzu 12,*
texte spirituel taoïste

La pression se faisait plus oppressante en moi, chaque fois que je mettais le pied au Centre de soins. Bien que reconnaissante de tout ce que j'avais acquis dans ce service, je savais qu'il était temps que je parte et commence à travailler dans le domaine que j'avais choisi : faire du counseling en troubles alimentaires. Qui plus est, je brûlais du désir d'écrire des livres. À présent que j'avais lâché prise sur mes anciennes compulsions frénétiques de nourriture et d'achats, je n'avais aucun moyen d'étouffer la souffrance due à mes rêves inaccomplis. J'en ai conclu que la seule solution, la seule manière de soulager mon continuel désir était d'œuvrer à faire de mes rêves une réalité.

J'ai décidé de mettre en pratique ce que je connaissais de la visualisation. Il y avait près de six semaines que j'avais envoyé 40 propositions de livre pour *The Custody*

Crisis. J'avais déjà reçu quelques refus et il m'arrivait de perdre confiance en une éventuelle publication. Pourtant, comme j'en avais un désir constant, je me suis tournée vers la visualisation, en désespoir de cause. Tout comme je l'avais appris des instructions de ma mère et du livre de Norman Vincent Peale, j'ai fermé les yeux et imaginé mon rêve comme une réalité actuelle. Je me suis représenté mon nom figurant à l'endos d'un livre disposé sur le rayon d'une librairie B. Daldon Bookseller de la ville. Pour une raison quelconque, chaque fois que j'évoquais cette image mentale, je voyais le coq du logo de *Bantam Books* au-dessus de mon nom.

Jugeant que cette image était un signe, j'ai réuni tous mes vieux livres de poche et en ai découpé le logo. J'ai collé tous ces coqs sur les miroirs de ma salle de bains, sur le tableau de bord de ma voiture et les tableaux d'affichage à la maison et dans les bureaux du Centre de soins. Ensuite, j'ai visualisé chaque jour mon nom et le coq de Bantam Books au dos de mon livre posé sur un rayon de chez B. Dalton. Comme l'avait conseillé le Dr Peale, je remerciais Dieu que cette image soit déjà une réalité

Lorsqu'un directeur de collection de chez Bantam a appelé une semaine plus tard pour dire que ma proposition de livre l'intéressait, j'étais quelque peu stupéfaite. « Ça marche vraiment cette visualisation ! » me suis-je dit tout en m'efforçant de garder un ton cohérent avec mon interlocuteur. Il m'a expliqué que chaque proposition de livre devait passer par l'approbation d'un comité de représentants des ventes, de spécialistes du marketing et des rédacteurs en chef. Si mon livre passait l'épreuve du comité, il me rappellerait pour négocier une offre. *Wow !* ai-je pensé en raccrochant. *Merci, mon Dieu !*

La visualisation est fondée sur la Loi de cause à effet et tout ce que vous voyez et croyez constitue un moule pour votre réalité extérieure. Dans mes méditations, je voyais vraiment mon livre publié par Bantam et j'y croyais. Si vous vous accrochez à votre confiance et à vos rêves, tout ce que vous verrez finira par se concrétiser. Toutefois, si votre confiance vacille ou si vos rêves papillonnent constamment d'une image à une autre, votre réalité sera le reflet de votre peur et de votre confusion. C'est précisément ce qui m'est arrivé.

La soudaineté avec laquelle ma visualisation s'est manifestée m'a prise au dépourvue. J'ai commencé à penser : *Je ne peux pas y croire!* et cette négation a contaminé tout le bon travail que j'avais fait. À un certain degré, je n'avais pas l'impression de mériter ce dont je rêvais. Je découvrirais pourquoi bien des années plus tard.

Après l'appel du directeur de collection de chez Bantam, on aurait dit que la porte d'une écluse s'était ouverte,; chaque jour je recevais des lettres de refus. J'avais entendu parler d'auteurs tapissant les murs de leur bureau avec leurs lettres de refus. Toutefois, chacune de ces lettres semblait contenir une énergie négative qui me répugnait. Je les détruisais donc au fur et à mesure, puis sortais immédiatement la poubelle de chez moi. Et je me suis forcée à garder des pensées positives à propos de ma publication.

J'ai bientôt découvert que les refus arrivaient par courrier tandis que les acceptations se faisaient par téléphone. Trois autres éditeurs ont appelé, offrant chacun d'acheter mon livre sur-le-champ. Comme j'attendais des nouvelles de Bantam, je ne voulais pas m'engager envers un autre éditeur, en particulier parce que ces derniers étaient de petites maisons d'édition. Cependant, pensant au fait qu'« un tien vaut mieux que deux tu l'auras », je m'inquiétais de perdre ces offres si j'attendais Bantam trop longtemps. J'ai demandé à ces trois éditeurs si je pouvais avoir un peu de temps pour réfléchir à leurs offres et ils ont accepté. Qu'allais-je faire ? Au fond de moi je doutais que Bantam me publie. N'ayant toujours pas de nouvelles d'eux au bout de deux autres semaines, j'ai pris mon courage à deux mains pour appeler le directeur de collection et lui demander où en était ma requête. Il m'a répondu qu'il était justement en train de m'écrire pour m'expliquer que ma proposition ressemblait trop à des livres qu'ils avaient déjà publiés.

Cette expérience m'a appris l'importance de rester concentrée sur le monde intérieur. La manifestation exige que vous permettiez à vos croyances, quant à leur réalisation, de passer *de* l'œil de votre esprit intérieur *vers* le monde extérieur. En faisant votre manifestation, ne prêtez pas attention aux obstacles apparents qui peuvent surgir, sinon vous inverserez le sens dans lequel se passe la manifestation. En d'autres termes, vous vous servirez d'images du monde extérieur pour influencer celles que voit l'œil intérieur de votre esprit.

Mes doutes à propos de ma publication par Bantam ont influencé le résultat, tout comme mes pensées affirmatives initiales avaient tout d'abord attiré l'intérêt du directeur de chez Bantam. En méditant, j'ai entendu ces paroles d'explication :

> « *Mes pensées sont des messagers et des aimants. Garde-les soigneusement et ne choisis que celles d'amour et de réussite. Ainsi, tu t'assureras de n'attirer que l'amour et la réussite.* »

Évidemment ! Je n'étais pas la victime d'un monde malheureux et cruel accordant sa préférence à la vie de certaines personnes. J'avais délibérément choisi ma route avec mes pensées. Au lieu de me laisser déprimer par le refus de Bantam – et gâcher les trois offres restantes des autres éditeurs – je me suis visualisée négociant tranquillement un merveilleux contrat. J'ai parlé avec les trois éditeurs et fait finalement affaire avec le plus important. Il m'a demandé si je voulais changer le titre de mon livre pour « *Mes enfants ne vivent plus avec moi* », et lorsque j'ai accepté, un accord a été conclu.

J'étais ravie, mais également très consciente de l'énorme responsabilité que je venais de prendre. J'avais 250 pages à écrire en moins de six mois. Qui plus est, une grande partie du travail impliquerait de divulguer certains de mes souvenirs les plus pénibles. Néanmoins, je me suis établi un programme de rédaction.

Autour de cette époque, j'avais déjà suivi la moitié de mes cours du soir en vue de ma maîtrise en psychologie du counseling. Je m'étais liée d'amitié avec plusieurs condisciples, notamment avec une femme du nom de Judy Wisehart. Judy avait reçu une formation en métaphysique similaire à la mienne, mais avait également étudié par elle-même la méditation asiatique, l'hypnose et la programmation neurolinguistique (PNL). Robert, son mari, avait suivi à l'université de Californie, à Santa Cruz, des cours sur les religions et les philosophies ésotériques. Il avait également étudié avec l'un des auteurs de la PNL.

Robert était un professeur-né toujours vêtu de blanc, ce qui s'agrémentait à sa barbe et à ses cheveux grisonnants. J'ai invité Robert et Judy chez-moi et leur ai demandé s'ils donneraient un cours privé à mon mari, Dwight, et moi ainsi qu'à quelques amis proches. Ils ont accepté, et un week-end par mois, les cours ont eu lieu dans mon salon.

Dans les cours de Robert, j'ai découvert les régressions dans des vies antérieures, et j'en ai fait l'expérience, de même que diverses pratiques d'hypnose et de méditation. Ma curiosité à propos de l'hypnose datait du jour où j'avais vu un hypnotiseur se produire sur scène dans une assemblée au collège. Un jour où j'assistais avec mes parents à un spectacle à la foire de Del Mar (en Californie), un hypnotiseur a demandé à des personnes du public de participer. Lorsque j'ai demandé à ma mère si je pouvais y aller, elle m'a expliqué que les scientistes ne se prêtaient pas à l'hypnose. Mon père était d'accord avec elle et a ajouté que si jamais une personne était hypnotisée, elle devenait à tout jamais influençable par les suggestions des autres.

Je n'ai plus jamais repensé à l'hypnose jusqu'à ce que mes conversations avec Robert et Judy ne raniment mon intérêt, depuis longtemps oublié, pour ce sujet. Toujours désireuse de m'informer sur l'hypnose et d'en faire l'expérience pour pouvoir tirer mes propres conclusions, j'ai finalement trouvé cela à la fois relaxant et stimulant. Loin de faire de moi une lavette vulnérable, l'hypnose m'a aidée à concentrer mon esprit avec précision sur mes objectifs. Appréciant énormément les cours de Robert et Judy, j'ai décidé de partager ce que j'y avais appris avec les patients du Centre de soins.

Le psychologue qui me supervisait au Centre de soins a accepté de me laisser mener des séances de relaxation et d'hypnose en groupe avec les patients. Chaque après-midi, ceux qui étaient intéressés se réunissaient dans le séjour de la salle de soins de jour et s'allongeaient sur des tapis que l'on avait dépliés. J'étais parfois stupéfaite à la vue d'anciens criminels endurcis et toxicomanes à l'air coriace allongés comme des enfants sur des tapis ressemblant à ceux de l'école maternelle. Je débutais chaque séance en expliquant ce qu'étaient l'hypnose et l'auto-relaxation progressive. De temps à autre, un patient disait d'un air provocant : « Pas question que j'y passe ! » J'ai découvert que ceux qui faisaient ce genre de remarque étaient en général les premiers « à y passer » pendant le processus en groupe.

Les patients et mes collègues considérant les expériences d'hypnose de groupe comme une réussite, cela a remonté ma confiance en moi. J'ai décidé qu'il était temps de quitter le nid et de voler de mes propres ailes. L'une de mes condisciples au collège, Melinda, m'a parlé de l'ouverture d'un poste de direction de programme dans un établissement de soins en clinique externe pour adolescents alcooliques et toxicomanes où elle travaillait. J'ai posé ma candidature et obtenu le poste et, bien que ne travaillant toujours pas avec des patients souffrant de troubles alimentaires comme j'en rêvais, j'avais l'impression qu'avec ce nouvel emploi je faisais un pas dans la bonne direction. J'adorais travailler avec des adolescents et ce travail m'aidait à guérir des blessures qui subsistaient de ma consommation excessive d'alcool et de marijuana.

Le programme pour adolescents a rapidement pris de l'ampleur et le mot s'est vite répandu dans la communauté sur son succès clinique et financier. Un psychiatre de la région a demandé à me rencontrer afin de discuter du travail que je faisais. Lorsque notre discussion a débouché sur la possibilité que j'ouvre une clinique externe de soin des troubles de l'alimentation, j'ai été aussi enthousiaste qu'effrayée. À nouveau, ma visualisation se manifestait et prenait forme et, comme auparavant quand le directeur de chez Bantam avait appelé, je n'étais pas sûre d'être préparée à accepter ce rêve pour de la réalité.

Ayant décidé d'apprendre de mon erreur passée, j'ai toutefois gardé mes pensées et mes actes fermement axés sur ma vision de moi traitant des clientes atteintes de troubles alimentaires. Mon patron, mes collègues et mes clients n'ont pas bien accueilli ma décision de quitter le programme pour adolescents, mais je savais qu'il me fallait saisir l'occasion. L'un de mes collègues, pour qui j'avais un grand respect, m'a même mise en garde de ne pas aller travailler avec ce psychiatre. « Il a une réputation épouvantable de maltraiter les gens », m'a dit cet ami d'un air entendu. Pourtant, je devais faire confiance à mon intuition qui me disait de franchir le pas.

Je sais à présent que le conseil le plus digne de foi que nous puissions recevoir vient de nos intuitions et de nos impressions. Les gens me demandent souvent comment savoir si une impression est vraiment « intuitive ». Ils me parlent d'incidents où ils ont écouté leur voix intérieure pour ne découvrir qu'après qu'ils s'étaient trompés. Il y a de grandes différences entre le véritable guide intérieur et la voix de l'ego. Premièrement, les directives de notre guide intérieur sont aimantes et positives, alors que les conseils de l'ego sont fondés sur la peur, le mépris et les croyances en nos manques. Il arrive que le guide intérieur vous dise de prendre une mesure soudaine, mais il n'utilise jamais de tactiques ou de paroles désobligeantes. Deuxièmement, sa voix vous laisse habituellement avec un sentiment de certitude et vous *savez* simplement que vous devez suivre votre intuition.

Si vous ne tenez pas compte de votre voix intérieure, elle répètera patiemment son conseil jusqu'à ce que vous soyez prêt à l'entendre. En revanche l'ego, dans sa quête de poussées temporaires d'adrénaline, vous incite par ses conseils à prendre des décisions impulsives. L'ego change continuellement « d'avis » et si vous le suivez, votre vie sera chaotique et remplie de crises. Certaines personnes aiment ce genre de mode de vie en montagnes russes, principalement parce que si l'on a constamment un feu à éteindre, on n'a pas à penser à remplir la finalité de sa vie.

Bien sûr, nous avons chacun une finalité ou une mission de vie. C'est la raison pour laquelle nous nous sommes incarnés sur cette planète. En tant qu'artisans de lumière, nous avons été volontaires pour venir durant les temps cruciaux qui ont précédé et suivi l'an 2000, afin de diffuser nos énergies d'amour et dissiper la négativité de la conscience de masse. La plupart d'entre nous sommes venus dans le but précis de nous servir de notre savoir de guérison, pour enseigner, écrire, conseiller, guérir ou éclairer les autres sur Terre.

Chacun de nous a établi son plan de vie fondamental avant de s'incarner. Toutefois, nous l'avons fait alors que nous étions entièrement dans l'état d'esprit de notre « vrai moi ». Après l'incarnation, nous sommes tombés dans le piège des pensées matérielles et notre esprit-ego s'est développé. Pourtant, chaque fois que je parle avec un artisan de lumière, cette personne me dit toujours à quel point elle sait, en profondeur, qu'elle est sur Terre pour une finalité supérieure. Lorsque cette finalité reste en dormance, une pression horriblement douloureuse bouillonne dans le plexus solaire, près de l'estomac. Elle s'accompagne d'une terrible impression d'oublier de faire quelque chose – ce qui est le cas si quelqu'un n'accomplit pas la finalité de sa vie.

Je n'avais même jamais remarqué depuis combien de temps j'avais moi-même cette pression au plexus solaire jusqu'au jour où mon livre publié est arrivé par la poste. J'ai pris l'exemplaire fraîchement imprimé de « *Mes enfants ne vivent plus avec moi* » avec autant de précaution qu'un nouveau-né. Voir mon nom sur un livre me semblait irréel et je me sentais détachée de ce livre comme s'il avait une vie propre, à l'écart de moi. Je savais que je n'en étais pas la créatrice. L'Esprit l'était. Pourtant, autant physiquement qu'émotionnellement, c'était comme un immense soulagement de me rendre compte que j'avais participé à quelque chose qui allait aider de nombreuses personnes. La peur de mourir, ou sinon d'être empêchée de remplir cette mission à laquelle je m'étais cramponnée, a quitté mon corps brusquement et n'est jamais revenue.

Cette peur, je l'ai appris en faisant du counseling et par la contemplation méditative, est à la fois paralysante et envahissante parmi les artisans de lumière. L'une des plus grandes peurs dont nous souffrons, peut-être la seule, est de ne pas remplir l'objectif de notre venue sur Terre. Ironiquement, cette peur nous tient au point que nous en oublions notre finalité. Il est important que les artisans de lumière comprennent cela parce que parmi nous beaucoup ont l'impression d'être seuls à souffrir de peur et de confusion.

Les circonstances entourant l'établissement de notre finalité de vie m'ont été expliquées plus tard dans mes méditations :

> « *Avant ta naissance toi et un conseil de guides spirituels avez établi un plan de vie adapté pour répondre à tes besoins matériels, spirituels et d'origine karmique. Ce Plan Divin est composé de trois éléments : une finalité, des leçons en vue de ta croissance personnelle et tes relations avec les autres afin de soutenir le plan global.*

« Ta finalité est une tâche que tu dois accomplir par ta carrière, le travail bénévole ou un projet spécial, en tirant parti de tes talents et intérêts naturels au profit de l'humanité. Le deuxième élément de ton plan comporte des événements arrivant au bon moment dans ta vie pour t'enseigner l'amour et t'aider à te défaire de traits de personnalité autodestructeurs. Le troisième élément concerne des dispositions prises avec certaines personnes avant ta naissance, qui serviront de catalyseurs à la réalisation de ta finalité et à ta croissance personnelle. Ces personnes peuvent faire fonction de membres de ta famille, de collègues, d'amis ou de connaissances. Tes interactions avec ces gens les aident dans le même temps à réaliser leurs propres plans.

« Tu as préétabli ton plan comme une ébauche, comme les grandes lignes de ce à quoi ressemblerait ta vie – notamment ta finalité, d'importantes leçons de vie et tes relations avec certaines personnes. Ce plan n'étant tracé qu'à grands traits, il te faut en choisir les détails au fur et à mesure que tu avances dans ta vie. Tu es libre de totalement ignorer ce plan, mais cela peut avoir des conséquences dévastatrices sur les plans émotionnel et sociétal. »

Dans nos précédentes incarnations, nous sommes nombreux à ne pas avoir accompli notre finalité. Une fois morts, en passant notre vie en revue, nous avions honte que les peurs et les désirs matériels aient déjoué notre plan. Nous nous sommes juré avant notre naissance de ne pas oublier notre finalité dans cette vie. Le problème est que nous avons conçu ce Plan Divin dans un état de conscience paisible, celui de notre « vrai moi ». Lorsque nous connaissons la peur fondée sur l'ego au cours de notre vie, nous ne pouvons pas nous souvenir de la raison pour laquelle nous sommes là. Si nous nous en souvenons, les peurs nous empêchent de démarrer un jour notre plan.

Ceux qui remettent au lendemain ou oublient leurs plans, comme je l'ai fait, ressentent une profonde anxiété. Ils savent inconsciemment qu'un autre pénible examen de vie les attend s'ils se laissent aller à nouveau. Ils se sentent déprimés comme s'ils oubliaient de faire quelque chose d'important - ce qui est le cas. De nombreux artisans de lumière ont de vagues idées ou impressions de la vie qu'ils sont censés avoir. Pourtant, il leur semble ne pas mériter ou ne pas être qualifiés pour suivre leurs désirs intuitifs. Il se peut qu'ils essaient d'assourdir leur intuition en la submergeant de nourriture ou d'alcool ou en développant des dépendances ; mais il n'y a pas assez de substances nocives dans le monde pour affaiblir le désir intérieur de faire ce qu'il faut afin d'accomplir ce plan. Le seul choix s'offrant à nous, artisans de lumière, est de cesser de donner du temps d'antenne à notre ego et de permettre à notre véritable moi enfin guéri d'éclairer la route. *La planète compte sur nous !*

Tellement de choses ont changé pour moi après la publication de mon livre ! Si vous avez l'impression que votre Plan Divin implique d'écrire un livre, permettez-moi de vous encourager à mettre de l'énergie dans cette entreprise. La première chose que j'ai remarquée, au-delà de l'immense soulagement de mon inquiétude, a été que la clairvoyance de mon enfance commençait à revenir. Cependant, la première fois que cela s'est produit, je n'ai pas su quoi en faire.

J'ai commencé à voir ce qui allait arriver environ 30 secondes avant. Par exemple, à chaque fois que je conduisais, je savais intuitivement ce que les conducteurs qui me précédaient allaient faire. Dans mon œil mental, je voyais d'abord un conducteur tourner à gauche, puis une demi-minute après, c'est qu'il faisait.

Lorsque j'étais avec les clientes de ma nouvelle clinique de soins des troubles alimentaires, je voyais des images de ce qu'elles étaient sur le point de me décrire avant qu'elles ne prononcent les mots. Je voyais des images très précises des aliments qu'elles surconsommaient. Par exemple, si une cliente s'était goinfrée de crème glacée, je voyais près d'elle un gros cornet à deux boules ou un symbole le représentant avant qu'elle ne me parle de sa frénésie. Grâce à cette clairvoyance, je pouvais écouter mes clientes sans prendre beaucoup de notes. Celles-ci me complimentaient constamment de ma capacité à « me souvenir » de tous les détails de leur vie. Pourtant, je ne m'en *souvenais* pas, je ne faisais que m'harmoniser et repasser mentalement des séquences de leur vie. Je *voyais* vraiment ce qui les dérangeait et cette vision nous permettait d'aller rapidement aux problèmes cruciaux.

Beaucoup de mes clientes avaient vécu des violences dans leur enfance, des violences sexuelles en particulier. Parfois, j'avais intuitivement connaissance de la lutte des émotions liées à cette violence, si bien que je pouvais quasiment décrire ce que ressentait ma cliente sans qu'elle dise un mot. Plus d'une fois, je me suis demandé : Comment puis-je savoir ce que l'on ressent lorsqu'on a survécu à la violence vécue dans son enfance ? Est-ce que je refoule le souvenir d'une violence vécue dans ma propre enfance ? Pourtant je pouvais clairement me rappeler chaque année de ma vie. En guise de refoulement, je faisais l'expérience du « clair sentir ».

Je ne parlais à personne de ma conscience psychique, en partie parce que je ne savais pas trop quoi en faire moi-même. Je n'ai fait part à quelqu'un d'un exemple de prescience qu'une seule fois et c'était par accident. J'ai raconté à mon amie Melinda un rêve étrange fait la nuit précédente, dans lequel je voyais un magasin rempli de fromage empoisonné. Le lendemain, les gros titres nationaux annonçaient le rappel d'une grosse quantité de fromage contaminé par une bactérie toxique. Melinda a pensé que le caractère psychique de mon rêve était exceptionnel, mais au lieu d'en être heureuse je me suis détournée de cet incident.

Après tout, on m'avait bien des fois appris à ne pas discuter de phénomènes psychiques ou spirituels dans mon enfance. Ma famille avait pour règle de ne jamais évoqué en public les guérisons miraculeuses. À part quelques rares exceptions, chaque fois que j'avais parlé à quelqu'un de notre pratique de la Science Chrétienne, on m'avait ridiculisée et lorsque j'avais parlé à ma mère des gens que je « voyais » (je sais à présent qu'ils étaient décédé), elle m'avait assuré que c'était le fruit de mon imagination ou le reflet du poste de télévision.

À la place, je me suis concentrée sur ma recherche clinique sur les troubles de l'alimentation. Lorsque je travaillais au Centre de soins, j'avais remarqué une corrélation entre les traits de personnalité de mes clients et leurs drogues de prédilection. Je voyais clairement émerger le même modèle chez mes clientes souffrant de troubles alimentaires. Celles qui avaient des frénésies de pain avaient un tempérament totalement différent de celles qui avaient des frénésies de crème glacée, etc. J'ai commencé à faire des recherches sur ce phénomène et découvert que chaque « aliment consommé avec frénésie » – comme le chocolat, les laitages, les pâtisseries et les noix – avait des propriétés psychotropes et énergisantes. Intuitivement, mes clientes choisissaient exactement l'aliment qui allait soulager leur problème émotionnel particulier.

Par exemple, j'ai trouvé que les propriétés chimiques et la texture de nombreux produits laitiers avaient des effets antidépresseurs. Ce n'était donc pas une coïncidence si mes clientes souffrant de dépression se gavaient de laitages. Qui plus est, il existait une corrélation encore plus précise entre le type particulier de produit laitier – disons, la crème glacée aux noix – et les caractéristiques émotionnelles particulières de mes clientes. La raison en est que la crème glacée aux noix contient des produits chimiques qui non seulement stimulent un esprit déprimé, mais aussi le centre du plaisir situé dans le cerveau.

Afin de guider notre travail vers des problèmes ciblés, j'ai commencé à demander à mes clientes, en début de thérapie, quels étaient les aliments dont elles avaient envie. Plusieurs années après, j'ai traité de ce système d'analyse des envies dans un livre intitulé *Constant Craving : What Your Food Cravings Mean and How to Overcome Them* [*Appétit sans limite : qu'est-ce que vos fringales signifient et comment les surmonter*].

J'ai commencé à avoir un nombre grandissant de patientes à la clinique et j'ai rapidement été submergée de plus de personnes que je n'avais de temps pour en traiter. Diana Whitfield, l'une de mes amies ayant travaillé avec moi au Centre de soins, est venue m'aider à la clinique. D'ailleurs, tellement de gens souffrant d'obsession alimentaire guérissaient à notre clinique que le bouche à oreille engendrait plus de clientes que nous ne pouvions en prendre.

Durant cette période, j'ai reçu soudainement une directive intuitive. La plupart du temps, notre intuition nous guide par une succession de touches minuscules.

Toutefois, il arrive que nous recevions une directive intérieure sous forme de représentation complète. C'est en ayant ce genre d'intuition, un jour, que j'ai su qu'il était temps pour moi d'écrire un autre livre. J'ai su également qu'il s'appellerait *The Yo-Yo Diet Syndrome,* porterait sur les origines émotionnelles des fluctuations de poids et sur leurs remèdes, et que serait un très grand succès. Toute cette information a simplement surgi un jour dans mon esprit. J'étais à ce point certaine de son caractère inévitable que j'ai parlé de mon livre, *The Yo-Yo Diet Syndrome,* lors de discours et dans quelques articles de journaux auxquels j'avais donné des entrevues.

La manifestation requiert d'avoir la foi. Nous avons en général davantage foi dans le fait que ce sont nos peurs qui deviendront réalités plutôt que nos rêves de bonheur. L'unique raison pour laquelle la manifestation semble difficile est que nous avons parfois l'impression de devoir peiner pour que nos rêves se réalisent. Toutefois avec *The Yo-Yo Diet Syndrome,* ma vision m'est apparue complète et avec une foi totale. Je n'ai lutté contre aucun doute ni aucune peur. J'ai su simplement que cela allait arriver, et je me rends compte à présent que l'infaillible Loi de cause à effet l'a propulsé dans mon existence.

Suivant totalement mon instinct et mon intuition, j'ai décidé de m'assurer des services d'un agent littéraire afin de négocier un contrat pour ce livre. Quelque chose m'ayant dit de regarder dans la partie des « remerciements » des livres portant sur la perte de poids, à la bibliothèque, j'ai remarqué que les auteurs remerciaient une agente en particulier. J'ai cherché son numéro de téléphone et son adresse dans un livre de la section des références à la bibliothèque intitulé *Literary Marketplace.* Ensuite, j'ai appelé son agence et demandé à la réceptionniste des renseignements pour soumettre une demande. Cette femme m'a dit sèchement : « Oh, nous n'acceptons aucun nouveau client à moins qu'il ne nous soit référé par l'un de nos clients. »

Je me suis demandé quoi faire par la suite, et j'ai décidé d'appeler mon oncle Lee Reynolds pour qu'il me conseille. Étant scénariste à Hollywood, oncle Lee connaîtrait peut-être quelqu'un à l'agence qui pourrait me proposer comme cliente. Il m'a dit que, oui, il était étroitement associé à cette agence. Toutefois, il m'a persuadée d'envoyer en premier lieu une lettre de demande. « Le travail de la réceptionniste est de filtrer les appels, a ajouté oncle Lee. Ne la laisse pas t'effrayer et te faire abandonner ton rêve.»

Là-dessus, j'ai fait le brouillon d'une lettre d'une page. Avant de l'expédier, j'ai joint cérémonieusement mes mains au-dessus de l'enveloppe et dit une prière. Une semaine plus tard, l'agente appelait et demandait à voir ma proposition de livre. J'ai donc écrit sans m'arrêter jusqu'à être satisfaite d'avoir écrit la meilleure proposition possible. Lorsque j'ai envoyé le manuscrit à l'agence, je l'ai également entouré de prières.

Deux jours après, l'agente rappelait. Voulais-je venir à Beverley Hills pour déjeuner avec elle.? C'est ce que j'ai fait, et ensuite j'ai pris un café avec oncle Lee pour célébrer le fait d'avoir réussi à signer avec cette agence littéraire.

Mon agente a vendu *The Yo-Yo Diet Syndrome* aux enchères. L'un des éditeurs qui y participaient était Bantam Books. J'avais toujours le petit coq sur le miroir de ma salle de bains et je n'avais pas abandonné la vision de mon nom au dos d'un livre, sous le coq de Bantam. Toutefois, cet éditeur n'a pas enchéri assez haut et

Harper & Row a payé une très grosse avance pour remporter le contrat.

Je me suis mise avec joie à rédiger mon nouveau livre ; écrire avait toujours été l'un de mes passe-temps favoris. C'est un miracle de sentir que vous contribuez à changer les choses dans le monde et que vous êtes payé pour faire une chose que vous aimez. J'avais également découvert, en rédigeant mon premier livre, à quel point il était libérateur d'écrire à propos de ses moments difficiles. En fait, des thérapeutes existentiels comme Viktor Frankl pensent que notre capacité à trouver un sens à notre vie conditionne notre bonheur et notre santé mentale. C'est ce que qui se passe lorsque nous transformons une tragédie en quelque chose de significatif comme d'enseigner à d'autres les leçons que nous avons durement apprises. Lorsque j'ai écrit à propos de mes luttes avec la nourriture et mon poids dans *The Yo-Yo Diet Syndrome*, j'ai vécu le même genre de soulagement existentiel.

Avec l'avance payée sur mon livre, mon revenu de psychothérapeute et le salaire de mon mari, nous avions atteint une bonne sécurité financière. Nous avons donc déménagé dans notre maison, construite sur mesure, à Quartz Hill, à 15 kilomètres de Lancaster. Pourtant, même si notre vie matérielle était assurée, je me sentais stressée par mes horaires trépidants, partagés entre les longues journées à la clinique, le temps passé avec ma famille, celui où j'assistais aux cours du soir et les moments où je terminais mon nouveau livre. De plus, les demandes de publicité pour mon premier livre n'avaient pas cessé depuis sa publication. J'avais déjà participé à plusieurs émissions de télévision et de radio nationales, et je recevais chaque jour des appels pour que j'assiste à de nouvelles émissions-débats.

Alors que je déballais des cartons dans notre nouvelle maison, un morceau de papier froissé est tombé à mes pieds. J'ai lissé la feuille et reconnu un devoir de sociologie que l'on nous avait donné plusieurs années auparavant. Durant un cours magistral sur l'établissement de ses objectifs, notre professeur avait demandé à chaque membre de la classe d'écrire dix objectifs précis réalisables d'ici cinq ans. À l'époque, je ne voyais pas comment je pourrais en réaliser un seul. Pourtant, je les avais tous réalisés : la garde des enfants récupérée, un livre publié, mes diplômes collégiaux terminés, une maison toute neuve, une nouvelle Mercedes, une pratique privée de psychothérapie, de fréquentes vacances à Hawaï, maintenir un poids santé, des participations au « Donahue Show », de même qu'à d'autres émissions, et des économies en banque. La théorie de mon professeur sur la nécessité de mettre ses objectifs sur papier avait été juste.

À la pensée que j'avais tout ce que je voulais, un malaise m'a envahie. « Tu devrais avoir l'impression d'être sur le toit du monde », me suis-je réprimandée. Honnêtement, ce n'était toutefois pas le cas. Quelque chose n'allait pas et il fallait que je trouve ce que c'était. J'ai rapidement pris des dispositions pour des vacances en famille à Maui où je pourrais être loin des sonneries du téléphone et des pressions de la clinique. J'avais besoin de passer du temps parmi le parfum des fleurs et de réfléchir à ma vie.

* * * *

CHAPITRE 8

UNE NOUVELLE PORTE S'OUVRIRA

« Le Soi est au sein du cœur comme une frontière séparant le monde du Ça. C'est pourquoi celui qui a franchi cette frontière et pris conscience du Soi, s'il est aveugle, cesse d'être aveugle ; s'il est blessé, cesse d'être blessé ; s'il est affligé, cesse d'être affligé. »

– *Chandogya Upanishad*,
texte spirituel hindou

À notre arrivée à Oahu, nous avons pris un petit avion à réaction qui allait d'île en île, en direction de Maui. Le long vol depuis le continent m'avait épuisée. Les places n'étant pas attribuées d'avance sur ce vol, je me suis laissée choir sur un siège de la première rangée, tandis que Dwight et les garçons décidaient de s'asseoir au fond de l'appareil pour ce petit vol.

Un homme bronzé, aux cheveux blancs, s'est assis à côté de moi et nous avons échangé quelques propos sur les îles. Comme il est d'usage entre compagnons de voyage à bord d'un avion, nous avons également discuté de nos professions. Je lui ai parlé de ma pratique de psychothérapeute ainsi que des livres que j'écrivais et nous avons découvert que sa fille et moi avions fréquenté le même collège. Ensuite, je lui ai demandé ce qu'il faisait dans la vie.

En hésitant, il a dit : « Hé bien, je donne un genre de séminaire ». Cela a éveillé mon intérêt, car j'en donnais moi-même fréquemment.

« Quel genre de séminaire ? » ai-je demandé.

À nouveau, il a semblé réticent à répondre. Finalement, il m'a regardée et a demandé :

« Avez-vous déjà entendu parler de la Cathédrale de Cristal ? »

« Bien sûr », ai-je répondu. « Vous voulez dire celle de Robert Schuller ? »

« Oui. Je suis Robert Schuller », a-t-il dit sans le moindre orgueil ou arrogance.

J'étais embarrassée de ne pas avoir reconnu son célèbre visage au nez et aux yeux caractéristiques. J'avais pourtant rencontré bien des vedettes de cinéma et de télévision pendant la promotion de mon livre ; mais lorsqu'ils ne sont plus devant les caméras, sans maquillage et dégageant bien moins de charisme, les gens célèbres ne ressemblent pas souvent à ce qu'ils projètent à l'écran.

Durant les 20 minutes suivantes du vol, j'ai confié au Dr Schuller ma confusion quant à l'orientation de ma vie. Je lui ai dit que j'avais accompli à 30 ans tous les objectifs que je m'étais fixés. À présent, je n'en avais pas d'autres et me sentais vide et j'avais peur de faire face à un avenir sans savoir où je m'en allais. Il m'a parlé des carrefours de sa propre existence et de la manière dont il avait traversé ces moments difficiles grâce à la foi et la prière.

Sans me sermonner, le Dr Schuller m'a gentiment encouragée à avoir confiance dans le processus de la vie. « Une nouvelle porte s'ouvrira bientôt pour vous, Doreen », m'a-t-il rassurée. « En attendant ne vous inquiétez pas de ce qui vient après. Lorsque cette porte s'ouvrira, vous *saurez* que c'est la bonne pour vous ». Lorsque l'avion a atterri, le Dr Schuller et moi nous sommes embrassés et j'ai ressenti un regain d'espoir. Dieu avait prévu le compagnon de voyage idéal au moment idéal pour moi.

J'ai décidé de suivre le conseil du Dr Schuller et d'avoir confiance qu'une porte allait s'ouvrir devant moi.

J'en ai conclu que la meilleure manière de trouver cette porte était d'arrêter de définir des objectifs et, au lieu de cela, de voir ce que la vie m'apporterait. Après tout, c'était la deuxième fois que je réalisais tous mes objectifs (la première étant lorsque j'étais parvenue à avoir la cote à l'école). Dans les deux cas, j'avais espéré que mes succès engendreraient un bonheur semblable à celui que l'on éprouve devant les cieux s'ouvrant sur le chant des anges. En fait, ils m'avaient semblé ordinaires et décevants. J'avais réagi à ces déceptions en « plaçant plus haut la barre » de mes nouveaux objectifs et en pensant : bon, participer à l'émission de Donohue, ce n'était pas cela ; peut-être que si je passe à Oprah *cela* fera une différence. Je me suis donc fixé un nouvel objectif, je l'ai réalisé et découvert que peu importait la hauteur du sommet que je gravissais, cela n'apportait pas de satisfaction durable.

Après ma rencontre avec le Dr Schuller, mon nouvel objectif a été le bonheur. Je savais que le bonheur était possible car j'en avais fait l'expérience, mais cette fois-ci, je voulais qu'il dure.

Peu de temps après mon retour de Maui, mon agente a vendu mon 3e livre et cette fois Bantam Books a remporté l'enchère. Je crois que ma décision de remettre tous mes objectifs à Dieu avait quelque chose à voir avec le fait que ma visualisation de Bantam s'était finalement manifestée et avait pris forme.

Habituellement, l'auteur voit pour la première fois le livre fini lorsque l'éditeur lui envoie quelques exemplaires de gracieuseté. Avec celui-ci, cependant, c'est au cours d'une sortie dans les magasins que j'ai vu mon livre pour la première fois. Mon fils Chuck ayant besoin de chaussures neuves, nous sommes allés un soir au centre commercial. En passant près d'une librairie B. Dalton, nous nous sommes arrêtés pour voir s'ils vendaient mes livres. Un ouvrage à la couverture d'un brun brillant ayant attiré mon attention, j'ai retenu mon souffle. Là, en face moi, se trouvait un exemplaire tangible de la visualisation que je faisais mentalement depuis si longtemps. Au dos du livre, un coq rouge étincelant comme une voiture de pompiers était placé au-dessus de mon nom, sur l'étagère de chez B. Dalton, exactement comme je l'imaginais depuis près de quatre ans.

Les visualisations peuvent se matérialiser sur-le-champ si notre esprit en accepte la possibilité. C'est ce que nous faisons continuellement, comme lorsque nous faisons notre liste d'épicerie puis trouvons les articles y figurant. Nous ne nous demandons jamais : « Est-ce que je vais pouvoir trouver la crème de champignons que j'ai mise sur ma liste ? » Nous acceptons plutôt l'idée que c'est ce qui va se produire.

Toutefois, lorsque nous avons peur ou l'impression de ne pas mériter qu'une image se concrétise, souvent nous essayons de forcer le rêve à devenir réalité. Nos visualisations se font tendues et pleines de contrainte comme si nous essayions de faire sortir la matière des éthers, en pressant. Je m'y étais prise ainsi pour visualiser le coq du logo de Bantam et ma tension avait empêché la réalisation de mon objectif. C'était comme si j'avais rédigé une demande à Dieu, mais en refusant ensuite de la Lui donner. Cependant, lorsque je Lui ai totalement remis la vision, elle a pu se produire.

Selon *Un cours en miracles*[1], « il n'y existe pas d'ordre de difficulté des miracles ». Cela signifie qu'un miracle n'est pas plus difficile à manifester qu'un autre, sauf si c'est ce que nous croyons. Des jugements comme : « Oh, c'est un objectif trop élevé pour moi » ou bien « Je ne pourrais pas réaliser cela » engendrent la tension qui nous empêche de manifester nos visions intérieures.

J'ai commencé à percevoir que la manifestation d'un objectif recèle un équilibre délicat. D'un côté, nous avons tous un grand dynamisme pour définir et servir la finalité d'une vie chargée de sens – et comme nous avons été créés à l'image et à la ressemblance d'un Créateur éternellement créatif, cela est tout à fait logique. D'un autre côté, toutefois, notre santé et notre bonheur dépendent de la manière dont nous gardons notre cœur centré sur l'Esprit et non sur le monde matériel.

Dans le même temps, j'ai remarqué que les compulsions de mes clientes souffrant de troubles de l'alimentation et les toxicomanes masquaient des peurs et une dépression profondes en rapport avec le fait de ne pas accomplir la finalité de leur vie. Beaucoup de mes clientes savaient ce qu'elles voulaient faire de leur existence. Toutefois, de fausses croyances du genre : « Je n'ai pas assez de temps, d'argent, d'intelligence, de beauté, de relations, d'instruction ou de talent pour faire de mon rêve une réalité », les empêchaient même d'essayer. Pourtant, leur voix intérieure les harcelait pour qu'elles accomplissent la finalité de leur vie ; mais au lieu de l'écouter, elles essayaient de la faire taire en enfouissant leurs convictions profondes sous la nourriture ou l'alcool, ou encore en ayant des comportements compulsifs.

J'ai découvert que lorsqu'une cliente ne cédait pas à ses compulsions, elle commençait à se souvenir de la finalité de sa vie. Sa voix intérieure la pressait de prendre certaines mesures afin d'accomplir cet objectif et, lorsqu'elle le faisait, elle guérissait de ses envies compulsives. Toutefois, terrifiées ou intimidées par les exhortations de leur voix intérieure, certaines clientes retournaient à leurs compulsions afin de couvrir la voix de leur moi supérieur.

Mon travail clinique et les tournées de publicité de mes livres impliquaient de voyager dans différentes régions du pays pour donner de la formation sur place au personnel hospitalier et faire des conférences. À un moment, j'ai accepté un poste d'administratrice dans un hôpital psychiatrique pour femmes à Woodside, près de San Francisco.

Au bout de sept ans de mariage, Dwight et moi avions récemment rompu, pour tellement de raisons qu'il serait trop difficile de les résumer sommairement. Je veux seulement dire que mon divorce a été extrêmement pénible. Chaque fois que mes clientes me disent qu'elles pensent divorcer, je leur suggère d'analyser les raisons qui les poussent à mettre un terme à leur mariage. Trop souvent, nous nous tournons vers des choses accessoires, comme se marier ou divorcer, pour emplir le vide qui est en nous. Pourtant, rien d'extérieur à nous ne peut étancher la soif d'amour en nous. Seul l'amour divin comble ce vide, de l'intérieur.

J'étais mère célibataire depuis peu, et les garçons et moi avions une impression d'aventure lorsque nous avons déménagé dans la région de la baie de San Francisco. Nous avons trouvé une charmante maison près d'une école élémentaire et chaque jour, je prenais le pont Dumbarton pour traverser la baie et me rendre au travail.

L'hôpital où je travaillais était spécialisé dans le traitement des femmes ayant survécu à des violences et souffrant de troubles alimentaires et d'autres dépendances. Dans un décor à la Susan Rios, avec des jardins luxuriants et un mobilier d'osier peint en blanc couvert de coussins ornés de rose, l'hôpital était une retraite appréciée des femmes de San Francisco. Nos lits étant rarement vides, nous avions habituellement une liste d'attente de patientes potentielles.

Mes fils et moi étions à la maison lorsque s'est produit le tremblement de terre de San Francisco, en 1989. Étant née en Californie, j'en avais subi de nombreux et je les prenais avec désinvolture ; mais celui-ci était d'une tout autre catégorie ! Je regardais horrifiée mon vestibule et mes murs couverts de céramique se déformer et ployer comme du caoutchouc. Tenant Grant serré tout contre moi, j'entendais Chuck hurler dans sa chambre et me sentais inutile de ne pas pouvoir l'atteindre. Je ne pouvais rien faire à part tenir Grant et prier pour que le séisme finisse bientôt. Lors d'autres catastrophes naturelles, vous pouvez vous enfuir en courant ou chercher un abri ; mais lorsque la terre elle-même vibre sous vos pieds, il n'y a aucun moyen de vous échapper.

Plusieurs mois après, j'ai participé à un publi-reportage sur *The Yo-Yo Diet Syndrome,* que nous avons tourné à Nashville. Devenu un ami, le réalisateur m'a présentée à la directrice du marketing d'un hôpital psychiatrique de Nashville. Nous nous sommes bien entendues, et la réussite de mon établissement de Californie l'ayant enthousiasmée, les administrateurs de son hôpital ont proposé d'ouvrir à Nashville un service psychiatrique pour toutes les femmes ayant besoin d'un suivi. N'étant toujours pas revenus du tremblement de terre, les garçons n'ont pas fait d'objection lorsque j'ai évoqué un autre déménagement.

Durant les deux années suivantes, j'ai été très occupée à superviser un service hospitalier que j'avais baptisé « *Féminité* », où mon travail consistait en l'administration, le marketing et le traitement des patientes. Chaque après-midi, je prenais ma voiture et me rendais au *Music Row* pour animer une émission-débat quotidienne radiodiffusée sur WSIX. Et pendant les soirées, je faisais des discours devant des groupes de citoyens de la région.

Mon travail thérapeutique à Nashville était axé sur des patientes ayant survécu à des violences durant l'enfance. J'étais troublée par les différences culturelles entre la Californie et le Sud, où l'inceste semblait plus courant. Beaucoup de mes patientes souffraient également d'une image négative d'elles-mêmes qui semblait avoir sa source dans les stéréotypes régionaux à propos des femmes. J'écrivais des articles pour les journaux et faisais des allocutions et des émissions de radio dans lesquels je recommandais aux femmes du Sud d'abandonner leurs ambitions d'être tout pour tout le monde. Je suis sûre que mes points de vue « yankees* » ont hérissé quelques plumes sudistes, pourtant je me préoccupais de ces femmes qui étaient mues par la culpabilité et une piètre estime d'elles-mêmes.

Au bout de deux ans, je suis retournée en Californie et j'ai décidé d'écrire davantage de livres et d'articles de magazines. L'un de mes principaux centres d'intérêt était alors les relations amoureuses. Les rencontres faites depuis mon divorce avaient été des expériences pénibles et difficiles. Je désirais profondément une solide relation à long terme, mais ne voulais pas payer le prix fort en étant avec un partenaire incompatible. Les ruptures et le divorce étant tellement douloureux, je ne voulais pas me

* NdT : Le terme yankee ici est associé aux habitants du nord des États-Unis – la Nouvelle-Angleterre – connus pour avoir un esprit plus libéral que les gens du Sud.

précipiter dans une nouvelle relation, mais je me languissais également d'un compagnon.

J'avais appris du mariage de mes parents que le véritable amour - profondément romantique, empreint de la meilleure amitié et fondé sur la confiance et la fidélité - était possible. J'avais également vécu des réussites cliniques avec beaucoup de patientes de mes séances de consultation. J'avais vu de nombreux exemples montrant combien l'amour pouvait être merveilleux, et je voulais vivre cette expérience moi aussi.

C'est presque à la blague que j'ai décidé de tenter l'expérience avec les principes métaphysiques pour voir si je pouvais manifester la relation que je cherchais. J'avais l'intention de manifester l'homme idéal de la même façon que les succès de ma carrière. J'ai donc fait une liste de deux pages avec les caractéristiques importantes, selon moi, chez un partenaire et dans une relation. Laissant de côté tout détail qui ne m'importait pas, je ne me suis concentrée que sur les traits qui me semblaient cruciaux.

Ensuite, j'ai fermé les yeux et affirmé avec douceur que s'il était vraiment celui de mes rêves, l'homme de ma liste m'aimerait exactement comme j'étais. J'ai également déclaré qu'à cet instant précis, il me cherchait avec autant de ferveur que je me languissais de lui. Puis, j'ai remis la situation en toute confiance à l'univers et mis ma liste dans un tiroir classeur.

Au bout de quelques jours, j'ai eu des pressentiments me disant d'aller à certains endroits et d'appeler des personnes en particulier, ce que je ne faisais pas habituellement. Parfois, j'ignorais ces intuitions, mais elles revenaient finalement me hanter jusqu'à ce que je m'exécute. Toutes ces activités guidées par l'intuition ont finalement abouti dans le vestibule d'un restaurant français proche de chez-moi, où je me suis accidentellement heurtée à un homme. La première fois que j'ai vu Michael, j'ai eu l'impression que le temps ralentissait et j'ai vu autour de moi la pièce tourner dans un brouillard. Il m'a invitée à m'asseoir avec lui et à prendre un verre d'eau minérale, et nous avons parlé comme si nous nous faisions passer une entrevue l'un à l'autre. À la fin du moment passé ensemble ce soir-là, je savais que Michael était l'homme de ma liste. Nous sommes devenus inséparables après notre première rencontre.

Par la suite, j'ai commencé à écrire des livres et des articles sur les relations amoureuses. L'un des magazines pour lesquels je rédigeais des articles, *Complete Woman*, m'a nommée collaboratrice à la rédaction. J'ai également commencé à participer en tant que « docteure de l'amour » à des émissions-débats où je donnais des conseils en matière de relations. Un agent littéraire de New York qui gère des auteurs connus traitant des relations m'a encouragée à poursuivre sur cette voie. Toutefois, après avoir écrit quelques livres sur le sujet, j'ai rapidement compris que je n'y mettais pas mon cœur. Je voulais écrire essentiellement sur les principes spirituels liés à la guérison de l'esprit, du corps et des émotions.

J'ai décidé d'écrire un livre à partir de centaines de pages de recherche et d'études de cas que j'avais accumulées sur le lien entre les troubles alimentaires et les violences subies dans l'enfance. J'ai donc arrêté le travail clinique et rassemblé les données dans une proposition de livre intitulée *Losing Your Pounds of Pain* [*Libérez-vous du poids de la douleur*]. J'avais besoin de ce répit et cela a été l'une de mes meilleures décisions. Ces derniers temps, les oppositions entre mes croyances spirituelles les plus profondes et la philosophie des traitements psychiques que j'avais appris à utiliser dans mon travail clinique me dérangeaient. Il me fallait réconcilier les deux avant de reprendre le travail de consultation.

Selon mes croyances spirituelles, nous pouvons guérir tout ce que nous voulons. En fait, peu importe ce sur quoi nous nous concentrons, cela se concrétise toujours sur le plan physique, en vertu de la Loi fondamentale de cause à effet. C'est également pourquoi j'étais en conflit, car la psychologie me demandait de violer cette loi en faisant concentrer mes clients sur leurs difficultés. En effet, les thérapeutes et les autres guérisseurs sont formés à demander à leurs clients ce qui ne va pas, puis, à en faire l'analyse. Toutefois, regarder les choses sous cet angle fait grossir les problèmes.

J'ai souvent été témoin de cas où mes propres clientes et celles de mes pairs décrivaient, par exemple, un problème dans une relation. Le thérapeute passait des heures à travailler sur ce problème avec la cliente, et neuf fois sur dix la relation empirait en réaction à l'attention qu'on lui portait. Le thérapeute rassurait la cliente en lui disant que cette aggravation signifiait qu'elle était « sortie du déni » entourant ce problème et voyait clairement la relation finalement.

« Ce n'est pas la croyance dans laquelle j'ai été élevée ! » ai-je compris un jour. On m'a appris à me concentrer sur la vérité d'une situation et à toujours déclarer que tout était parfait, entier et complet, et que seul l'amour est réel. Ce point de vue permet à l'harmonie de grandir et de remplacer le soi-disant problème. Toutefois, comment mes clientes réagiraient-elles si je me mettais tout à coup à leur dire qu'elles étaient parfaites ? Que diraient-elles si je les rassurais en leur disant qu'elles étaient pleinement aimées, aimables et aimantes ? Je m'inquiétais à l'idée qu'elles sortiraient de mon bureau en courant et en hurlant, ce qui ressemblait aux railleries et au rejet que j'avais endurés dans mon enfance. J'avais peur de sortir de mon placard spirituel, alors j'y ai plutôt renoncé.

* * * *

CHAPITRE 9

La présence

« La vie est de l'ordre du spirituel. La forme peut être détruite, mais l'esprit demeure et vit, car il est la vie subjective. »

— Paracelse (1493-1541),
alchimiste et médecin[1]

J'étais chez mes parents au sommet de la montagne située près de Paradise en Californie lorsque Reid Tracy, le vice-président des éditions Hay House m'a invitée à déjeuner afin de discuter de la proposition de livre que je lui avais envoyée. À cette nouvelle, ma mère et moi avons poussé un cri de ravissement, car nous sommes deux très grandes admiratrices de Louise Hay (fondatrice et éditrice de Hay House) et de son travail.

La semaine suivante, je m'asseyais dans l'alcôve d'un restaurant en compagnie de Reid et de Dan Olmos, directeur de la rédaction de Hay House. Je me suis immédiatement sentie à l'aise avec ces deux hommes, et lorsque Reid a dit que ma proposition était formulée avec des mots que Louise aurait utilisés, j'ai su que j'avais trouvé la bonne maison d'édition. Nous avons évoqué nos formations en métaphysique et conclu un accord : Hay House allait publier *Larguez ces kilos de souffrance*. J'étais enchantée.

Peu après avoir commencé à travailler à ce livre, j'ai appelé Dan pour lui poser une question. La réceptionniste de Hay House a eu l'air décontenancé lorsque j'ai demandé à parler à celui-ci et j'ai entendu qu'elle transférait mon appel vers un autre poste. M'attendant à ce que Dan réponde, j'ai été troublée d'entendre à sa place la voix d'une femme. « On a dû me diriger vers un mauvais poste », ai-je dit. « J'appelais Dan Olmos. »

Il y a eu un silence à l'autre bout de la ligne, puis la femme a demandé :

« Personne ne vous a dit ? »

« Dit quoi ? »

« Dan Olmos est décédé. Je suis votre nouvelle éditrice. »

Jill Kramer m'a expliqué que Dan était mort après une longue maladie le jour même où elle avait commencé à travailler chez Hay House. Ils étaient amis depuis des années, et Jill pensait que Dan « s'était laissé aller à quitter la planète », lorsqu'il avait été sûr que quelqu'un qu'il connaissait et en qui il avait confiance allait le remplacer à son poste. En tant que directrice de la rédaction, Jill allait s'avérer une remarquable amie pour moi et mes livres. Toutefois, durant la rédaction de *Larguez ces kilos de souffrance*, j'avais trouvé que Dan n'était pas tout à fait prêt à passer le crayon du censeur à un autre éditeur.

Je n'avais jamais beaucoup pensé à la vie après la mort, ce qui semble remarquable lorsqu'on pense à la visite que m'avait faite mon grand-père Ben après son décès. Pourtant, pendant que j'écrivais ce livre, la présence de Ben était manifeste tant physiquement que mentalement. Chaque fois que j'affichais le texte sur mon écran d'ordinateur, je sentais changer la pression de l'air juste au-dessus de mon épaule gauche ; et exactement comme on peut sentir la présence de quelqu'un dans une pièce, au point même de savoir de qui il s'agit, je sentais clairement Dan à côté de moi.

Mieux encore, j'entendais ses paroles dans ma tête. Dan a inspiré une grande partie de la philosophie que j'ai mise dans ce livre et m'a dicté des messages magnifiques sur le rôle du pardon dans la guérison de notre souffrance - des messages d'une teneur que j'ignorais et n'avais jamais évoqués. J'avais appris de mon travail clinique que la plupart des personnes survivant à la violence se reprochaient en partie leurs expériences. Je savais également que l'honnêteté vis-à-vis de cette auto-condamnation était essentielle pour se remettre de la souffrance émotionnelle engendrée par la violence.

Cependant, je n'avais jamais entendu parler de l'importance du pardon durant les années où j'allais à l'église ou à mes cours à l'université. Pourtant, Dan m'a dit que se pardonner à soi-même était la clé pour guérir des blessures laissées par la violence vécue dans l'enfance. La plupart de ceux qui ont survécu à cette violence ne veulent pas pardonner à leurs agresseurs, mais en se pardonnant à eux-mêmes ils peuvent guérir, dans la mesure où il n'existe qu'un esprit de vérité. Dan m'a dit d'écrire une affirmation qui aiderait ces survivants à guérir : « *Je me pardonne, je m'accepte et me fais confiance* ». Voilà la beauté des messages qu'il a envoyés aux lecteurs de *Losing Your Pounds of Pain* et, à lire les lettres que je reçois, il est clair que ceux-ci ont eu une influence positive sur la vie de bien des gens.

Je n'ai pas parlé à beaucoup de personnes de mon rédacteur céleste parce que je n'étais pas encore sûre de ce que je pensais moi-même de la vie après la mort. La manière dont nous compartimentons notre logique est bizarre, n'est-ce pas ? D'un côté, je savais que Ben était réellement venu me rendre visite après sa mort. Il n'y avait jamais eu le moindre doute dans mon esprit ! Je savais également que Dan me guidait lorsque j'écrivais. De l'autre côté, je n'étais pas prête à conclure que, logiquement, il y avait une vie après la mort.

Durant mon éducation, j'ai souvent entendu ma mère, les professeurs de l'école du dimanche et les membres de notre Église dire : « La mort est une illusion » et « La mort n'existe pas ». J'avais toujours imaginé que cela signifiait que nous pouvions prolonger indéfiniment la vie du corps humain grâce à la prière. Je me rends compte à présent qu'ils voulaient dire que l'âme ne meurt jamais, qu'elle est éternelle. Notre corps peut dépérir, mais *nous*, c'est-à-dire l'être réel vivant dans notre corps, nous vivons à tout jamais.

Après la publication de *Losing Your Pounds of Pain*, nous avons tous été agréablement surpris par le succès de ce livre. Je suppose toutefois que nous aurions dû nous y attendre. Après tout, l'aide du Ciel va du début à la fin de tout projet inspiré par le Divin. Dieu ne nous donne pas simplement une bonne idée pour nous laisser ensuite à nous-même pour la réaliser. Il nous offre le forfait au complet.

Je suis passée dans plusieurs émissions-débats à la télévision, dont *Oprah*, durant la promotion de ce livre. Les animateurs et le public de ces émissions tournaient toujours autour d'une partie du livre où j'avais brièvement décrit ma recherche sur les significations émotionnelles de nos états de manque par rapport à la nourriture. À chaque aliment dont nous avons furieusement envie correspond un sentiment particulier que nous voulons apaiser ou masquer en consommant celui-ci. J'avais inséré dans mon livre un petit échantillon d'états de manque liés à des aliments précis et des significations leur correspondant. C'était invariablement ce dont les animateurs de ces émissions voulaient discuter.

Il s'était produit la même chose des années auparavant durant mes prises de parole et mes participations dans des émissions-débats à propos de *The Yo-Yo Diet Syndrome*. Chaque fois que je disais aux membres du public que je pouvais « interpréter » la signification se cachant derrière leurs états de manque, ils réclamaient à grands cris plus d'information. J'ai parlé de cela à Reid et à Jill chez Hay House et nous avons conclu ensemble qu'un livre consacré à ce sujet s'imposait.

Pendant ce temps Bonnie Krueger, éditrice en chef du magazine *Complete Woman*, m'a demandé si je voulais faire une entrevue avec l'auteure d'un livre dont elle était tombée amoureuse. « Cela s'appelle *Dans les bras de la lumière*[2]. J'en ai acheté des dizaines d'exemplaires et je les donne à tous ceux que je connais, m'a expliqué Bonnie. Pourriez-vous s'il vous plait trouver l'auteure de ce livre, Betty Eadie, et faire son entrevue ? »

J'avais remarqué *Dans les bras de la lumière* sur la liste des succès d'édition du *New York Times*, mais je n'en savais pas grand chose. L'agent de publicité de Beatty Eadie a arrangé un rendez-vous pour que je fasse son entrevue à l'Expo *Whole Life* de Los Angeles, Michael m'a accompagnée pour prendre les photos destinées au magazine et mon fils Grant a décidé de venir aussi.

Nous devions rencontrer Betty après la conférence qu'elle donnait le vendredi, aussi nous sommes-nous assis dans le public et l'avons écoutée parler. J'avais lu son livre et son dossier de presse pour préparer mon entretien, mais en l'écoutant, j'ai senti qu'elle s'exprimait à un niveau encore plus élevé que celui auquel était écrit son livre. Elle a décrit la lumière intérieure en chacun de nous et la manière dont nous pouvons augmenter son rayonnement en ayant conscience de la présence constante de l'amour. Sa façon de parler m'a captivée, car elle alliait puissance et douceur, force et beauté féminine. *C'est un modèle de quiétude*, pensais-je en la regardant parler. Vêtue d'une magnifique robe blanche flottante de style indien, elle rayonnait de la même lumière que celle dont elle parlait.

Ses paroles ont résonné dans des régions de mon âme négligées depuis longtemps. Comme une machine rouillée de ne plus servir, j'ai senti une partie de ma conscience réagir d'un air endormi aux propos de Betty. Cette part de moi qui avait été totalement éveillée durant ma jeunesse, hibernait depuis de nombreuses années. Assise à la conférence de Betty, vêtue d'un tailleur bleu marine strict et d'un corsage de polyester blanc, je me suis sentie soudain étrangère dans ma propre peau.

Je me suis sentie encore plus mal à l'aise lorsque j'ai fait l'entrevue de Betty après sa conférence. Elle était gentille et généreuse de son temps, pourtant je sentais une distance entre nous au fur et à mesure qu'elle réagissait à ma tension. Par la suite, j'ai repassé trois fois la cassette de notre entretien pendant que je rédigeais mon article pour *Complete Woman* ; et chaque fois, je découvrais de nouvelles significations dans les paroles de Betty.

Je me suis rendu compte que j'avais perdu beaucoup de ma conscience spirituelle quelque part en chemin. Je n'avais pas fréquenté d'église ou pratiqué la spiritualité, ni n'avais prié, médité ou lu des livres ou des articles de spiritualité depuis une éternité. Pourtant, mes croyances n'avaient pas changé ; je n'en étais tout simplement pas consciente. Au lieu de cela je disais : « Je retournerai vers la métaphysique si jamais je tombe malade ». Ma santé demeurant excellente, je ne me centrais pas sur la spiritualité parce qu'elle ne semblait tout bonnement pas pertinente à ce moment-là de ma vie. Par ailleurs, la rédaction de *Constant Craving* m'occupant beaucoup, je ne voulais consacrer de temps à rien d'autre.

Néanmoins, mon travail d'écriture a été suspendu et mon attention détournée, plus tard durant ce mois de novembre, lorsque ma mère m'a informée d'une triste nouvelle. Ma grand-mère paternelle, Pearl, était très malade et l'on ne s'attendait pas à ce qu'elle vive encore bien longtemps. Mes parents prenaient la route le lendemain, jour de l'Action de Grâces, pour aller chez la cousine Betty près de Sacramento ; ils passeraient la nuit là, puis se rendraient auprès de grand-maman Pearl.

Cette nouvelle m'a secouée, mais je savais que mon inquiétude ne contribuerait pas à la santé de grand-maman. J'ai donc gardé ma priorité centrée sur l'écriture de mon livre. Deux jours plus tard, ma mère rappelait pour dire que l'état de grand-maman avait empiré, et de plus, quelqu'un avait volé la voiture de mes parents durant la nuit où ils étaient chez Betty. La police cherchait la voiture, mais sans grand espoir de la récupérer. Entre temps, mes parents iraient au chevet de grand-maman Pearl en voiture de location.

J'ai fondu en larmes, pleurant si fort que je ne pouvais pas parler à ma mère au téléphone.

J'ai tendu le combiné à Michael qui lui a expliqué que j'étais bouleversée et l'appellerais plus tard. Lorsque je me suis calmée, j'ai pris conscience que mes sentiments étaient reliés à la tristesse que j'éprouvais pour mon père. Papa avait toujours eu peur que l'on vole sa voiture. Je me suis souvenue de la manière dont il se levait au milieu de la nuit pendant nos vacances en famille et jetait furtivement un œil à travers les rideaux pour s'assurer que la voiture était toujours là. Voilà que sa pire crainte s'était manifestée. J'avais énormément de peine pour mon père - un homme si bon - qui était sur le point de perdre sa mère *en même temps* qu'on lui avait volé sa voiture.

Pour la première fois depuis des années, je me suis mise à prier. J'ai prié pour le repos de ma grand-mère et pour qu'on retrouve la voiture de mes parents. J'ai affirmé à maintes reprises ce que m'a mère m'avait appris, il y avait si longtemps : « Rien n'est perdu dans l'esprit de Dieu » et ce, jusqu'au moment où j'ai su que Dieu voyait où se trouvait la voiture à cet instant précis.

J'ai également prié pour que l'on retrouve les voleurs de la voiture. Honnêtement, je ne crois pas qu'il existe quelqu'un de mauvais dans le monde, car Dieu est tout en tout. Je crois simplement qu'il y a des gens effrayés qui se conduisent mal. De nombreux textes spirituels affirment que l'ego humain est le seul diable à parcourir le monde. Chacun peut s'éveiller des peurs engendrées par son ego et s'amender ; aussi, ai-je prié pour que les voleurs prennent conscience de leurs actes.

Grand-maman Ada priait, elle aussi, comme beaucoup d'autres amis et parents. Betty Eadie m'avait parlé de la puissance des prières lorsqu'elles sont jointes à celles d'autres personnes. Elle disait qu'une prière lançait un rayon de lumière vers le ciel et que lorsque les prières de plusieurs personnes s'unissent pour la même cause, c'est comme si ces rayons s'entrelaçaient pour former un immense faisceau lumineux.

Cinq jours après l'annonce du vol de la voiture de mes parents, mon frère, Ken, m'a appelée. « Je ne crois pas que grand-maman Pearl vive encore bien longtemps », a-t-il dit.

Ken est tout particulièrement en harmonie avec l'univers invisible. L'une de ses expériences psychiques les plus remarquables s'est déroulée une semaine avant la catastrophe de la navette spatiale Challenger. Il a eu soudain une vision nette dans laquelle il voyait exploser la navette dans ce qu'il a supposé être un atterrissage en catastrophe. Il s'est immédiatement inquiété et a contacté un ami ingénieur qui avait travaillé sur la conception de la navette spatiale. Il lui a fait part de sa vision et demandé :

« Est-ce qu'il pourrait arriver quelque chose de ce genre, un jour ? »

« Absolument pas ! » a répliqué l'ingénieur.

Ken a donc évacué cette vision de son cerveau. Lorsque la nouvelle de l'explosion de la navette est passée sur les ondes une semaine plus tard, il en a été horrifié et l'ingénieur a eu un choc. Les deux hommes se sont demandé avec tristesse si la prescience de Ken aurait pu éviter la catastrophe.

Dans ma jeunesse, j'ai entendu bien des fois dire : « Il n'existe qu'un seul esprit ». Les expériences psychiques nous rappellent notre lien avec cet esprit unique, dont les chercheurs de la planète traquent la preuve scientifique de son existence. Par exemple, des études montrent que lorsque quelqu'un pense à vous, l'impulsion physiologique de votre corps se modifie selon que cette personne a pour vous des pensées calmes ou excitées[3]. D'autres études ont établi qu'*avant* même que des sujets voient la diapositive d'une scène calme ou d'une scène excitante, les ondes de leur cerveau et leur rythme cardiaque montrent déjà des signes de calme ou d'excitation. En d'autres termes, leur corps a enregistré les réactions émotionnelles appropriées à chaque image avant même que celle-ci leur soit effectivement montrée[4].

D'autres études montrent que les ondes du cerveau d'une personne en méditation se synchronisent avec celles des autres personnes présentes dans la pièce, en particulier lorsque celles-ci méditent également. Les ondes du cerveau d'une personne en train de méditer se mettent également à l'unisson avec une personne à laquelle elle pense et avec qui elle a un lien émotionnel, même lorsque de grandes distances séparent ces deux personnes[5].

Grâce à la connexion lui permettant de pénétrer cet esprit unique, mon frère avait été averti de la mort imminente de grand-maman Pearl ; aussi s'était-il précipité afin de réserver un vol pour l'Oregon et aller à son chevet. Il m'a demandé de me joindre à lui, mais avant même d'avoir le temps d'acheter les billets d'avion, Ken a eu une autre vision et su qu'il était trop tard. Après deux appels à des parents en Oregon, Ken a confirmé que grand-maman Pearl venait de mourir. Elle avait tenu juste assez longtemps pour que mon père et mon oncle Lee arrivent auprès d'elle avant de s'en aller.

Chacun est fondamentalement médium et cela est particulièrement évident chez les petits enfants, qui parlent des anges et des amis invisibles qu'ils voient. Dans les familles où on les dissuade d'avoir une vision psychique, les enfants mettent un terme à leur vision spirituelle. Toutefois, notre famille encourageait un aspect des dons psychiques : la capacité de s'harmoniser avec ceux que l'on aime. En fait, il est fréquent que ma mère nous appelle, moi ou mon frère, lorsqu'elle sait intuitivement que nous faisons face à une difficulté. Je m'étais moi-même servie de ce don en tant que psychothérapeute et avec mes enfants. Mon frère, Ken, s'était harmonisé psychiquement avec grand-maman Pearl et avait eu l'intuition exacte du moment de sa mort.

Je n'ai jamais trouvé à redire aux visions psychiques de Ken, ni ne les ai trouvées étranges. C'était en partie parce que j'avais grandi avec elles et qu'elles étaient communes dans ma vie, et aussi parce que je réfléchissais rarement à mes propres intuitions. Mon entrevue avec Betty Eadie avait momentanément éveillé mon attention, mais durant les derniers mois, ma priorité s'était concentrée sur le monde matériel et superficiel. Journaliste à la pige, je consacrais chaque jour mes efforts à écrire des lettres de demande, à négocier des ententes et à remettre mes travaux avant la date limite. De plus, je buvais du vin le soir pour m'aider à dormir, puis, je stimulais mon énergie avec du café le matin.

Le lendemain du jour où grand-maman Pearl est décédée, la police a retrouvé la voiture de mes parents. Selon elle, on retrouvait rarement les voitures volées dans ce secteur, aussi était-elle surprise d'avoir retrouvé celle-ci. En fait, la voiture avait même fait l'objet d'un ajout : un désodorisant scintillait, pendu au rétroviseur. À l'évidence, les voleurs avaient pris soin de ne pas empester l'intérieur de l'auto en fumant leurs cigarettes ! Je crois que la combinaison de grand-maman Pearl – libérée des contraintes du corps, ce qui lui permettait d'aider son fils bien-aimé – et de notre faisceau de prières avait permis que la police retrouve miraculeusement la voiture de mes parents.

À peu près une semaine après le décès de grand-mère, une voix provenant de l'extérieur m'a clairement parlé. Je n'avais pas entendu de voix séparée de moi depuis l'expérience où j'étais sortie de mon corps, il y a près de 30 ans. Tout comme lorsque j'avais huit ans, j'ai entendu une voix d'homme me dire avec fermeté : « Cesse de boire et inscris-toi au *Cours en miracles.* »

Cette phrase n'était pas une demande, mais un ordre très ferme prononcé sans colère ni accusation. J'ai tressailli en entendant ces mots, sachant au fond de moi que mon style de vie - notamment le fait de boire du vin le soir - ne m'était profitable ni sur le plan physique ni sur le plan émotionnel. Toutefois, la dernière partie de la phrase m'a laissée perplexe : « ...inscris-toi au *Cours en miracles* ». J'avais entendu parler du « Cours », mais je ne savais pas de quoi il s'agissait exactement. Était-ce un ensemble de cours donnés dans des écoles spéciales ? Je me demandais où avaient lieu ces cours et comment je pourrais en savoir davantage.

Sans préciser pourquoi je posais la question, j'ai interrogé ma mère à propos du *Cours en miracles*. Elle a bien accueilli ma curiosité, m'a révélé son grand intérêt pour le sujet et rappelé que des années auparavant, alors que j'étais en première année de psychologie, elle m'avait parlé du Cours. Elle m'a également rappelé que lorsqu'elle avait évoqué « un livre que Jésus-Christ avait transmis par channeling comme un antidote à la souffrance du monde », je lui avais répondu que l'auteur devait souffrir de schizophrénie. En réalité, c'est moi qui souffrais à l'époque. Je souffrais de la naïveté et de l'étroitesse d'esprit propres aux étudiants d'un cours de base en psychologie lorsqu'ils font de la psychanalyse.

Maman m'a télécopié des pages d'une entrevue avec Marianne Williamson, une auteure réputée qui donne des conférences sur le *Cours en miracles*. Après les avoir lues, je n'étais pas encore prête à arrêter de boire et à me mettre à étudier le *Cours en miracles*, mais j'étais suffisamment intriguée pour explorer davantage le sujet.

J'ai demandé à Bonnie Krueger, la rédactrice en chef du magazine *Complete Woman*, si elle me confierait une entrevue avec Marianne Williamson. Elle a accepté, et après plusieurs appels au bureau de Marianne et à son agent de publicité, j'avais un rendez-vous pour m'entretenir au téléphone avec elle. J'ai également planifié une séance de photos pour le magazine, un vendredi soir à l'église de la Science Religieuse de Huntington Beach où elle donnait une conférence.

J'étais plus qu'un peu nerveuse avant d'appeler Marianne pour notre entretien. J'avais énormément de respect pour elle et admirais sa sincérité en public à propos de ses croyances spirituelles. En revanche, je m'avouais encore à peine ma foi profonde, alors ne parlons pas de la confier à mes amis ou aux lecteurs de mes livres. Lorsque je pensais au travail de Marianne, je me demandais : « Est-ce que je pourrais moi aussi parler et écrire ouvertement à propos de ma foi spirituelle ? Est-ce que je pourrais enseigner les principes de la guérison spirituelle sans risquer ma réputation et mes revenus ? » Cette femme a rallumé mon désir de me servir de mes connaissances spirituelles pour faire changer quelque chose dans le monde.

Marianne a été infiniment courtoise durant notre entretien. Tout en l'écoutant discuter des principes de *Un cours en miracles*, je pensais que cela ressemblait aux principes qu'enfant j'avais appris de ma mère et des professeurs de l'école du dimanche. Quelques jours plus tard, le photographe ainsi que Kristina Reece, directrice de la publicité de Hay House et moi-même rencontrions Marianne Williamson à l'église de Huntington Beach. J'ai ressenti un lien immédiat et très fort avec Marianne et elle m'a serrée dans ses bras avec chaleur et familiarité. J'ai également ressenti une affinité avec l'atmosphère de cette église particulière, si bien que par la suite, j'ai régulièrement assisté à ses offices.

Le lendemain soir lorsque je me suis assise à mon ordinateur pour rédiger l'article sur Marianne, j'ai senti la pression de l'air changer autour de moi. Cela ressemblait à ce que j'avais senti de la présence spirituelle de Dan Olmos en écrivant *Losing Your Pounds of Pain.* Toutefois, cette pression semblait être plus que celle d'une seule âme. Alors que la présence de Dan semblait remplir à peu près l'espace qu'occupe physiquement une personne, celle-ci s'étendait horizontalement dans toute la moitié supérieure de la pièce, comme si un immense et épais nuage était entré dans mon bureau. Je l'ai sentie se tapir avec espoir, attendant patiemment que je commence à écrire. J'avais le sentiment d'être en compagnie de quelque chose de hautement évolué et d'extrêmement intelligent - un maître ascensionné, un avatar, un groupe d'entités ou le Saint-Esprit - venu pour m'aider à rédiger mon article sur Marianne Williamson.

J'avais l'impression que cette présence dirigeait ma rédaction en manipulant les changements de pression autour de la partie supérieure de mon corps. Si ce que j'écrivais allait dans un sens qu'elle privilégiait, elle entourait ma poitrine comme une étreinte chaude et aimante. Cependant, si je me mettais à écrire de manière maladroite ou forcée, elle appuyait sur mes épaules comme si elle me maintenait sous l'eau. De façon assez étrange, je ne me suis pas interrogée sur cette intervention spirituelle ni n'en ai été effrayée. Peut-être son essence aimante et forte m'a-t-elle aidée à l'accepter d'emblée comme réelle et positive.

Il était près de 22 h 30, et j'avais quasiment fini mon article. Je tape toujours « 30-30-30 » à la fin de mes articles, c'est un signe habituel en journalisme qui indique aux rédacteurs en chef que l'article est terminé. Toutefois, ce soir-là alors que je tapais le premier « 30 » l'ordinateur a subitement gelé. J'ai appuyé sur la touche d'entrée et sur la barre d'espace, mais le curseur n'a pas bougé. J'ai senti l'intervention d'une présence sur mon ordinateur, et j'ai demandé mentalement d'expliquer son message. Immédiatement, j'ai vu un paragraphe se noircir à l'aide du surligneur.

Mentalement, j'ai demandé : « Voulez-vous que je modifie ce paragraphe ? » et j'ai reçu une impression d'affirmation. En le relisant, il m'a semblé que ses termes étaient ambigus et auraient pu conduire le lecteur à des conclusions erronées à propos du *Cours*. J'ai donc repris la tournure et reformulé quelques phrases, puis j'ai demandé : « Est-ce que ça va ? » et j'ai senti soudain la pression de l'air dans le bureau redevenir normale. La présence s'en était allée, ce qui semblait signifier : « Notre travail ensemble est terminé à présent ». En tapant « 30-30-30 » au milieu de la page en bas de l'article, j'ai pensé *Étonnant !*

Ce soir-là, pour la première fois depuis longtemps, je suis allée me coucher sans mon habituel verre de vin. Je voulais que rien n'engourdisse mes pensées et mes émotions à la suite des événements miraculeux que je venais de vivre ! En tombant dans mon lit, j'ai fait un rêve éveillé d'apparence très réelle dans lequel j'étais l'unique passagère d'un énorme autobus traversant une vallée située près d'une plage. Les couleurs du ciel, des paysages et de l'océan étaient si intensément vives qu'elles en étaient presque fluorescentes. Cela ne ressemblait à aucun rêve fait dans ma vie d'adulte. C'était si réel et si coloré, que je me demande encore ce qui s'est vraiment passé. Tout ce que je sais, c'est que cette expérience avait un rapport avec la présence qui m'avait aidée plus tôt à écrire mon article.

Je me suis réveillée le lendemain avec un sentiment de confusion. Mes valeurs se déplaçaient sans nul doute vers un pôle spirituel, mais je n'étais pas encore prête à apporter des changements importants à mon mode de vie. Dans les jours qui ont suivi, j'ai négligé le conseil de la voix spirituelle qui m'avait dit : « Cesse de boire et inscris-toi au *Cours en miracles* ». J'ai continué à boire du vin, et j'ai vidé ma tête de toute autre pensée à propos du *Cours*.

* * * *

CHAPITRE 10

Le réveil

« *La Voie qui mène vers la lumière paraît souvent sombre. La route qui avance semble souvent un retour en arrière* »

— *Tao Te Ching*, texte spirituel

Je me suis arrangée pour terminer mon livre *Constant Craving* et l'ai envoyé à Jill Kramer chez Hay House. Une semaine plus tard, Jill m'a appelée pour dire que ce n'était pas exactement ce qu'elle désirait. Elle avait raison. J'avais écrit un livre très froid et mécaniste à propos des études scientifiques portant sur les envies alimentaires. La métaphysique y avait peu de place et la chaleur ou l'émotion encore moins. Jill m'a demandé de récrire le manuscrit et de le lui renvoyer.

J'étais très fatiguée et je me sentais complètement abattue. J'avais investi des mois de recherche et de rédaction dans ce livre, et j'étais épuisée sur le plan émotionnel par les tragédies survenues dans ma famille. À présent, j'étais confrontée à la récriture du manuscrit au complet, laquelle était absolument nécessaire, je le savais, pour produire le genre d'ouvrage que j'étais capable de produire.

Lorsque je me suis assise devant l'écran de l'ordinateur et ai ouvert une copie du texte de mon livre, j'ai senti un changement de pression familier autour de ma tête, mes épaules et ma poitrine. La présence qui m'avait aidée à écrire mon article sur Marianne Williamson était de retour ! J'ai salué cette aide. Bientôt, mes doigts ont commencé à taper comme s'ils avaient leur vie propre et à déverser les idées sur l'écran. J'écrivais sur des principes spirituels qui ne sortaient pas de mes pensées ou de ma réflexion personnelle. C'était des idées originales pour moi, remplies de vérités sur les fondements métaphysiques des envies alimentaires, des pressentiments et de la peur de faire confiance à notre voix intérieure.

Je me rendais compte que je n'étais pas totalement consciente durant le processus d'écriture. Il se déroulait comme s'il était autonome, et moi, à demi-endormie. La seule chose dont j'avais conscience c'était que des idées de vérité uniques se déversaient dans mon cerveau, puis passaient du bout de mes doigts au clavier. Je me rendais compte également que je perdais toute notion du temps en écrivant. Je pensais avoir écrit pendant 20 minutes pour découvrir après seulement que quatre ou cinq heures s'étaient déjà écoulées.

J'ai ou plutôt « nous » avons réécrit et renvoyé *Constant Craving* à Jill en moins de deux semaines. Son appel a confirmé quelques jours plus tard que quelque chose de miraculeux s'était produit durant la réécriture. « Je suis surprise de la rapidité avec laquelle vous avez réussi à reprendre le livre en entier », a-t-elle dit. « À présent ce manuscrit est exactement comme je l'avais envisagé au départ et je vais le mettre en production ! »

Je n'ai pas expliqué à Jill ce qui s'était passé ni à personne d'autre que ma mère. Je craignais encore qu'en découvrant mes croyances spirituelles et mes expériences mystiques quelqu'un d'extérieur à ma famille me rejette. Je dissimulais qui j'étais vraiment et ce que je croyais profondément, ne permettant à personne au monde d'avoir connaissance de mes expériences ou de mes croyances concernant l'Autre monde. Je n'arrêtais pas de me dire : « Je ne suis pas encore prête à écrire sur la guérison spirituelle. Un jour, j'écrirai un livre là-dessus, mais pas maintenant. »

Une ou deux fois par mois, des producteurs me demandaient de participer à des émissions-débats télévisées en tant que « docteure de l'amour », puisque j'avais écrit des livres sur l'amour et les relations. Quelques semaines après que Jill eut accepté *Constant Craving*, des émissions nationales de la Côte Est ont demandé ma présence pour la Saint-Valentin. Je ne pensais pas qu'être « docteure de l'amour » entrait dans la finalité de ma vie, mais j'avais également peur de décliner les invitations des médias. À l'époque, je pensais qu'il faillait qu'on me voie à la télévision pour donner une impulsion à ma carrière d'écrivaine ; j'ai donc accepté de passer dans les deux émissions.

La première, *The 700 Club*, est une émission-débat nationale produite et télévisée par le *Christian Broadcasting Network* et animée par Pat Robertson. On m'a proposé de prendre un avion pour leurs studios de Virginia Beach et de passer en direct le jour de la Saint-Valentin. De là, je prendrais un vol pour New York afin de participer à l'émission de Charles Perez, aujourd'hui disparu.

J'ai passé la nuit du 13 février dans un hôtel magnifique situé à l'intérieur de l'enceinte du *Christian*

Broadcasting Network, qui est une ville autosuffisante où l'on trouve un restaurant, un hôtel, des magasins, des bureaux et le studio de télévision. J'étais un peu nerveuse de passer dans cette émission à cause de mon éducation chrétienne non-traditionnelle. J'avais également conscience du fait que Pat Robertson était une personne ayant une influence politique, mais qu'il était aussi extrêmement controversée.

Ce soir-là, j'ai lu l'exemplaire de son autobiographie qui était dans ma chambre d'hôtel, *Shout It from the Housetops*[1], et découvert que je pourrais me référer à son histoire personnelle. Robertson avait été un gros buveur, inadapté et malheureux, avant qu'un ami prêcheur ne lui inspire de trouver Dieu. Son ami parlait sans cesse de Jésus et de Dieu à quiconque il rencontrait - souvent au point d'en embarrasser Robertson. Cependant, l'exemple de cet ami l'a inspiré plus tard à « crier son propre message sur les toits ». Malgré mes réserves, je me suis retrouvée à admirer le courage qu'avait eu Robertson de sortir de son « placard spirituel » alors que je luttais pour en faire autant.

Le lendemain matin dans la « salle verte » des coulisses des studios de *The 700 Club,* les producteurs de l'émission, les invités, l'équipe, les deux co-animateurs et moi-même, nous nous sommes tenus par les mains, en cercle. Nous avons dit chacun à haute voix une courte prière avant le début de l'émission. Je me suis émerveillée de la différence entre cette salle verte et celles des émissions-débats dans lesquelles j'apparaissais habituellement. Jamais auparavant je ne m'étais trouvée dans une prière de groupe dans un studio. J'ai aimé cela et commencé à me sentir plus à l'aise.

Je suis passée en direct à la télévision pendant près d'une heure, discutant d'astuces romantiques pour la

Saint-Valentin et faisant des suggestions à un couple qui commençait à se fréquenter et était avec moi à l'émission. Je voulais parler de spiritualité, mais j'avais encore des craintes, n'ayant jamais parlé de Dieu à la télévision auparavant. À la fin de l'émission, j'ai terminé avec une déclaration vague mais sans équivoque : « Et nous connaissons tous la véritable origine de l'amour ». La co-animatrice de l'émission m'a emboîté le pas et conclu en disant au public : « Oui, la véritable origine de l'amour c'est Dieu ». Je l'ai regardée la gorge serrée, souhaitant avoir eu le courage d'énoncer cette vérité simple mais puissante.

Après cela, tous les invités et l'équipe sont allés déjeuner au restaurant situé derrière le studio. Nous avons bavardé joyeusement et je me suis sentie très à l'aise, jusqu'à ce que quelqu'un à table se mette à demander à chaque invité de l'émission où il ou elle allait à l'église. Tandis que mon tour de parler approchait, je réfléchissais à la manière dont j'allais répondre. Je fréquentais une église Méthodiste de temps à autre, mais plus régulièrement celle de la Science Religieuse. Je savais que ce serait sans risque pour moi de limiter ma réponse à l'église Méthodiste, toutefois cela m'aurait semblé inauthentique. J'ai donc décidé de dire la vérité même si j'avais conscience que ma réponse recueillerait des réactions négatives. *Je* savais que j'étais chrétienne, mais je savais également que la Science Religieuse était considérée comme non chrétienne, même si son fondateur avait fondé cette Église sur les principes de guérison de Jésus-Christ.

Lorsqu'ils sont arrivés à moi, j'ai d'abord fait une réponse vague. « Oh, je vais à une église de Huntington Beach, en Californie ». Un homme de la tablée a dit qu'il était du sud de la Californie et m'a demandé quelle église je fréquentais exactement. *Allons-y*, ai-je pensé en sentant rougir mon visage lorsque j'ai dit : « L'Église de la Science religieuse ». Quelqu'un a demandé : « Vous voulez dire la Scientologie ? » J'ai répondu que non, et j'ai fait un bref résumé de mon éducation dans la Science Chrétienne, Unity, à présent dénommée la Science Religieuse. J'ai senti un net changement dans l'atmosphère tandis que, nerveux, mes compagnons marmonnaient des excuses pour quitter la table. Avec une brusquerie maladroite, le repas a pris fin.

L'une des productrices de l'émission-débat, une femme nommée Ivory, m'a accompagnée en silence à ma chambre d'hôtel pour que je rassemble mes affaires afin qu'un membre du personnel puisse me conduire à l'aéroport à temps pour mon vol. Au moment où nous entrions dans la chambre, Ivory a demandé : « Cela vous gêne si je vous pose une question ? » J'ai secoué la tête et elle a dit : « Avez-vous une relation personnelle avec Jésus-Christ ? »

Mon visage s'est enflammé sous l'effet de sentiments intenses. J'avais une impression de « déjà vu » comme si je revivais mon expulsion du camp de jeunesse de la Science Chrétienne et l'ultimatum des membres de mon groupe pour que je rejoigne l'*Emmanuel Faith*. À nouveau, je sentais qu'on m'attribuait le rôle de la vilaine fille indigne d'être dans la compagnie des justes.

J'ai bégayé à Ivory que j'avais l'impression d'avoir une bonne relation avec Jésus. J'ai également mentionné que je lisais régulièrement la Bible. Elle s'est tournée vers moi et m'a demandé de redire dans quelle religion j'avais été élevée. Lorsque j'ai répondu : « La Science Chrétienne », elle m'a fait remarquer qu'elle n'en avait jamais entendu parler et devrait faire des recherches là-dessus.

Ensuite, elle a posé une question dont les implications m'ont tout d'abord ébahie. « Ne craignez-vous pas que Dieu soit furieux après vous ? »

Je l'ai regardée en face et j'ai dit : « Je ne crois pas en un Dieu en colère. »

Que pouvait-elle dire à ce stade ? Nous avons échangé des adieux rapides et un membre de l'équipe de *The 700 Club* m'a conduite à l'aéroport. Lorsqu'il m'y a déposée, il a dit : « Je vous souhaite une belle vie ». Ses paroles confirmaient ce que je savais déjà : je venais d'être excommuniée du *Christian Broadcasting Network* parce que je fréquentais la « mauvaise » Église.

J'ai essayé d'évacuer toute cette scène de ma tête, mais à l'intérieur de moi je luttais pour retrouver un sentiment de paix. Les questions de cette productrice avaient exhumé certaines de mes impressions de confusion les plus profondément enfouies à propos de la religion et de la spiritualité. Dans la foulée de mes propres interrogations sur la manière de mettre en pratique mes croyances spirituelles, les paroles d'Ivory en avaient déclenché davantage dans ma tête. Je me demandais : « Y a-t-il une définition exacte du chrétien au-delà de "quelqu'un qui aime Jésus-Christ" ? » Je savais que la religion de la Nouvelle Pensée de la Science Religieuse avait pour unique assise les enseignements de Jésus-Christ révélés dans le Nouveau Testament. Pourtant, il me fallait reconnaître que je n'avais pas étudié la Bible *très* soigneusement. Cela me rendait-il moins chrétienne ? Je m'interrogeais aussi sur ce qu'Ivory avait dit à propos d'une « relation personnelle avec Jésus-Christ. »

Ce soir-là dans ma chambre d'hôtel à Manhattan, je me suis souvenue d'un épisode survenu lorsque, à 18 ans, j'avais passé l'été chez mon amie Kathy près de Palm Springs. Une nuit, je m'étais réveillée et avais eu la vision de trois silhouettes lumineuses flottant au-dessus de mon lit. Elles planaient vers moi très lentement et il me semblait que celle du milieu était Jésus et l'une des deux autres, notre Mère Marie. Je ne pouvais pas voir leurs visages à cause de leur intense luminosité, mais je savais simplement qui étaient deux de ces silhouettes.

Croyant que la mort était proche, j'ai fermé les yeux pour faire disparaître ces images. Lorsque je les ai rouverts, les silhouettes étaient encore là et se rapprochaient. « Je suis trop jeune pour mourir ! » ai-je pensé seule dans la pièce assombrie. J'ai continué à fermer et ouvrir les yeux, pourtant ce trio se rapprochait toujours. Finalement, j'ai décidé de me rendre à eux : « D'accord, je n'ai pas peur de mourir. Venez me prendre. Je suis à vous. »

Là-dessus, les silhouettes m'ont entourée de lumière et ont disparu. J'ai ressenti un soulagement que cette effrayante expérience soit terminée, cependant je restais avec la vague impression que ma décision de me rendre avait d'une manière ou d'une autre modifié ma conscience. Pendant des jours je n'ai pas arrêté de penser : « Ce doit être ce que signifie accepter Jésus dans son cœur et renaître.»

Mon expérience au *The 700 Club* avait réveillé mes souvenirs de cet épisode, mais je ne savais toujours pas quoi faire de ma confusion à propos du fait d'être chrétienne. Une partie de moi était également furieuse du jugement critique que j'avais reçu de l'équipe du studio et j'étais déçue de ma réaction de défense aux questions d'Ivory. Je devrais être plus sûre de mes croyances, me suis-je réprimandée.

Bien éveillée dans ma chambre d'hôtel de Manhattan, je me suis souvenue d'avoir travaillé avec des patients qui luttaient pour surmonter des expériences négatives en lien avec la religion et l'Église dans leur enfance. Je m'étais souvent retrouvée assise en compagnie de patients en pleurs, me parlant de la culpabilité qui les submergeait et qui avait pour origine les enseignements de l'Église. Beaucoup se jugeaient sévèrement parce qu'ils avaient entendu, enfants, des sermons sur le fait que nous sommes tous pécheurs. J'ai également pensé à une cliente m'ayant confié un jour que son pasteur avait dit en prêche que ce n'était pas bien de se mettre en colère. Depuis lors, elle réprimait la colère qu'elle avait accumulée, jusqu'au jour où elle a fini par tomber en dépression.

J'avais essayé différentes Églises, certaines traditionnelles et beaucoup qui ne l'étaient pas. Chacune apportait une beauté unique, cependant aucune n'apportait tout ce que je cherchais. J'ai essayé d'en trouver une combinant la discussion en groupe, l'enseignement des Évangiles et un degré élevé de sagesse métaphysique, comme lorsque je suivais l'école du dimanche de la Science Chrétienne. Par conséquent, je fréquentais souvent plus d'une église durant un week-end. Toutefois, aucun des services religieux que j'avais suivis n'offrait ce que j'avais soif d'entendre et de vivre.

J'ai réfléchi à la question d'Ivory qui voulait savoir si j'avais peur que Dieu soit furieux après moi. Je n'ai jamais eu la moindre idée de ce que cela doit être de concevoir Dieu comme vengeur ou sans amour. J'avais été élevée pour apprendre que Dieu est amour à cent pour cent et qu'il n'y pas de place dans Son esprit, ne serait-ce que pour voir ou reconnaître la faute. De plus, Dieu ne commettant pas de faute, cela n'a pas de réalité. Cela ne veut donc rien dire qu'Il punirait quiconque pour avoir fait ce qui n'est pas réel. Ce qui est réel, c'est l'Amour et c'est tout ce qu'Il sait.

J'ai été témoin des luttes de nombreuses clientes dans le lâcher-prise concernant leur vision d'un « Dieu en colère ». L'une d'elles, élevée dans une religion fondamentaliste m'a dit : « J'ai peur de changer d'avis à propos de Dieu, pourtant j'en ai vraiment envie. Et si les Églises de la Nouvelle Pensée se trompent et que Dieu me punit pour l'avoir vu comme un Dieu d'amour ? » Après bien des séances de consultation, durant lesquelles j'ai prié pour être guidée, combinées avec sa lecture du Nouveau Testament, elle a permis peu à peu à l'image d'un Dieu aimant de se développer dans sa conscience.

« Quelle ironie », me disais-je, « que tant de mes amis et clients qui fréquentent des Églises métaphysiques se sentent rejetés par les membres de leurs familles qui appartiennent à des religions traditionnelles ; alors que moi qui ai été élevée dans la métaphysique, je ne me sens à mon aise qu'avec ma famille pour discuter de ce en quoi je crois sincèrement ! J'ai peur de révéler totalement mes croyances en public sous peine de subir le même genre de rejet qu'avec *The 700 Club* aujourd'hui. »

J'ai fini par m'endormir. Le lendemain, je me suis préparée à toute vitesse pour l'émission de Charles Perez et je n'ai donc pas eu la possibilité de penser davantage à ce qui était arrivé à l'autre émission. Le chauffeur de la limousine est passé me chercher dans le hall de mon hôtel qui se trouvait dans un quartier un peu excentré, et m'a conduite à toute allure aux studios de CBS. J'étais l'invitée experte sur le thème du « tiraillement entre deux amours » pour cette émission-débat, où trois couples, plus « l'autre homme ou femme » discuteraient de leurs infidélités. Je devais leur donner des conseils et faire des suggestions durant l'émission. 20 minutes avant le moment où nous devions enregistrer l'émission, toutefois, une productrice nous a tous appelés dans la salle verte et a annoncé que notre séquence avait été annulée. « Deux des invités ne sont pas arrivés et nous ne pouvons pas faire l'émission sans eux », a-t-elle expliqué.

La productrice s'est arrangée pour que des limousines nous emmènent tous à nos hôtels ou à l'aéroport. On m'a réservé un vol de retour pour la Californie en soirée à partir de l'aéroport JFK. En attendant à l'extérieur des studios de CBS que la personne fixant l'itinéraire des limousines me dise dans laquelle monter, je me sentais soulagée de rentrer à la maison. Cela avait été un voyage éprouvant !

Elle m'a finalement dirigée vers une *Lincoln Towncar* argentée sur le siège arrière de laquelle je me suis laissé tomber avec reconnaissance. J'ai échangé un bonjour avec le chauffeur, un homme à la peau mate et à la voix douce, élégamment vêtu. Dans un mauvais anglais, il a expliqué qu'il conduisait régulièrement les invités des émissions-débats à l'aéroport, puis il m'a demandé pourquoi j'étais invitée à celle de Charles Perez.

« Je suis psychothérapeute », ai-je répondu.

« Oh », a-t-il répliqué dans son mauvais anglais, « que voyez-vous dans mon avenir ? »

Il avait à l'évidence pensé que je disais que j'exerçais mes « capacités psychiques » au lieu de la psychothérapie ; mais avant de pouvoir lui dire sa méprise, j'ai reçu un flot de pensées et de visions mentales. Sa question, dans laquelle il avait mis sa confiance totale que j'étais médium pour de bon, a dû déclencher une réaction en moi.

J'ai soudain eu conscience de connaître des détails importants de la vie de ce chauffeur. Je lui ai dit qu'il avait en Inde une petite amie très belle qui avait de longs cheveux noirs coupés au carré. J'ai dit : « Elle s'appelle Syrena ou Syria ou quelque chose de ce genre ». Il m'a tendu sans un mot une grande carte de Saint-Valentin à ouvrir. Elle était signée de Syrina et venait de sa petite amie en Inde.

Il m'a demandé conseil à propos de leur relation, en particulier sur la manière dont il pourrait convaincre Syrina de déménager en Amérique et de l'épouser. Comme la réponse était parmi l'information que j'avais reçue, j'ai expliqué que Syrina n'était pas certaine de ses véritables intentions et de sa sincérité. « Elle veut que vous vous engagiez dans l'idée du mariage en achetant une alliance et en faisant une demande formelle, en réalité », ai-je expliqué encore peu sûre de la façon dont j'étais informée de ces détails personnels concernant un total étranger. Le chauffeur a répondu : « C'est exactement ce que je pensais », et m'a remerciée de confirmer ses impressions.

La vision s'est poursuivie et j'ai vu le couple marié et vivant dans une banlieue proche dans le New Jersey. J'ai vu également que l'un de ses fils deviendrait un grand physicien. Le chauffeur en a eu le souffle coupé : « J'ai prié pour avoir un jour un fils qui apporterait une aide importante au monde. »

Je ne lui ai pas fait part de ma surprise devant cette séance impromptue de lecture psychique parce que je ne savais pas comment elle était arrivée. Je savais simplement que j'avais spontanément eu connaissance des pensées les plus secrètes de cet homme et que je voyais également son passé, son présent et son avenir. Comment, toutefois ? Nous avons passé le reste du trajet jusqu'à l'aéroport à parler. Il m'a confié que son père était un pasteur chrétien en Inde et nous avons discuté de la manière dont notre foi pouvait se mêler avec la lecture psychique que nous venions de vivre.

Je suis arrivée en Californie déterminée à examiner plus avant mes interrogations. Je ne pouvais pas ignorer plus longtemps la puissance du séisme que les expériences spirituelles faisaient trembler à l'intérieur de moi. Je devais en apprendre plus et l'apprendre vite.

* * * *

CHAPITRE 11

VISIONS DES DONS DE L'ARTISAN DE LUMIÈRE

« Ceux qui ont développé des pouvoirs 'psychiques' ont simplement permis que s'abolissent certaines des contraintes qu'ils imposaient à leur esprit. »

– Un cours en miracles

Le lendemain de mon retour de New York, je me suis inscrite à un cours de développement psychique à la *Learning Light Foundation* à Anaheim. Je voulais découvrir si mon expérience avec le chauffeur de la limousine avait été un effet du hasard ou si j'avais vraiment des capacités psychiques.

Le soir de mon premier cours, je me suis assise parmi 20 étudiants à une grande table en U dans une salle située au deuxième étage d'une vieille église convertie en école pour médiums. Chacun avait l'air nerveux et nous avons un peu bavardé en attendant l'arrivée de l'enseignante.

Finalement, notre instructrice, une femme posée à la saisissante chevelure noire de jais du nom de Lucretia Scott, est entrée dans la classe. Elle nous a distribué divers documents dont un était un questionnaire. « Cela vous aidera à déterminer quels sont vos principaux canaux de communication », a expliqué Lucretia.

Il y avait dans le questionnaire des questions du genre :

1. Au retour des vacances êtes-vous plus apte à dire à vos amis : (a) ce que vous avez vu, (b) ce que vous avez ressenti, (c) ce que vous avez entendu, ou (d) ce que vous avez appris ?
2. Lorsque vous vous rappelez votre film préféré, vos premières pensées concernent : (a) les scènes splendides, (b) combien ce film vous a fait rire ou pleurer, (c) la musique du film ou les voix des acteurs, ou bien (d) le message du film ?

Lucretia a expliqué que les réponses a, b, c et d correspondaient respectivement aux canaux de communication visuel, émotionnel, auditif et cognitif. En d'autres termes, les réponses « a » étaient en rapport avec la vue, les « b » avec les sentiments, les « c » avec l'ouïe, et les « d » avec la pensée.

« Les médiums ont un don naturel pour communiquer par un ou deux canaux », a expliqué notre enseignante. « Vous recevrez des impressions psychiques sous forme d'images si vous êtes principalement visuel. Cela signifie que vous êtes " clairvoyant "».

Lucretia a dit que les personnes principalement axées sur les impressions reçoivent l'information psychique sous forme de pressentiments, d'émotions, d'odeurs ou de sensations physiques. Nous appelons cela le « clair sentir », ce qui signifie « inspiration ».

De même, les auditifs reçoivent les impressions psychiques sous forme de sons ou de voix. Nous appelons cela la « claire audience » ou le « clair entendre ». Enfin, on parle pour les gens qui sont particulièrement cognitifs ou tournés vers la pensée, de « clair savoir ». Ils reçoivent l'information psychique sous forme d'idées complètes. Ils ont simplement *connaissance* de l'information sans savoir comment.

Les réponses à mon questionnaire ont montré que mes principaux dons étaient la clairvoyance et le clair savoir. Autrement dit, l'information psychique me viendrait sous forme d'images mentales et de la connaissance d'une situation ou d'une personne.

Lucretia a ensuite expliqué la relation entre les centres énergétiques du corps ou chakras et le travail médiumnique. Les chakras m'étaient tout à fait familiers, car je les avais étudiés dans un cours de premier cycle en parapsychologie. Ils ressemblent à de l'eau colorée s'écoulant en tourbillonnant dans un tuyau, en cela que ce sont des cercles d'énergie tournoyant autour de pivots, semblables à des vortex.

Bien que le corps ait de nombreux chakras, les médiums et les guérisseurs ne se soucient que des sept principaux, lesquels se trouvent chacun à proximité d'une glande hormonale. Les chakras propulsent l'énergie vitale essentielle (également appelée *ki*, *chi* ou *prana*) dans le corps pour en garantir la vitalité, comme les palettes d'un billard électrique lancent des billes. Cette énergie vitale prend sa source dans le Divin et nous donne accès à toute la sagesse ou à l'information psychique.

Nos chakras irradient et reçoivent de l'énergie en permanence. Si nous avons des pensées négatives, ils se salissent d'une énergie dense et sombre. Les chakras obstrués ne peuvent pas propulser assez d'énergie ; les gens se sentent donc léthargiques et en déséquilibre et perdent le contact avec leurs ressources naturelles d'information psychique.

Chaque chakra correspond à des problèmes de la vie en particulier ou « formes pensées ». Le premier ou « chakra de la racine » est situé à la base de l'épine dorsale ; il régule les questions de survie et de satisfaction de nos besoins matériels en ce qui concerne la nourriture et un abri. Environ 13 centimètres sous le nombril se trouve le deuxième chakra ou « chakra sacré » qui est en relation avec les désirs et appétits physiques. Situé juste derrière le nombril, le troisième chakra ou « plexus solaire » réagit aux problèmes de pouvoir et de maîtrise. Le quatrième chakra se trouve derrière le cœur et est logiquement appelé « chakra du cœur ». Il a à voir avec l'amour. Ensuite, près de la pomme d'Adam, nous avons le « chakra de la gorge » qui correspond à nos croyances, nos pensées et nos actions en rapport avec la communication. Entre les deux yeux, se trouve le « troisième œil » qui régit la vision spirituelle et la clairvoyance. Le septième ou « chakra de la couronne » est au sommet de la tête, à l'intérieur. Il permet à la connaissance universelle et Divine d'entrer ; c'est notre point d'entrée pour accéder à la sagesse, aux conseils et à la compréhension.

Les chakras situés dans la partie inférieure du corps ont une relation avec les questions matérielles. Au fur et à mesure que nous montons dans le corps, les chakras correspondent à des préoccupations de plus en plus spirituelles. Par conséquent, l'énergie de chaque chakra vibre à un rythme différent selon que celui-ci régit des problèmes terrestres ou célestes. Les vibrations des chakras inférieurs sont plus lentes et plus denses que celles des chakras supérieurs qui tournent plus vite avec des vibrations plus élevées. Selon leur modèle énergétique, les chakras émettent des couleurs correspondant à la fréquence de leur onde lumineuse. Ainsi, le chakra de la racine est rouge, ce qui est la plus lente fréquence d'onde lumineuse ; et le chakra sacré, dont la fréquence est légèrement plus rapide, est orange. Au fur et à mesure que l'on remonte le corps, les couleurs des ondes lumineuses illustrent l'augmentation du rythme vibratoire. Le plexus solaire est donc jaune, le chakra du cœur est vert, celui de la gorge est bleu clair, le troisième œil est bleu foncé et le chakra de la couronne est violet, soit la fréquence d'onde lumineuse la plus rapide.

Lorsqu'une personne donne la priorité à un problème en particulier, cela fait s'agrandir le chakra correspondant. Par exemple, quelqu'un qui pense beaucoup à l'argent aura un chakra de la racine très grand parce que ce centre énergétique réagit aux questions de survie matérielle. Il n'y a rien de mal à avoir de grands chakras : en fait, il y a des avantages à ce que les chakras irradient largement. Toutefois, s'il y a une grande différence dans la taille des sept chakras, le flux d'énergie vital du corps entre en déséquilibre. Autrement dit, il est important que tous les chakras soient de taille égale.

Des chakras sales ou en déséquilibre compromettent la communication psychique. Aussi, quiconque désireux d'ouvrir ses canaux médiumniques doit nettoyer et équilibrer ses chakras par la visualisation et la méditation. J'ai également entendu parler, des années plus tard, d'études scientifiques confirmant que la méditation augmente les dons psychiques parce qu'elle modifie le rythme des ondes du cerveau.[1]

Plusieurs mois avant de prendre le cours de Lucretia, j'avais commencé à méditer régulièrement et à purifier et équilibrer mes chakras. (Je décris ma méthode au chapitre 17 et sur ma cassette audio *Chakra Clearing*). En écoutant l'exposé de Lucretia, j'ai compris que mes chakras propres et équilibrés avaient déclenché mon expérience psychique avec le chauffeur de la limousine.

Lucretia nous a demandé de nous mettre par deux avec un étudiant que nous n'avions jamais rencontré. J'étais nerveuse. S'attendait-elle vraiment à ce que nous fassions une lecture psychique sur-le-champ ? Après tout, nous n'avions entendu aucune instruction sur la manière de faire un travail médiumnique. Nous avions seulement étudié le *sujet,* pas la manière de *procéder.*

Lisant dans nos pensées, Lucretia nous a assurés que nous étions prêts. Elle a expliqué que le travail médiumnique est un phénomène naturel et non une compétence acquise. « Vous apprenez à faire confiance à vos impressions psychiques en faisant des lectures psychiques », a-t-elle dit. Pour nous aider à nous détendre, elle a décrit une lecture qu'elle avait donnée à ses débuts de médium. « J'étais avec un client et j'étais très nerveuse. Je n'arrêtais pas d'avoir l'image mentale du cheval de bois d'un manège et je pensais *Ça ne peut pas être cela,* mais l'image a continué à surgir jusqu'à ce que je finisse par dire à mon client ce que je voyais. L'homme a dit qu'il avait eu récemment à trouver et à acheter un cheval de bois de manège rare et ma justesse l'a impressionné. Depuis lors, j'ai appris à faire confiance à l'impression psychique que je reçois, quelle qu'elle soit ». Elle a ajouté que la différence entre un médium de niveau moyen et un grand médium, c'est le degré d'assurance et de confiance qu'ils ont dans les impressions qu'ils reçoivent.

La partenaire de ma première lecture psychique en bonne et due forme était une jolie Hispanique dans la vingtaine qui s'appelait Suzanne. Lucretia nous a demandé de nous asseoir face à face, chaque partenaire tenant l'autre par les mains. Elle nous a dit de fermer les yeux et de demander mentalement à notre Source Divine : « Que veux-tu que je sache de cette personne ? » Ensuite elle nous a demandé de calmer notre esprit et d'attendre de recevoir une impression telle une image, une sensation, un son ou une pensée.

Tenant les mains de ma partenaire, les yeux bien fermés, je m'inquiétais Et si mes impressions psychiques sont fausses ? Puis, me rappelant l'histoire du manège, j'ai pris une profonde inspiration et décidé d'entrer dans l'expérience avec un esprit de plaisanterie et d'aventure. Cela m'a aidée à me détendre.

J'ai demandé mentalement : « Que veux-tu que je sache de cette personne ? » et respiré profondément jusqu'à ce que mon esprit se calme. Soudain, j'ai vu ce qui ressemblait à un film en accéléré de la vie de ma partenaire. J'ai vu un homme, que d'une manière ou d'une autre je savais être son père, fouetter violemment les fesses de Suzanne lorsqu'elle avait l'air d'avoir six ou sept ans. Le père tenait Suzanne d'une main et une ceinture de l'autre. Je regardais Suzanne lutter en vain pour échapper à sa poigne et aux coups de ceinture. J'ai vu également un petit garçon. À nouveau, j'ai su sans aucun doute que c'était le petit frère de Suzanne qui se cachait pour échapper à cette violence.

Le film a fait un bond vers le présent et cette fois mes impressions psychiques sont venues davantage sous la forme de pensées que d'images. L'information à propos de Suzanne entrait à flots dans mon esprit comme un texte se chargeant sur le disque d'un ordinateur. En un instant, j'ai su qu'elle envisageait de s'inscrire dans un genre de collège à un cours impliquant un travail de création. Cette connaissance s'est accompagnée d'un autre bout d'information qui ressemblait à un mélange de conseil et d'avertissement que je savais devoir lui transmettre. Ma lecture m'a dit que Suzanne était une femme extrêmement intelligente. Toutefois, la violence qu'elle avait reçue des mains de son père dans son enfance l'avait convaincue qu'elle était stupide. Elle avait la capacité intellectuelle de réussir dans n'importe collège de son choix. Elle avait également le désir et la motivation pour poursuivre une formation et une carrière de haut niveau. Cependant, elle acceptait une formation sans difficulté et de second ordre à cause de sa peur de se faire recaler dans un meilleur collège.

J'ai reçu toute cette information en moins de cinq minutes. Lucretia nous a demandé d'ouvrir les yeux et de partager nos impressions avec notre partenaire. Lorsque j'ai raconté à Suzanne ce que j'avais vu et appris, les larmes ont coulé de ses yeux. Elle a dit que son père les avait effectivement battus, elle et son petit frère, et que cela avait sans doute influencé ce qu'elle pensait de son intelligence. Elle m'a dit ensuite qu'elle était sur le point de s'inscrire à une école d'esthétique et que j'avais raison de dire que ce n'était pas son premier choix de carrière.

J'étais ébahie d'avoir réellement conduit à dessein une lecture psychique réussie, mais soucieuse à propos du message que l'on m'avait dit de transmettre à Suzanne. Je me demandais : Faudrait-il que j'insiste auprès d'elle sur la mise en garde que j'ai reçue, pour qu'elle se montre à sa juste valeur et ne poursuive pas une carrière qu'elle ne désire pas ? Je connaissais à peine cette femme et ne voulais pas appuyer un conseil non désiré. Pourtant, mes propres expériences de la violence psychologique m'avaient appris l'impact qu'a cette dernière sur l'image qu'une personne a d'elle-même. Alors, j'ai expliqué l'essentiel de l'avertissement que j'avais reçu. Je me suis dit qu'au lieu d'interpréter moi-même l'impression psychique, je la lui transmettrais mot pour mot et la laisserais faire ce qu'elle voudrait de l'information. J'apprendrais plus tard que cette méthode est la meilleure façon de donner une bonne lecture qui ne soit pas contaminée par nos opinions personnelles.

Pendant que je faisais sa lecture psychique, Suzanne avait fait la mienne et c'était à présent son tour de me faire part de l'information qu'elle avait reçue. Comme pour moi, ses impressions psychiques sont venues principalement par images médiumniques. Elle m'a décrite co-dirigeant un hôpital ou une clinique, ainsi que deux autres personnes. Les descriptions qu'elle a données de celles-ci ressemblaient très pour trait à celles de Michael, mon fiancé, et de ma grand-mère décédée, Pearl. Le second canal de Suzanne était le clair sentir ou les impressions. Elle m'a dit qu'elle sentait que cette clinique se trouvait à South Laguna Beach en Californie. Elle m'a également relayé un message qu'elle avait reçu pour moi : « Ne te fais pas tant de souci, tout va se passer à merveille. »

Ces paroles m'ont fait rougir, car je m'*étais fait* du souci. Tant de choses de mon univers, de mes pensées, de mes croyances et de mes relations étaient en train de changer que j'avais l'impression que mes fondations s'ébranlaient. Plus je m'ouvrais à nouveau aux intérêts spirituels que j'avais longtemps négligés et moins je m'intéressais à la psychologie traditionnelle. Pourtant, j'avais peur que mes revenus ne dépendent du caractère « académiquement conforme » de ce que j'écrivais et réalisais en matière de travail psychologique. Comment gagnerais-je ma vie si je m'éloignais des méthodes et des croyances traditionnelles de la psychologie ?

Ma relation avec mon fiancé était un autre de mes principaux soucis. J'aimais profondément Michael, mais je me demandais si ma spiritualité naissante ne risquerait pas de nous éloigner. Je rêvais de parler avec lui des expériences médiumniques qui m'enthousiasmaient, mais je m'attendais à ce qu'il se moque de ce que je lui dirais ou l'analyse excessivement. Michael ne m'avait jamais donné de raison de tirer ces conclusions ; je ne me sentais simplement pas à l'aise pour discuter de la fragilité de mon nouvel univers avec lui. En fait, je ne me sentais en sécurité pour partager mes découvertes de médium qu'avec ma mère et quelques amis.

J'étais sûre que Michael était mon âme sœur. Toutefois, je me demandais comment je pourrais être vraiment heureuse dans une relation dans laquelle je cachais à mon partenaire des aspects importants de moi-même. Je m'en voulais également de ne pas mettre la « spiritualité » sur ma liste lorsque je manifestais notre relation. À l'époque, la spiritualité n'était pas pour moi une caractéristique importante chez un compagnon de vie.

Je rêvais de parler à Michael de mon nouvel univers, mais en même temps, je n'osais pas risquer son rejet. Après tout, je portais encore les blessures à vif reçues dans mon enfance, lorsque je parlais de mes croyances spirituelles. De plus, je souffrais encore de mon expérience du *700 Club*. Je ne voulais pas ajouter à ma souffrance en subissant également le rejet de mon fiancé. Par ailleurs, je ne savais pas encore où mon chemin spirituel me menait. J'avançais en aveugle avec la confiance absolue que mes guides et mes anges me conduiraient au-delà de cette confusion chaotique et que je finirais par connaître un peu de quiétude. J'ai résolu d'attendre que la tempête spirituelle se calme en moi avant de décider quoi faire à propos de ma relation.

Pendant ce temps, j'ai continué à prendre des cours de développement psychique qui ont fini par me convaincre de l'authenticité de mes impressions psychiques. Je consacrais également chaque matin et chaque soir du temps à la méditation et à la lecture d'ouvrages sur la spiritualité. J'ai acheté des cassettes audio du Nouveau Testament, que j'écoutais pendant ma séance d'exercice quotidienne. Écouter la Bible a été une expérience nouvelle pour moi. Auparavant, j'en avais fait des lectures fragmentaires. À présent, j'appréciais la continuité chronologique de toute l'histoire de Jésus et ses disciples. Je prêtais également grande attention à ce qu'il a dit de notre foi qui est le « secret » de la guérison de nos corps et de nos vies.

Je lisais aussi des passages de la Bible autant pour me délecter de ses paroles de réconfort que pour répondre à mes questions sur la manière dont le christianisme s'accordait avec mes expériences et mes croyances mystiques. Une de mes amies qui était née et avait été élevée dans une religion de la Nouvelle Pensée, et qui plus tard a changé pour une religion chrétienne traditionnelle, m'a particulièrement aidée. Lorsque j'ai parlé ouvertement de mes capacités psychiques, elle m'a aussitôt dit que l'apôtre Paul appelait cela « le don de prophétie ». Je me suis sentie soutenue et comprise en le lisant :

> « *Quand j'aurais le don de prophétie et que je connaîtrais tous les mystères et toute la science, quand j'aurais toute la foi jusqu'à déplacer des montagnes, si je n'ai pas l'amour, je ne suis rien. Recherchez l'amour ; ambitionnez les dons spirituels, surtout de prophétiser. Car vous pouvez tous prophétiser l'un après*

> *l'autre, pour que tous soient instruits et que tous soient exhortés. Ainsi donc, mes frères, ambitionnez de prophétiser…*[2] »

Je cherchais cette clé ! L'amour. Comme c'était simple et pourtant compliqué de connaître la distinction entre les dons psychiques utilisés au service de l'amour et ceux servant à faire peur ou à manipuler !

Comme l'a dit l'apôtre Paul, nous avons tous le don de prophétie ou des dons psychiques. Vous recevez constamment des impressions psychiques, par exemple, lorsque vous savez qui appelle au téléphone ou lorsque vous pensez à un vieil ami et que vous le voyez plus tard dans la journée.

Plusieurs études scientifiques ont montré que nous avons tous le don de la communication psychique. L'un des plus impressionnants corpus de recherche sur le sujet provient de l'étude d'ensemble menée par Daryl Bern et Charles Honorton à la *Cornell University*. Cette recherche a débuté lorsque Bern (qui pratique la magie sur scène comme loisir) a voulu prouver que les « pouvoirs psychiques » n'étaient rien de plus que la capacité des médiums à déchiffrer le langage corporel de leurs clients et l'utilisation des trucs ordinaires en magie. Bern a donc conçu une étude scientifique s'appuyant sur une méthodologie contrôlée de si près que personne ne pouvait avoir recours au trucage pour se faire passer pour médium. Sans le vouloir, le programme de recherche de Bern a fini par *soutenir* la preuve de la réalité des dons psychiques. Plus encore, pratiquement toutes les personnes testées par Bern ont présenté la preuve qu'elles avaient un don psychique.

La recherche de Bern et Honorton, composée de 11 études réalisées entre 1983 et 1989, a laissé les scientifiques du monde entier tâtonnant pour expliquer les résultats. De nombreux chercheurs, y compris Bern, ont été amenés à croire dans la communication psychique après avoir analysé les résultats de cette recherche.

L'étude portait sur des volontaires, 100 hommes et 140 femmes. Durant les expériences, les sujets étaient assis dans une pièce insonorisée afin d'empêcher toute occasion de voir ou d'entendre l'information provenant de l'extérieur. Par exemple, les sujets portaient des écouteurs diffusant un bourdonnement en permanence et des moitiés de balles de ping-pong leur cachaient les yeux. Les chercheurs leur disaient de déclarer chaque image leur venant à l'esprit pendant les 30 minutes où ils étaient assis dans la pièce.

Dans le même temps, des sujets situés à l'extérieur de la pièce visionnaient l'une à la suite de l'autre 160 photos et vidéo-clips choisis au hasard. Les chercheurs leur demandaient « d'envoyer » mentalement ces images à la personne assise dans la pièce insonorisée. Si cette dernière signalait une pensée correspondant à l'image vue simultanément par « l'expéditeur », on la qualifiait de « succès ». En vertu de la loi du hasard, on se serait attendu à ce qu'un essai sur quatre soit juste. Cependant les sujets trouvaient une image sur trois. Les étudiants en arts, en musique et en théâtre avaient des résultats encore plus impressionnants et trouvaient une image sur deux. Ces résultats présentent une influence statistiquement significative, et puisque les chercheurs ont défini les variables parasites en dehors de l'étude, on ne peut tirer qu'une conclusion : l'étude prouve l'existence de la télépathie. Elle a été répétée à 11 différentes reprises et chaque fois les chercheurs ont obtenu les mêmes étonnants résultats.[3]

Plus vous acceptez les dons psychiques comme faisant naturellement partie de la vie, plus souvent ils se manifestent. Certaines façons de développer votre don de prophétie sont de garder un journal quotidien des « coïncidences » survenues ou de circuler dans un stationnement en permettant à votre intuition de vous conduire à une place libre. De plus, *faites confiance* à vos impressions psychiques et vous vous sentirez de plus en plus guidé par votre moi supérieur et vos anges.

J'adorais méditer et lire à propos de spiritualité, mais je m'inquiétais aussi que cela envahirait ma vie. Pendant plusieurs semaines, tout ce que j'ai voulu faire était de m'asseoir dans ma salle de méditation et prier ou lire. Je pensais : « c'est fou ! Il faut que je travaille et que je gagne de l'argent ! Je ne peux pas me contenter d'être assise dans ma pièce toute la journée. » Pourtant une forte attraction continuait de me guider vers la lecture et la méditation. Pendant bien des jours, j'ai passé deux, trois ou quatre heures en méditation. D'une manière ou d'une autre, j'avais l'assurance qu'il y avait une raison pour que je prenne un répit par rapport au monde. Je souhaitais désespérément que quelqu'un puisse me payer pour méditer, mais une partie de moi gardait encore la vieille croyance selon laquelle nous devons souffrir pour gagner notre revenu. La méditation était un plaisir et apparemment non productive ; alors comment pourrait-elle servir à subvenir à mes besoins ?

Je continuais à écrire des articles pour les magazines sur des thèmes en lien avec les relations du style « Comment savoir si une rupture est en vue ? » et « Est-il du genre tricheur ? ». Tout en ayant l'impression que ces articles apportaient peu au monde, je n'appréciais pas de les écrire et avais peu de satisfaction à les voir imprimés. Je ne me voyais tout bonnement pas en « docteure de l'amour », mais les médias avaient l'air de m'avoir cantonnée à ce rôle. Les producteurs d'émissions-débats appelaient constamment pour me demander d'apparaître dans leurs programmes à titre d'experte en relations et les rédacteurs en chef des magazines me donnaient continuellement à rédiger des articles sur les relations. J'acceptais leurs demandes, car j'avais peur de refuser ce revenu fixe.

Je n'avais qu'une conscience lointaine du prix élevé que payait mon âme pour trahir mon moi véritable. Au fond de moi, je savais ce que je voulais faire – écrire des articles et des livres ne traitant que de métaphysique et de guérison spirituelle – mais j'avais peur de ne pas pouvoir gagner ma vie en suivant cette intuition.

Cette force dans ma conscience, qui me poussait à m'inquiéter de l'argent tout en ayant pourtant envie de sérénité, m'a conduite à chercher des livres qui pourraient m'aider. J'ai acheté et lu *The Abundance Book* de John Randolph Price et plusieurs livres de Catherine Ponder sur la prospérité. J'ai également étudié le sermon sur la montagne dans l'Évangile de Matthieu.

La méditation de 40 jours sur la prospérité proposée dans le livre de Price m'a aidée à guérir mes inquiétudes à propos de l'argent. J'ai également vécu une mystérieuse expérience durant cette période. J'avais fait beaucoup de chèques pour payer l'assurance, les services publics, etc., mais pas un n'a été encaissé pendant près de trois semaines. Mon compte en banque ne bougeait pas, comme gelé dans le temps, et je n'osais pas m'interroger sur ce qui avait l'air d'être l'affirmation de la puissance de Dieu. J'ai prié pour surmonter les doutes qui me restaient et m'empêchaient de m'en remettre totalement à Lui.

J'ai appris de mes lectures et de mes méditations que mes inquiétudes à propos des finances étaient à l'origine de tous les problèmes d'argent que j'avais connus. Cela m'a semblé tout à fait logique. Tout comme la Science Chrétienne enseigne que les pensées de maladie engendrent les problèmes d'ordre physique, mes peurs de manquer de quelque chose s'étaient manifestées dans l'expérience du manque.

Tout en méditant, je posais parfois des questions. Les réponses venaient sous forme d'images dans ma tête ou devant mes yeux, comme un film. J'ai demandé : « Comment se fait-il que nous soyons tous liés et ne fassions qu'un, alors que nous avons l'air tellement différents et distincts ? » Immédiatement j'ai vu un arbre et j'ai su que chaque personne est comme l'une des feuilles d'un arbre géant. Chaque feuille vit ses propres expériences à l'écart des autres, pourtant chacune a une influence sur les autres. Par exemple, si une feuille est en détresse, sa négativité déverse du poison dans les vaisseaux de l'arbre tout entier.

J'ai posé une question à propos de la nature de la matière et j'ai vu des images qui ressemblaient à des bulles de savon colorées en miniature accrochées les unes aux autres en une gigantesque chaîne. J'ai compris que je voyais les particules de vie les plus petites. Ensuite, je me suis interrogée à propos de la vie après la mort et j'ai immédiatement été entourée de l'image très réelle d'un paysage céleste bleu où il y avait un édifice de cristal long et haut. J'ai senti qu'à l'extérieur de moi, quelqu'un demandait : « Veux-tu faire un tour de ce château de cristal ? » J'ai hésité, n'étant pas certaine que ce soit sécuritaire. Puis, j'ai vite répondu par l'affirmative et je me suis sentie portée autour des splendides flèches de ce château d'un blanc bleuté. Tout aussi rapidement, je suis revenue dans ma pièce de méditation.

Plus je méditais et plus je comprenais à quel point il nous était facile d'obtenir des réponses et de l'information, *simplement en demandant*. Cela m'a été expliqué durant une méditation lorsque j'ai entendu ces mots : « Tes expériences suivent tes intentions ». J'ai vu comment nous ne profitons pas de cette formidable ressource parce que nos intentions sont axées sur nos efforts d'humains pour veiller à nos besoins, au lieu d'être destinées à nous réunir avec l'amour de Dieu. La lumière s'est levée en moi lorsque j'ai compris que nous n'avons pas à lutter pour satisfaire nos besoins. Nous n'avons qu'à demander des conseils et à les suivre. J'ai pensé aux fois où j'avais poussé dans le sens inverse de la vie, me fatiguant pour atteindre mes objectifs. Ces efforts aboutissaient toujours à davantage de stress et à des manifestations de courte durée. Je me suis souvenue également des fois où j'avais comblé sans effort mes besoins grâce à la foi, la visualisation et les affirmations.

Tandis que je réfléchissais à cela, j'ai reçu une grosse quantité d'information comme si quelqu'un avait numérisé les pages d'un livre dans ma tête. Le message était que les artisans de lumière, comme moi, pouvaient tout manifester et guérir. J'ai eu une vision d'un avenir où les soins de santé et les aliments traditionnels étaient artificiellement limités par un organisme gouvernemental désireux de contrôler les masses. Cela m'a rappelé la prophétie de l'Apocalypse qui nous met en garde à propos du contrôle des approvisionnements par un antéchrist.

J'ai vu des artisans de lumière aider les malades et les affamés afin qu'ils ne succombent pas à la manipulation du gouvernement. Dans cette vision, les artisans de lumière révélaient la nourriture à partir de rien. Ils accomplissaient également les guérisons spirituelles uniquement par la pensée et la prière, car on ne trouvait ni herbes ni médicaments.

De plus, ma vision comportait l'information que toutes les prophéties, comme celles de l'Apocalypse, pourraient être empêchées par la conscience collective d'amour des artisans de lumière. En d'autres termes, nous pourrions éviter tout le scénario de la réduction des approvisionnements en nourriture et en médicaments grâce aux efforts unis des artisans de lumière. Toutefois, si ces derniers ne s'unissaient pas à temps pour empêcher la réalisation de la prophétie, ils pourraient encore apporter la paix, la guérison et des vivres aux gens grâce à leurs dons spirituels.

J'ai compris, après avoir reçu cette vision, que je devais rallumer l'étincelle de ce qu'on m'avait enseigné à propos de la guérison spirituelle dans mon enfance. Je devais la dépoussiérer et finalement écrire pour les artisans de lumière qui se sentaient guidés pour lire et entendre mes paroles, et leur enseigner. Avec cette vision, j'ai su qu'il était temps de m'engager totalement sur mon chemin spirituel.

* * * *

CHAPITRE 12

L'OUVERTURE DU TROISIÈME ŒIL

« Il n'existe qu'un seul être humain. Dans sa dimension spirituelle, chaque humain de l'univers a accès à cet être, qui existe pour l'éternité dans l'Esprit Divin en tant qu'idée d'un être humain parfait. »

— Charles Fillmore, fondateur de l'Église Unity
et auteur de *Christian Mental Healing*

Je parcourais un catalogue des cours du centre d'éducation pour adultes de *The Learning Annex* lorsque j'ai vu le visage familier de l'auteur à succès Wayne Dyer. À la lecture de la description du séminaire d'une journée qu'il donnerait prochainement à San Diego, je me suis sentie attirée. Il n'y avait pas une phrase ni un mot qui ne m'attirait pas dans ce catalogue ; je sentais plutôt en moi une incitation à assister à ce séminaire.

Dix ans auparavant, « accro des séminaires », j'avais assisté à chaque atelier de psychologie que je pouvais trouver. J'étais allée aux conférences de Carl Rogers, Rollo May, Irvin Yalom, William Glasser et d'autres chefs de file de la psychologie. À un certain moment, cependant, plus que saturée d'écouter des conférenciers, je n'avais plus eu envie d'assister à un autre séminaire.

Toutefois, j'étais à présent attirée par un séminaire de huit heures. J'ai demandé à Bonnie Krueger, la rédactrice en chef du magazine *Complete Woman*, si elle serait intéressée par un article sur Dyer. Elle m'a donné le feu vert et j'ai commencé à chercher comment contacter Dyer afin de prévoir une séance de photos pour mon article.

Dyer écrivant des livres pour Hay House, j'ai demandé à Reid Tracy de m'aider à organiser l'entrevue. Il m'a mise en contact avec l'agente de publicité de Dyer, Edna Farley, laquelle, je l'ai découvert, fait la promotion de nombreux écrivains métaphysiques et sert d'intermédiaire entre les médias et ses auteurs. Elle a organisé un entretien avec Dyer par téléphone une semaine avant le séminaire, puis une séance de photos à la fin du séminaire.

L'auditorium de *The Church of Today* de San Diego était rempli de centaines de personnes qui, comme moi, attendaient pour la conférence de Dyer. J'avais appris à valoriser le fait de me trouver dans une salle pleine de gens enclins à la spiritualité en assistant aux grands services de l'église de Huntington Beach. Dans les foules pacifiques, tout le monde est réuni par une étincelle d'énergie. Ainsi, je reçois souvent des idées qui semblent d'inspiration divine lorsque j'assiste au culte dans des églises combles.

Dyer nous a dit qu'il avait passé du temps avec le mystique indien Sri Guruji. Après avoir lu son livre *Il faut le croire pour le voir*, Guruji lui a écrit, puis les deux hommes se sont rencontrés plus tard lorsque Guruji s'est rendu de l'Inde à Los Angeles. Le mystique a présenté à Dyer une cassette audio de chants de méditation spécialement conçus pour manifester les désirs sous une forme matérielle. Il a demandé à Dyer d'enseigner ces chants aux gens du monde occidental et c'est ce qu'a fait Dyer lors de cette conférence et sur une cassette parue chez Hay House, *Meditations for Manifesting*[1].

Dyer a débuté la méditation en nous demandant de fermer les yeux et de diriger notre attention sur notre troisième œil. Il nous a ensuite conduits dans une série de psalmodies dans laquelle nous prononcions « Om » et « Ah » à différentes hauteurs. Il a expliqué que le son « Ah » est présent dans le nom donné au Divin dans pratiquement toutes les religions, notamment God, Allah, Bouddha et Krishna. En psalmodiant « Ah » nous nous harmonisons avec les vibrations de la Création. Si nous psalmodions en même temps que nous avons une idée, cette image mentale se manifeste rapidement sous une forme matérielle.

Assise au milieu de centaines d'autres membres de l'assistance, je me suis concentrée sur mon troisième œil en psalmodiant « Om ». Au départ, les chants de la plupart des gens étaient faibles, mais peu à peu nous avons prononcé des « Om » retentissants d'une grande ferveur.

Tandis que je psalmodiais, j'ai vu une image en forme d'ovale apparaître en face de moi. Cet ovale reposait à l'horizontale dans l'espace obscurci situé entre mes deux yeux. Cette image est devenue peu à peu plus claire et plus vive avec chaque psalmodie, comme la première fois que l'on aperçoit la terre lorsque l'avion plonge dans les nuages. Soudain, j'ai identifié clairement ce que je voyais. La surprise m'a coupé le souffle lorsque j'ai reconnu un œil – l'œil d'une femme parfaitement bien détaillé – qui me regardait. C'est mon troisième œil ! ai-je pensé. Cet œil a cligné lentement des paupières à quelques reprises et m'a regardée avec une expression irradiant d'amour.

Tandis que cet œil et moi, nous nous fixions l'un l'autre, j'ai eu l'impression de regarder à travers le miroir d'*Alice au pays des merveilles*. Je savais que c'était moi que je voyais, pourtant ce moi vivait dans un monde complètement à part. Cet œil était moi, mais dans un univers parallèle, et qui me scrutait à travers un hublot. Tout comme certaines personnes qui sont capables de deviner instantanément si une nouvelle connaissance a eu une vie facile ou difficile, j'ai vu que ce « moi » avait vécu une vie remplie de paix, de sécurité et d'amour. C'était ce qu'il irradiait.

On aurait dit mon œil, mais avec quelques différences importantes. Il ne montrait aucun signe de vieillissement dû aux souffrances de la vie et la peau l'entourant était lisse et sans rides. Il rayonnait d'une expression de bonheur et de parfaite quiétude et j'avais l'impression qu'il me disait : « Bienvenue chez toi. C'est tellement bon que nous finissions par pour rencontrer ». Cet œil était aussi beau que tout ce que j'avais pu voir ; non pas d'une beauté matérielle, mais plutôt d'une aura éthérée d'amour, de patience, de paix et de bonté qui irradiait vers moi. J'avais du mal à avaler, ressentant un amour total pour et par cet être.

J'ai su tout à coup que mon vrai moi n'avait jamais souffert ni connu la peur ou les épreuves. Seul mon moi non véritable, l'ego, avait cru passer par des tragédies ou des triomphes. Mon vrai moi, *le vrai moi de chacun*, demeurait dans l'œil du cyclone où la paix règne éternellement.

La rencontre avec mon vrai moi a été une expérience à vous couper le souffle et l'on peut voir mon air terriblement impressionné sur les photos prises de moi avec Dyer après la conférence. Rentrant chez moi avec un million de questions me tournant dans la tête, j'ai trouvé insensé de conduire sur l'autoroute 5 dans l'état d'esprit dans lequel j'étais. Tout en planant pratiquement à cause des événements de la journée, j'avais conscience de conduire un engin d'acier de deux tonnes et je me suis donc forcée à arrêter de penser à la spiritualité pour pouvoir me concentrer. Peut-être que si j'écoute une émission à la radio, ça va me remettre les deux pieds sur terre, ai-je pensé.

J'ai mis KFI, une station-radio éducative de Los Angeles axée d'ordinaire sur les problèmes politiques. Cependant, ce soir-là le thème était sur un texte mystique juif, la kabbale. J'ai écouté un moment et senti ma conscience s'élever à nouveau loin au-delà de l'autoroute, aussi ai-je vite changé de poste ; mais chaque poste que je syntonisais semblait porter sur des thèmes spirituels.

Il m'a semblé que la pression de l'air s'intensifiait dans la voiture et j'ai ressenti la présence de l'Esprit. Pendant un instant, je me suis sentie comme quelqu'un en train de se noyer et qui lutte pour trouver de l'air. Je voulais m'éloigner des pensées et des messages spirituels pour pouvoir me concentrer sur la route, mais les signes manifestes et audibles de l'Esprit étaient partout dans ma voiture et dans la radio.

Avec une colère mêlée de peur, j'ai demandé : « Que me veux-tu ? » La présence m'a transmis mentalement ce message : « Il n'y a aucun endroit où je ne suis pas. Tu ne peux pas éviter l'Esprit, car tu es l'Esprit. Je suis tout en tout ». J'ai compris que puisque j'avais ignoré l'ordre qu'Il m'avait tout d'abord donné d'arrêter de boire et de m'inscrire au *Cours en miracles*, Dieu prenait à présent un chemin plus direct. Autant je voulais me rebeller contre le contrôle de quoi ou de qui que ce soit sur moi, autant je savais que l'aide de Dieu était ce que je désirais.

Au fond de moi, j'ai accueilli avec bonheur l'intervention de Dieu. Je n'étais pas heureuse et le fait de boire ainsi que mes tentatives pour gagner ma vie en tant que « docteure de l'amour » n'étaient pas le reflet de mon moi authentique. Je savais que mes entreprises humaines n'avaient pas donné ce que je recherchais. Il était temps de m'en remettre aux soins aimants de Dieu et d'essayer Sa manière.

Le lendemain du séminaire de Wayne Dyer, j'ai acheté *Un cours en miracles* en édition de poche dans une librairie Barnes & Noble. L'ouvrage était divisé en trois parties : le texte, un cahier d'exercices et un manuel du professeur. J'ai été tout d'abord attirée par le cahier d'exercices et j'ai découvert qu'il consistait en un programme de méditation sur un an, avec une méditation donnée par jour. Chaque méditation était conçue pour aider à se défaire des contraintes des croyances concernant le monde et apprendre comment entraîner l'esprit à remplacer les pensées négatives par des pensées d'amour. Je me suis mise avec empressement à ce programme d'étude et, même si de nombreux groupes étudiaient *Un cours en miracles* près de chez moi, j'ai décidé d'étudier ce texte seule. J'ai eu le plaisir de découvrir que la philosophie de base et les principes du Cours concordaient avec ce qu'on m'avait enseigné dans mon enfance. En fait, les méditations m'ont rappelé avec bonheur mes expériences à l'école du dimanche.

Pour cesser de boire, il a suffi de prendre la décision d'arrêter, et jamais depuis ce jour je n'ai eu besoin d'alcool. J'ai immédiatement remarqué comment en étant sobre, mon cerveau obéissait à ma volonté de rester concentrée sur des pensées d'amour et de bonheur.

Chaque fois que mes pensées glissaient vers la culpabilité et la peur, j'étais plus à même de le discerner et de mettre un terme à leurs divagations. Je sentais mon « pouvoir » mental devenir plus fort et plus discipliné grâce à ma sobriété et aux pratiques de méditation.

Dans les jours qui ont suivi le séminaire de Dyer, les impressions psychiques ont afflué à ma conscience à un rythme régulier. Je recevais sans cesse des informations par clairvoyance et par clairconnaissance. Parfois, mes visions psychiques créaient la confusion pour moi comme pour les autres, comme lorsque je rencontrais une nouvelle personne en ayant déjà connaissance de choses dont elle ne m'avait pas encore fait part. Par exemple, j'ai rencontré une femme et en parlant, je me suis adressée à elle en l'appelant « Mary ». Je savais que c'était son prénom, mais je n'avais pas réalisé que nous ne nous étions pas encore présentées l'une à l'autre de façon formelle. Elle m'a fixée du regard et a demandé : « Comment savez-vous que je m'appelle Mary ? » Oh oh! ai-je pensé. En effet, certaines personnes accueillent avec plaisir d'aborder l'univers invisible, tandis que d'autres comme Mary considèrent cela comme d'indésirables expériences « paranormales ».

Une autre fois, une nouvelle connaissance m'a montré une photographie de sa petite fille. En regardant le portrait de cette enfant, j'ai vu les images d'un film où elle tournoyait comme une ballerine. Sans réfléchir, j'ai fait remarquer à cette femme comme sa fille était mignonne de danser comme une ballerine alors qu'elle était si petite. Comme Mary, cette nouvelle connaissance a réagi en disant : « Comment savez-vous cela ? » sur un ton qui montrait qu'elle trouvait ma prescience plus horrifiante que plaisante. Après cet échange, je suis devenue plus prudente dans mes conversations. Je voyais et savais beaucoup de choses sur les gens avec qui j'avais affaire, mais je ne donnais spontanément l'information que lorsque quelqu'un le demandait.

En méditation j'ai demandé à Dieu quelle était la source et la nature de cette prescience. J'ai résumé la réponse que j'ai reçue dans mon journal :

> « *Le temps est une illusion et lorsque nos esprits sont libérés des 'règles' terrestres, il ne connaît pas de limites. C'est un mot dénué de sens. Lorsque quelqu'un me raconte une histoire, je 'connais' déjà cette histoire dans mon être. Avec la 'voyance', je connais cette histoire sans la restriction d'avoir d'abord à l'entendre raconter.* »

C'était donc cela ! La prescience n'était pas un pouvoir particulier, mais une illustration du fait que le temps est une illusion. Nous n'avons pas besoin qu'une personne nous parle d'elle pour connaître l'information qu'elle donne, car cela implique qu'il y a un temps *avant* et un temps *après* le moment où nous recevons cette information. En vérité, il n'y a ni passé ni présent, il n'y a que *maintenant*. Toutes les circonstances sont donc présentes pour nous en ce moment même, y compris toute connaissance sur tout sujet.

J'ai également compris que chacune de nos pensées s'imprime dans nos champs énergétiques, de la même manière que des données sont compressées sur un disque compact. Cette information est ouvertement accessible aux autres personnes sensibles à l'énergie. Nous recevons et « déchiffrons » tous de l'énergie chaque jour. Par exemple, il vous est probablement déjà arrivé de ne pas faire confiance d'emblée à une personne que vous veniez de rencontrer. Cela provient du fait que vous vous êtes harmonisé avec son champ énergétique et avez senti que les pensées de cette personne à votre sujet étaient malhonnêtes. Les lectures psychiques totales nécessitent de pousser un ou deux pas plus loin cette activité de sensation énergétique. Si vous pratiquez quotidiennement le nettoyage et l'équilibrage des chakras, comme je le décris au chapitre 17, votre réceptivité psychique opèrera naturellement. L'unique exigence est votre bonne volonté de faire confiance aux impressions que vous recevrez.

J'ai appris toutefois qu'il existe une énorme différence entre *juger* et *recevoir* des impressions à propos d'une autre personne. Si vous jugez les impressions que vous recevez, vos lectures psychiques viendront de votre ego ou de votre esprit inférieur. Les jugements sont l'une des principales causes des lectures psychiques erronées et c'est quelque chose dont nous devons nous méfier.

Disons qu'un médium vous donne une lecture et qu'elle reçoive des impressions à propos de votre conjoint ou de votre partenaire. Si elle prend garde de ne pas donner de lectures influencées par l'ego, elle se contentera de vous dire exactement ce qu'elle voit ou ressent au fur et à mesure qu'elle recevra l'information. Elle vous permettra ainsi de tirer vos propres conclusions de sa lecture psychique. En revanche, un médium n'ayant pas conscience des influences de son ego filtrera ses impressions psychiques avec ses jugements personnels sur votre conjoint ou votre partenaire. Les expériences négatives vécues dans sa propre vie pouvant influencer ses jugements, il ne sera donc pas uniquement question de vous dans ce qu'elle vous dira.

Presque tout le monde peut recevoir de l'information médiumnique à propos d'une autre personne, mais il n'est pas aussi facile d'avoir la capacité de transmettre cette information à votre cliente sans la faire passer au crible de votre ego. Il vaut mieux simplement dire à cette personne ce que vous voyez, sentez, ressentez ou savez exactement pendant la lecture psychique. Ayez confiance dans l'information que vous recevez et ensuite dans la capacité de votre cliente à l'interpréter à sa manière.

Plusieurs mois auparavant, j'avais parlé de mes croyances spirituelles aux clientes qui me consultaient et j'ai été enchantée de voir qu'elles étaient prêtes à accepter des pratiques spirituelles de traitement de l'esprit. Mes fantasmes fondés sur la peur, d'où je les voyais s'enfuir de la pièce en hurlant si je leur faisais part de ma spiritualité, ne s'étaient heureusement pas réalisés. Au lieu de cela, je voyais guérir rapidement mes clientes ayant une piètre estime d'elles-mêmes et celles souffrant de troubles alimentaires, grâce à notre travail thérapeutique fondé sur la spiritualité.

Pendant mes séances de consultation, je demandais silencieusement à Jésus et à mes anges de guider mes paroles et mes pensées. Je ressens toujours leur aide et leur présence en réponse à cette demande et reçois souvent d'eux des directives claires. Par exemple, je travaillais avec une nouvelle cliente qui avait vu beaucoup d'autres thérapeutes avant moi. Elle se plaignait qu'aucune thérapie n'ait guéri un profond sentiment de démérite, relié à l'abus sexuel subi dans son enfance. J'ai demandé mentalement à Jésus : « Que veux-tu que je dise à cette femme ? » Immédiatement, j'ai été guidée pour lui demander : « Quel est le secret que vous gardez ? »

Après cette question, cette femme est demeurée silencieuse si longtemps que j'ai craint de l'avoir offensée. Finalement, elle a bégayé une histoire qu'elle avait tenue cachée de tous depuis son adolescence. Cette histoire dissimulée avait été pour beaucoup dans sa honte et dans le peu d'estime qu'elle avait d'elle-même. Toutefois, au fur et à mesure qu'elle la racontait ouvertement, elle se rendait compte que les détails n'étaient pas aussi horribles qu'elle l'avait imaginé. Elle a compris que lorsque l'on garde un secret dans les souterrains de son âme, on a l'impression d'abriter un monstre hideux.

À chaque succès clinique dans lequel intervenait l'usage de la prière et des affirmations spirituelles, je me sentais plus heureuse et plus libre. J'ai commencé à mélanger les lectures psychiques et ma pratique de consultation, parlant ouvertement à mes clientes des impressions psychiques que je recevais durant nos séances. Chacune d'elles m'exprimait sa reconnaissance, car ces impressions nous aidaient à lever le voile sur des problèmes essentiels.

Je me suis juré de ne jamais retourner à l'ancienne approche en psychothérapie où les problèmes sont vus comme réels, et puisque je ne faisais plus de psychothérapie, je me suis choisi un nouveau titre : « métaphysicienne ».

La rencontre avec mon vrai moi et le fait de me rendre compte qu'en fait nous ne vivons aucune souffrance en réalité, avaient modifié de manière spectaculaire ma façon de penser. Auparavant, l'aphorisme spirituel selon lequel « la souffrance est une illusion » avait été une plaisanterie. À présent, je savais que c'était un fait. Cette connaissance me donnait l'impression d'être aussi transportée de joie que quelqu'un qui vient de tomber amoureux, et je voulais que rien ne m'enlève cette joie. J'évitais donc le journal, les programmes de nouvelles télévisées, la radio et toutes les discussions sur les problèmes politiques ou sociaux. Je savais que ces situations avaient besoin d'être corrigées sur le plan mental et que, si je lisais sur ces sujets ou que j'en parlais, je les verrais comme des réalités pour de bon.

En outre, je priais pour être conseillée à propos de certaines de mes amitiés qui s'étaient déséquilibrées. Comme beaucoup d'artisans de lumière naturellement serviables et aimants, j'attirais des gens ayant de multiples problèmes dans leur vie. Je luttais pour trouver comment être une bonne amie sans être entraînée dans des conversations à propos de leurs inquiétudes et de leurs peurs. Je savais que la guérison spirituelle pouvait résoudre toute difficulté relationnelle, mais je reconnaissais que je n'en étais pas encore au point d'être capable de voir objectivement mes amis comme parfaits, entiers et complets.

Je ne voulais pas parler à des gens qui voyaient leurs dilemmes comme sans espoir. Ma connaissance au sujet de la nature irréelle des problèmes était encore à ses débuts et fragile, aussi avais-je besoin de la protéger jusqu'à ce que je puisse regarder ces problèmes en face, avec davantage de confiance, et voir à travers leur nature illusoire. Jusque-là, je savais que j'avais besoin d'éviter les gens ayant un état d'esprit négatif. Il me fallait prendre temporairement mes distances par rapport à eux, de la même façon que j'évitais les journaux, la radio et la télévision. J'ai donc dit à plusieurs personnes que je ne serais pas disponible pendant un mois et j'ai été surprise de la bonne grâce avec laquelle elles ont accepté cette annonce. Mon ego m'ayant fait du chantage, j'avais cru que si je suivais mes conseils intérieurs, le ciel me tomberait sur la tête. Et je découvrais peu à peu que mon unique source d'agitation était les soi-disant conseils de mon ego.

* * * *

CHAPITRE 13

LEVER LE VOILE

« *Si les esprits existent vraiment, si nous vivons tous en Un Esprit ; et si de surcroît le mental peut communiquer avec le mental sans l'aide de l'instrument physique, alors la communication spirituelle doit être possible !* »

— Ernest Holmes,
fondateur de l'Église de la Science Religieuse
et auteur de *The Science of Mind*

L'agente de publicité de Wayne Dyer, Edna Farley, m'a appelée pour me dire : « Je fais la promotion de quelqu'un qui pratique le channeling* et qui a écrit un livre. Est-ce que cela vous intéresserait d'en voir un exemplaire en vue d'un entretien et d'un article potentiels ? » Avant de pouvoir y réfléchir j'ai dit : « Oui ». Après avoir raccroché, j'ai trouvé bizarre d'avoir accepté car le « channeling » ne faisait pas partie de mes intérêts et de mon expertise. Je ne savais même pas vraiment ce que c'était, mis à part que j'avais vu de Kevin Ryerson dans le film de Shirley Maclaine, *Out on a Limb*.

La première fois que j'ai ouvert l'exemplaire pré-tirage du livre que m'avait envoyé Edna, *The Eagle and the Rose*[1] [*Une longue échelle vers le Ciel*], j'ai senti immédiatement que j'avais en mains un ouvrage important.

* NdT. Channeling — ou télépathie éthérique ou médiumnité — consiste, entre autres, à entrer en contact avec les défunts ou une entité venant d'une autre dimension.

L'auteure de ce livre, Rosemary Altea, est une médium britannique parlant aux esprits vivants de ceux qui sont physiquement morts. Comme je l'ai dit plus tôt, je n'avais pas encore réglé la question de mes croyances au sujet de la vie après la mort. Aussi, ne savais-je pas quoi penser en lisant les cas étudiés par Altea, dans lesquels elle avait perçu des détails très étonnants à propos des parents décédés de ses clients.

Pourtant, j'ai trouvé ce livre fascinant et voulu en savoir davantage. Malheureusement, diverses tâches remplissant sans cesse mes heures, je ne pouvais lire que quelques pages chaque jour. Finalement, un samedi après-midi où Michael était à une course de voiliers et les garçons en visite chez des amis, j'ai eu le temps de me consacrer entièrement à mon livre.

Alors que j'étais aux trois quarts de ma lecture des études de cas d'Altea, une révélation soudaine et irrésistible a traversé ma conscience. J'ai été frappée par le fait que les paroles d'Altea étaient des paroles de vérité et que la communication avec les morts qu'elle décrivait était réelle. À cet instant, j'ai senti une présence derrière moi sur la droite et je me suis mise à sangloter. J'ai reconnu la présence de ma grand-maman Pearl et senti également qu'elle avait orchestré beaucoup de miracles qui m'étaient arrivés récemment dont la réception d'un exemplaire de *Une longue échelle vers le ciel*.

« Oh, mon Dieu ! ai-je dit à voix haute au milieu de mes sanglots. Il y a vraiment une vie après la mort ! » J'ai senti que ma grand-mère me consolait en me disant que tout irait bien.

Le fait de comprendre cela m'a réconfortée, et les jours suivants j'ai commencé à parler à ma grand-mère durant mes méditations. J'ai également découvert que la médiumnité était étudiée par des scientifiques depuis des siècles et que des études bien encadrées des deux dernières décennies apportaient des témoignages probants du fait que les médiums communiquent vraiment avec les esprits vivants de personnes décédées.[2] L'une de mes principales préoccupations, toutefois, demeurait ma relation avec Michael. Je le voyais alors comme une personne résolument sans spiritualité et craignais qu'une rupture ne soit inévitable. Pourtant, j'hésitais car je l'aimais profondément ; de plus je détestais souverainement les ruptures.

J'avais fini de lire le livre d'Altea trois jours auparavant, lorsqu'une femme du nom de Renée Swisko a appelé. Elle a expliqué être une guérisseuse spirituelle cherchant quelqu'un pour écrire un livre sur son travail. Renée m'a dit qu'ayant eu mon nom plusieurs mois auparavant par Reid Tracy de Hay House, elle avait bien l'intention de m'appeler, mais avait constamment reporter la chose. Puis, elle m'a demandé si je connaissais le *Cours en miracles,* qui était la base de sa pratique spirituelle. Je lui ai expliqué que j'avais tout récemment commencé à étudier le texte, et que si elle m'avait contactée plus tôt, je n'aurais pas encore été initiée à cet ouvrage. La synchronisation de son appel était un exemple de l'ordre divin, ai-je pensé en acceptant d'aller chez elle pour qu'elle me fasse une démonstration de son travail de guérison spirituelle.

Le matin où je devais me rendre chez Renée, j'étais dehors sur mon patio et je faisais mes exercices sur mon escaladeur. Sur le quai relié au patio, je voyais Michael en train de gratter la coque de son voilier pour en enlever les bernicles. J'ai également remarqué dans la baie derrière Michael un bateau à moteur qui avançait doucement et sur le côté duquel était peinte une inscription peu commune. Lorsque le bateau s'est approché du quai, j'ai vu qu'il était écrit sur sa coque : « Jean, 3:16 * ».

* NdT. Citation de la Bible : « Dieu a tant aimé le monde qu'il a donné son Fils unique, pour que tout homme qui croit en lui ne périsse pas, mais qu'il ait la vie éternelle. »

La vision de cette référence biblique a ajouté à mes impressions mystiques à propos de la rencontre avec Renée. Au téléphone, elle m'en avait dit assez sur son travail pour m'intriguer, pourtant j'avais également conscience que quelque chose de plus grand que moi avait arrangé notre rencontre. Cette impression s'est confirmée lorsqu'en sortant de l'ascenseur à l'étage de l'immeuble où elle vivait, j'ai entendu une voix intérieure me dire distinctement : « Après ce soir, ta vie ne sera plus jamais la même. »

Renée et moi avons parlé un moment avant de commencer ma séance de guérison. Elle m'a demandé s'il y avait une question ou un problème précis que je voulais traiter et j'ai décidé de me concentrer sur ma relation avec Michael. Je voulais en particulier savoir quoi faire face à l'écart qu'il semblait y avoir concernant nos croyances spirituelles.

René m'a fait allonger sur un futon, tandis qu'elle me faisait entrer en hypnose. Elle m'a demandé de m'ouvrir à Jésus, qu'elle appelait « Emmanuel », et de vouloir pardonner à Michael. J'ai fermé les yeux et senti mon corps tressaillir de frissons. Cette pulsation m'a rappelé Michael en train de gratter les bernicles de son bateau parce que c'était exactement ce qui était en train de se passer en moi.

Soudain, j'ai vu le visage d'un homme en face de moi. Il était mort avant ma naissance et je n'avais jamais revu sa photo depuis ma petite enfance, mais je l'ai immédiatement reconnu comme étant mon grand-père maternel. Cette reconnaissance s'est faite au niveau de l'âme, de la même manière que j'avais reconnu les identités des présences spirituelles qui étaient venues à moi.

Sans un mot, mon grand-père m'a transmis une information essentielle à propos de ma relation avec Michael :

> « *Ta peur d'être authentique avec Michael et d'autres viennent en partie de moi. Lorsque ta mère était jeune, j'étais très frustré par le manque d'argent et je me disputais fréquemment avec ta grand-mère Ada devant ta mère. Cela l'effrayait tellement qu'elle est devenue mal à l'aise de parler ouvertement de ses sentiments, en particulier avec les hommes – y compris ton papa. Tu as pris ce modèle de comportement de ta mère, qui l'a appris en réalité parce qu'elle avait très peur de moi. Alors pardonne-moi, s'il te plait, et ne romps pas avec Michael parce que tu ne le vois pas tel qu'il est.* »

Je n'étais pas encore remise de ce message qu'il a continué à me donner des nouvelles encore plus bouleversantes. Il m'a dit que je devais à l'origine être le deuxième enfant de ma grand-mère Ada et de lui, et être un fils. Cependant, il a convaincu ma grand-mère d'avorter à cause de leurs problèmes financiers. Si j'étais née, j'aurais été le second des frères aînés de ma mère. Après l'avortement, mon âme est restée près de ma mère pendant qu'elle grandissait, et puis des années plus tard, je me suis incarnée dans sa fille. Son message sonnait juste et je l'ai cru sur-le-champ. Mon grand-père m'ayant à nouveau demandé de lui pardonner pour la souffrance qu'il avait causée, il a ensuite disparu.

Le lendemain matin, après ma séance avec Renée, je me suis finalement ouverte à Michael. Je lui ai parlé de mon épisode de voyance avec le conducteur de limousine à New York et de mes fréquentes expériences de clairvoyance. Je lui ai également dit que j'avais vu mon grand-père Ben après son accident de voiture, et puis mon autre grand-père durant ma séance avec Renée. Michael a merveilleusement accepté mes paroles et à aucun moment ne m'a donné l'impression d'être rabaissée ou jugée. À son tour, il m'a fait part de quelques remarquables expériences psychiques qu'il avait faites. Nous avons ensuite discuté de nos croyances spirituelles les plus profondes et découvert avec bonheur que nous partagions de nombreux points de vue.

J'ai compris combien je m'étais trompée en voyant Michael comme une personne « sans spiritualité », en particulier parce ma propre conscience spirituelle avait été endormie depuis de nombreuses années. La spiritualité est dans la nature de *tout le monde*, même de l'athée le plus ardent, car nous sommes les enfants du même Dieu. En fait, si je juge que quelqu'un n'a pas de spiritualité, ce jugement vient de mon ego – lequel est la seule chose dénuée de spiritualité chez une personne. Toutefois, comme l'ego est un vieux coussin gonflable dénué de toute substance, il n'y a rien qui ne soit spirituel en n'importe lequel d'entre nous. Je crois que si nous nous concentrons sur l'étincelle de divinité chez les autres personnes, nous inspirons à cette étincelle de se développer comme le feu d'une fournaise.

Plus tard ce jour-là, j'ai parlé à ma mère de ma rencontre avec l'esprit de son père. Lorsque j'ai expliqué que j'avais failli être son frère aîné, elle en a eu le souffle coupé. « J'ai toujours eu l'impression d'avoir un ami près de moi lorsque j'étais enfant », m'a-t-elle confié. Elle a également confirmé que mon grand-père venant de perdre son emploi, ma grand-mère avait effectivement avorté deux ans avant sa naissance.

Si mon troisième œil avait été grand ouvert auparavant, il était à présent plus ouvert que jamais. De nombreux textes spirituels proclament que notre vision spirituelle devient naturellement plus nette au fur et à mesure que nous nous défaisons de nos jugements, de l'absence de pardon et de nos croyances contraignantes. Ma rencontre avec mon grand-père et la récente révélation de la certitude d'une vie après la mort avaient fait tomber beaucoup de barrières de mon ego. Je pouvais par conséquent voir autant les esprits que les anges et communiquer avec eux.

Chaque fois que quelqu'un m'appelait, je voyais non seulement cette personne devant moi, mais aussi ses guides spirituels et les anges qui l'entouraient. Mon clair sentir m'indiquait également quel était le lien familial entre l'esprit et la personne qui appelait. D'une manière ou d'une autre, je pouvais *sentir* la relation d'une âme à une autre comme si celles-ci avaient des fréquences vibratoires différentes. Par exemple, je voyais un esprit féminin et savais si c'était une tante, une sœur ou la mère de la personne avec qui je parlais. Je n'avais de difficulté que pour déterminer si l'esprit était un grand-parent ou un arrière-grand-parent, étant donné que les descendants d'une même lignée partagent les mêmes sensations vibratoires.

Dans le même temps, les esprits avaient conscience de mes dons de médium. Un jour, j'étais à une réunion à l'église assise à côté d'une femme que je connaissais. J'ai remarqué la présence de son mari défunt, et il a vu que je le remarquais. Immédiatement, cet homme s'est mis à me harceler pour que je dise à sa femme qu'il était avec elle. « Pas question ! » lui ai-je dit mentalement sachant que sa femme était fermement opposée à l'idée de la vie après la mort. J'étais clairvoyante et médium, mais je ne militais pas pour une cause.

Partout où j'allais, je voyais des foules d'esprits et d'anges autour des gens. De nombreux esprits me suppliaient de parler de leur présence à leurs hôtes vivants, et à l'occasion je me sentais guidée pour le faire. Cependant, ces situations étaient toujours délicates et j'avançais avec précaution pour informer les gens de la présence de leurs compagnons spirituels. Par exemple, alors que j'assistais à une réunion à l'école secondaire de Michael, il m'a présentée à un vieil ami qui avait récemment perdu sa mère. Cet ami était affligé, car sa mère et lui étaient très proches.

Cette situation m'a mise en conflit parce que je voyais nettement que sa mère était près de lui. Elle m'a fait comprendre que son fils n'avait pas arrêté de pleurer depuis qu'elle était morte et m'a demandé de le consoler d'une manière ou d'une autre. J'ai donc pris cet homme à part et abordé avec précaution le sujet de la vie après la mort. J'ai d'abord mentionné mon intérêt pour les livres spirituels, car je savais qu'il adorait les livres, mais il a dit qu'il ne lisait que des romans. Ensuite, j'ai parlé d'un travail de consultation que j'avais fait dans le domaine spirituel, choisissant mes mots avec soin afin qu'il sache que j'avais un point de vue pragmatique sur la question. De nouveau, il a accueilli mes paroles avec un regard vide et fixe. J'ai essayé différentes façons d'amorcer avec lui une conversation qui conduirait à une discussion sur la présence de sa mère, mais ses réponses n'allaient pas au-delà d'une ou deux syllabes. Pour finir, je lui ai donné mon numéro de téléphone en lui disant qu'il pouvait m'appeler, mais il a probablement pensé que j'essayais d'obtenir un rendez-vous galant. Tandis que nous nous serrions la main avant de nous laisser, sa mère m'a à nouveau suppliée de lui parler de sa présence.

Une autre fois, j'étais dans une librairie de Manhattan où j'achetais un livre traitant d'études sur la vie après la mort. En m'approchant de la caisse enregistreuse, j'ai vu un esprit féminin près de la caissière et j'ai su que c'était celui de sa grand-mère ou de son arrière-grand-mère. Cet esprit avait un sourire immense et la personnalité de quelqu'un ayant une nature généreuse.

Lorsque j'ai tendu le livre à la caissière, elle a remarqué son titre et dit : « Oh ! La vie après la mort ! J'y crois fermement, pas vous ? » Avant que j'aie pu dire un mot à propos de sa grand-mère, elle a ajouté : « Vous savez, parfois je jurerais que ma grand-mère est avec moi ; mais j'ai une terreur des esprits, des fantômes et autres, alors j'aurais vraiment peur si je découvrais qu'elle est réellement avec moi ». Je lui ai souri ainsi qu'à sa grand-mère, et j'ai quitté le magasin sans un mot.

J'ai commencé à me sentir submergée par ma nouvelle vision spirituelle et à me languir de retrouver un sentiment de normalité. Je savais que ma capacité médiumnique était un don que je pouvais utiliser pour guérir mes clientes, mais je ne voulais pas que les esprits envahissent ma vie. Durant mes méditations sur ce sujet, j'ai découvert que par le biais de mes intentions je pouvais adapter ma clairvoyance à un niveau plus agréable.

Enfin est arrivé le jour de mon entrevue avec la médium Rosemary Altea pour le magazine *Complete Woman*. Michael, photographe désigné pour cette occasion, et moi sommes arrivés à la suite de Rosemary à l'hôtel Four Seasons de Los Angeles en espérant que celle-ci répandrait un peu de lumière sur ma nouvelle vision spirituelle.

Rosemary m'a dit qu'elle aussi voyait des esprits où qu'elle soit, et qu'à ses débuts de médium, elle parlait carrément aux gens des esprits qu'elle voyait à leur côté. Puis, un jour elle a dit à une femme qu'elle venait de rencontrer dans un dancing, que son père était auprès d'elle. La femme a réagi avec horreur et s'est enfuie visiblement bouleversée. À partir de ce jour, elle a pris la ferme résolution de ne jamais parler à une personne de ses compagnons spirituels à moins que celle-ci en ait d'abord fait la demande.

Ensuite, Rosemary s'est mise à parler à ma grand-mère Pearl, qui était à côté de moi, et au père décédé de Michael, qui était près de lui. J'étais heureuse de regarder Rosemary travailler et j'ai trouvé que sa manière de communiquer avec les esprits était similaire à la mienne. Toutefois, lorsque je l'ai interrogée à propos des « esprits », elle a brusquement corrigé mon vocabulaire. « Vous les appelez des " esprits ", a-t-elle dit, mais pour moi ce sont des " gens " ». Bien sûr elle avait raison. Même si des personnes ont quitté leur enveloppe physique, leurs âmes demeurent humaines. Leur désigner le terme *esprit* implique qu'elles sont moins qu'humaines.

Rencontrer Rosemary m'a aidée à considérer l'évolution de mon point de vue spirituel avec plus de décontraction. J'ai jugé que j'avais besoin de rechercher d'autres médiums afin de comparer plus amplement mes remarques aux leurs. Par chance *The Learning Light Foundation*, où j'avais pris des cours de développement psychique, offrait un cours d'une journée sur la médiumnité. Selon le descriptif, ce cours n'était ouvert qu'aux « médiums de niveau avancé ». J'ai tout d'abord estimé que cela voulait dire des médiums de longue date, ce qui signifiait que je n'avais pas les qualités requises.

Toutefois, par la suite, j'ai senti l'énergie d'amour de grand-maman Pearl me pousser à m'inscrire à ce cours.

Le cours ne s'adressant « qu'aux médiums de niveau avancé », cette exigence a dû intimider beaucoup de gens, car il n'y avait qu'un seul autre étudiant inscrit. Notre enseignante, Rose, était une Anglaise qui conduisait des séances de voyance en Grande-Bretagne et en Amérique.

D'emblée, Rose nous a demandé d'accomplir un travail de voyance. J'ai eu le souffle coupé lorsqu'elle m'a demandé d'être la première à faire une lecture médiumnique à voix haute. Par-dessus le marché, je devais faire ma lecture sur *elle* ! J'étais intimidée, me demandant pourquoi, diable, je m'étais inscrite à ce cours, alors que mon enseignante et mon collègue étaient beaucoup plus expérimentés que moi ! Néanmoins, Rose m'ayant dit avec fermeté de commencer, j'ai pris une profonde inspiration.

J'ai fermé les yeux, mais Rose m'a dit : « Non, non ! Vous devez apprendre à faire vos lectures les yeux ouverts ! » J'ai donc détourné les yeux afin d'accorder toute mon attention à mes sensations intérieures. J'ai lâché prise sur mon esprit et permis qu'il se vide. Aussitôt, j'ai senti une petite présence sur la gauche de Rose. Lorsque ma conscience l'a captée, j'ai commencé à voir qu'elle prenait la forme d'une personne.

« Je vois un petit garçon à côté de vous », ai-je dit.

Rose a pâli, mais à l'évidence elle a essayé de rester de marbre afin de ne pas influencer mon travail. »

« Dites-m'en plus », a-t-elle dit. « Quel âge a-t-il ? »

« Je ne peux pas le dire parce qu'il semble petit pour son âge. Il a l'air d'avoir environ huit ans. »

J'ai continué à décrire son apparence et j'ai remarqué que les yeux de Rose rougissaient et se remplissaient de larmes.

« C'est mon fils », a-t-elle expliqué. « Lors d'un match de football, il a été accidentellement tué, il y a de nombreuses années. »

Je me suis tout d'abord sentie mal de ramener un sujet de souffrance à sa mémoire, mais Rose m'a assurée que ma lecture médiumnique était très juste et même appréciée. Une fois que l'autre étudiant eut terminé sa lecture sur elle, notre enseignante nous a indiqué notre prochain exercice. « Il y a un cours qui se déroule là-haut en ce moment même. On vous y attend, a-t-elle expliqué. Vous allez faire des lectures médiumniques pour les membres de ce cours. »

À nouveau, j'étais intimidée et je ne me sentais pas préparée, mais Rose ne m'aurait pas laissée sauter cet exercice. Elle nous a conduits à l'étage, et comme auparavant, j'ai dû passer la première. Comme nous l'avait signifié Rose, j'ai gardé mes yeux ouverts devant la classe et j'ai donné pour chaque étudiant, l'un après l'autre, une lecture « psychique et médiumnique ». Chaque lecture était différente. Parfois, je recevais et donnais de l'information sur la carrière de la personne, et parfois la lecture portait sur la vie amoureuse de la personne. Chaque fois, les étudiants souriaient et confirmaient l'exactitude et la pertinence de ma lecture.

Lorsque Rose, l'autre étudiant et moi-même sommes retournés dans notre classe, celle-ci nous a félicités d'avoir réussi nos lectures. J'ai compris que grand-maman Pearl m'avait poussée à prendre ce cours parce que ma confiance dans mes capacités psychiques avait besoin d'être renforcée. Ce cours m'a aidée à me sentir à l'aise pour donner des lectures psychiques et médiumniques en public.

Les jours suivants, j'ai eu l'impression que les membres du monde spirituel s'étaient passé le mot à propos de mes dons de médium. De nouvelles personnes appelaient en demandant précisément un rendez-vous pour de la consultation psychique avec moi et en disant des choses comme : « Je ne sais pas comment j'ai su que vous existiez, je suis tombée sur votre nom et *quelque chose* m'a fait appeler pour prendre rendez-vous avec vous. »

Beaucoup étaient des adultes qui avaient survécu à la violence et à qui le bourreau de leur enfance voulait faire amende honorable. Durant la séance de consultation, je facilitais la conversation entre ma cliente et un père, un oncle, un frère ou un grand-père violent. Si celle-ci désirait pardonner à son agresseur, l'esprit de ce dernier quittait son côté, souvent escorté par des anges ou des êtres chers évolués provenant de l'autre Monde. Tandis que cet esprit s'en allait, ma cliente ressentait d'intenses sensations physiques semblables à un vide autour de son corps s'accompagnant d'un grand sentiment de soulagement. Elle découvrait généralement que la séparation d'avec son agresseur défunt soulageait la dépression, l'angoisse, l'insomnie et les compulsions comme l'hyperphagie.

J'ai découvert que quand de nouvelles clientes venaient à moi en se plaignant de dépression ou de dépendance, elles avaient presque toujours à côté d'elles un esprit « attaché à la Terre ». Autrement dit, une personne décédée autre que leur guide spirituel désigné, les accompagnait. J'ai également appris que les personnes décédées peuvent choisir de rester près de la Terre. Beaucoup s'attardent parce qu'elles craignent

« le courroux de Dieu » et d'autres restent ici parce qu'elles ne veulent pas quitter ceux qu'elles aiment, leur maison ou leur entreprise. Certaines personnes décédées demeurent attachées à la Terre parce que, leur famille étant extrêmement affligée, elles choisissent de rester près d'elle. Pour beaucoup de mes clientes ayant survécu à des agressions, si leurs êtres chers décédés étaient toujours auprès d'elles, c'est qu'ils avaient du remords de leur comportement violent.

Ces esprits contrits avaient de bonnes intentions en désirant réparer le mal qu'ils avaient fait, mais leur présence avait des effets malsains sur leurs hôtes vivants. En effet, les personnes en proie au remords sont habituellement déprimées. Si vous vous tenez avec une personne déprimée, vous finirez par découvrir que son état déteint sur vous dans une certaine mesure. Que cette personne ait un corps physique ou non n'a pas d'importance ; il vous est probablement déjà arrivé de vous sentir mal en raccrochant après avoir parlé au téléphone avec une personne déprimée. Il se passe la même chose lorsqu'un esprit déprimé vit près de vous.

Voilà pourquoi une bonne part de mon travail de consultation fait intervenir la « thérapie par le lâcher-prise des esprits ». Cela signifie que je facilite un dénouement entre ma cliente et les esprits pleins de remords qui l'entourent. Après avoir avec ma cliente suffisamment convaincu un esprit que celle-ci lui pardonne, je fais appel à l'archange Michael ou à un esprit évolué pour qu'il escorte la personne défunte dans l'au-delà.

Je regarde toujours l'esprit qui est conduit au loin, car je suis curieuse de l'endroit où il va. J'ai découvert qu'il existe plusieurs plans dans l'au-delà, chacun ayant une toile de fond d'une couleur différente. Nous sommes naturellement attirés vers le plan correspondant à notre degré de compréhension spirituelle. Les personnes vibrant à des degrés supérieurs d'amour, de compassion et de compréhension vont vers des plans supérieurs dans l'au-delà. C'est exactement la même chose que pour les chakras : le plan le plus bas de l'au-delà est d'une nuance rouge et le plus élevé est coloré de lumières bleue, violette et blanche.

La plupart des esprits que j'aide dans mon travail sur le lâcher-prise sont emmenés vers un lieu de couleur jaune. C'est logique si l'on considère que le chakra sacré, de couleur orange, est axé sur les désirs terrestres. Or, la plupart des agresseurs sont dépendants de leurs désirs de chair tels le sexe, l'alcool et les drogues. Une fois qu'ils dépassent leurs appétits humains, ces gens s'élèvent au plan suivant et c'est ce que signifie la couleur jaune du plexus solaire.

J'ai reçu la compréhension de ce que les différents plans de l'au-delà ne correspondent pas à une punition ou à une récompense. Ce sont simplement des lieux appropriés où nous sommes assurés de trouver notre place. Sur Terre, nous faisons des expériences semblables lorsque nous sommes naturellement attirés par des gens ayant des vues similaires aux nôtres. Il est important de reconnaître que dans nos attirances vers les autres, il n'est question que de l'harmonisation de nos rythmes énergétiques avec les leurs. En outre, les gens que nous aimons ne sont pas « plus évolués sur le plan spirituel » ou de « meilleures personnes » que d'autres. Si nous cédons à de tels jugements, notre ego grossit et cela déséquilibre nos capacités à réaliser des lectures psychiques et des guérisons spirituelles. Personne n'est « bon » ou « mauvais », les gens vivent simplement à un niveau différent du nôtre.

J'ai également appris en parlant avec des personnes défuntes que ce n'est pas parce que les gens meurent qu'ils sont radicalement différents de ce qu'ils étaient sur Terre. Effectivement, ils ont une plus grande compréhension de l'importance de l'amour et du fait que le gain matériel n'a pas de raison d'être. Toutefois, la mort n'élevant pas automatiquement le moi-ego, la personnalité des gens reste en grande partie la même. Souvent lorsque je décris ce que leurs êtres chers disparus disent, mes clientes s'exclament : « Voilà qui sonne exactement comme la tante Edna que j'ai connue et aimée ! » ou quelque chose de ce genre.

Par exemple, Marcus, le cousin de ma cliente Sandra, avait fait subir à cette dernière un attentat à la pudeur lorsqu'elle était petite et lui adolescent. Au fil du temps, le souvenir de cette agression sexuelle avait miné l'estime de soi de Sandra et à 40 ans elle est venue me voir pour essayer d'en dissiper les effets résiduels. Marcus était mort d'une surdose de drogue plusieurs années auparavant, et je n'ai pas été très surprise lorsqu'il est soudain apparu au début de la séance au-dessus de la tête de Sandra. Il a transmis ses regrets de lui avoir infligé une souffrance émotionnelle aussi intense.

« Je n'étais qu'un fichu mécano et je n'étais pas conscient de ce que je faisais ! » s'est excusé grossièrement Marcus. « C'est *bien* Marcus ! », s'est exclamée Sandra. « Il était mécano et travaillait dans une vieille station-service ! » Soudain, elle était contente de parler avec l'homme qu'elle méprisait depuis si longtemps. Ensemble, ils ont longuement parlé des agressions et Sandra a lâché prise et pardonné pour une bonne part à Marcus lors de cette première séance, à la fin de laquelle lui-même était considérablement soulagé par cette occasion de faire amende honorable. Il nous a exprimé ses regrets (il s'est excusé de m'avoir fait peur, parce que j'avais sursauté à sa soudaine apparition dans notre séance). Plusieurs séances supplémentaires ont été nécessaires pour que Sandra pardonne entièrement à Marcus, mais nous n'avons jamais vu ni entendu celui-ci après cette première séance.

Parfois, mes clientes ne veulent pas pardonner à leurs parents décédés. Venue à moi après avoir lu *Losing Your Pounds of Pain*, Amy reliait le surpoids de son corps à la rage qu'elle éprouvait envers son père depuis des années. Au fur et à mesure qu'Amy parlait, j'ai su que son père était décédé, car je pouvais sentir sa présence dans la pièce. J'en ai appris davantage sur sa tragique histoire au cours de la conversation que j'ai facilitée entre eux.

Enfant, Amy avait été témoin d'une scène où son père avait poignardé à mort Andy, son frère jumeau. Lorsque le chien d'Amy, Ronnie, avait essayé d'intervenir, son père l'avait tué à coups de couteau lui aussi. Durant notre séance, le père d'Amy l'a suppliée de lui pardonner. Amy a refusé, même si elle reconnaissait que le pardon améliorerait considérablement sa santé mentale.

Ensuite, j'ai senti une autre présence se manifester, et à son modèle vibratoire j'ai eu l'impression qu'il s'agissait du frère d'Amy. Lorsque j'en ai fait la description, Amy a confirmé que je voyais son frère défunt, Andy. Andy a demandé à Amy de bien vouloir lâcher prise de sa colère. Après tout, a-t-il expliqué, c'est lui qui avait été tué et *lui* avait pardonné à leur père pour son crime. Cependant, Amy a affirmé qu'elle mourrait plutôt que de pardonner cet acte impardonnable. J'ai donc demandé à Amy sur une échelle de 1 à 10 à quel point elle était désireuse de pardonner à son père, si 1 représentait

« pas du tout » et 10 « totalement ». Elle a dit « 2 ». J'ai alors demandé à cette petite part d'Amy de s'ouvrir à l'intervention de l'Esprit Saint afin de libérer le reste d'elle-même de sa colère.

Amy a accepté d'ouvrir cette petite part d'elle-même, et c'était tout ce qu'il fallait ! J'ai regardé son corps frissonner, puis se détendre tandis qu'elle lâchait prise sur une grande partie de son hostilité. Plus tard lorsque j'ai parlé avec elle, elle a dit se sentir beaucoup plus légère et plus heureuse après cette séance. Elle m'a aussi confié qu'en rentrant chez-elle quelque chose l'avait poussée à regarder son chien dans les yeux. Elle a reconnu sur-le-champ les yeux de Ronnie, le chien de son enfance, la fixant en retour. Son chien était revenu de l'au-delà afin de terminer sa mission à ses côtés.

Un autre client, Anthony, était l'aîné de six garçons. En grandissant, il avait subi les dures corrections et la violence verbale de son père. Cela l'avait rendu angoissé et nerveux et il est venu vers moi en se plaignant d'une manière générale de son insatisfaction dans la vie. Durant notre séance, j'ai senti entrer une présence masculine. J'ai su à son modèle vibratoire et parce qu'il se tenait juste à droite d'Anthony - ce qui correspond au côté masculin ou à celui du père de la famille chez les droitiers - qu'il s'agissait d'un grand-père paternel. Je ne pouvais toutefois pas dire si c'était le grand-père, l'arrière-grand-père ou même l'arrière-arrière-grand-père d'Anthony. Je me suis donc mise à décrire ses caractéristiques physiques et Anthony a rapidement reconnu cet homme comme étant son grand-père paternel.

Le grand-père a dit qu'il avait été violent avec le père d'Anthony et que le cycle de la violence s'était étendu à la génération suivante. « Je suis tellement, tellement désolé », a-t-il dit. « Tout est de ma faute ». Anthony sanglotait en m'expliquant que son grand-père, de son vivant, était un chef de la mafia qui avait fait beaucoup souffrir bien des gens. Cette séance s'est particulièrement chargée d'émotion, tandis qu'Anthony et son grand-père réconciliaient des générations de colère, de ressentiment, de peur et d'absence de pardon.

J'ai également communiqué avec des parents décédés qui jouaient le rôle de « guides spirituels » auprès de mes clientes. Ces esprits, qui reçoivent une formation après leur mort avant d'exercer leur rôle, remplissent des fonctions de protecteurs et de conseillers dans la vie des personnes vivantes. Nous avons tous un ou plusieurs guides spirituels près de nous en tout temps. Toutefois, à la différence des esprits attachés à la Terre, les guides spirituels apportent énergie et joie à leurs compagnons vivants. Alors que les premiers essaient de maîtriser les pensées de leurs hôtes vivants, les seconds font des suggestions remplies d'amour et n'usurpent pas le libre-arbitre de la personne. Les guides spirituels sont semblables aux anges gardiens, si ce n'est que les guides spirituels ont vécu sur Terre.

Une grande partie de mon travail avec les guides spirituels consiste à transmettre des messages à mes clientes. Presque toujours celles-ci ont « entendu » auparavant ces messages de leur guide, mais les ont ignorés. Aussi, lorsque je transmets les messages de leur guide spirituel, mes clientes disent en général : « J'ai la très nette impression que c'est ce que mon guide spirituel voulait que j'entende. »

Par exemple, une femme nommée Maureen est venue me voir parce qu'elle avait assisté à mon séminaire sur la finalité divine de la vie et voulait une lecture psychique à propos du cheminement de la sienne. Ayant donné ce séminaire dans une église, je lui ai demandé si elle assistait régulièrement aux services de cette église ou à des séminaires sur la spiritualité. Maureen a acquiescé et mentionné tranquillement que sa mère avait été ministre du culte. J'ai immédiatement entendu une voix dire : « Ministre du culte méthodiste », mais je l'ai repoussée pensant que j'avais inventé, car à l'époque je fréquentais moi-même une église méthodiste. Ensuite, Maureen a dit : « Ma mère était ministre du culte méthodiste, mais elle est morte en 1985. »

J'ai demandé à Maureen si elle sentait parfois la présence de sa mère et elle a confirmé que cette dernière lui rendait fréquemment visite. La mère de Maureen parlant merveilleusement grâce à ses années de prêche en chaire, je l'ai laissée faire toute sa conversation à travers moi durant la séance. Maureen et moi étions captivées par la poésie et la force de la prédication de sa mère depuis le Ciel, prédication chargée de nombreux et profonds conseils à propos de la vie de Maureen. Comme d'autres de mes clientes, Maureen a réagit en hochant la tête et en disant : « Oui, c'est tout à fait Maman » et « Je sais qu'elle a raison. Elle a entièrement raison. Je vais suivre ses conseils parce que je sais que c'est exactement la chose à faire. »

* * * *

CHAPITRE 14

FAIRE LA PAIX AVEC DIEU

« Jamais il n'y a eu naissance de l'Esprit, et jamais l'Esprit ne cessera d'être.Jamais il n'y a eu un temps où il n'existait pas. Le commencement et la fin sont des songes ! »

— *La Bhagavad-Gita,* texte spirituel

Hay House venait de publier *Constant Craving* et, pour la première fois, j'étais très satisfaite de l'un de mes livres. Excepté *Larguez ces kilos de souffrance,* mes livres précédents s'étaient toujours arrêtés avant d'exprimer la très profonde vérité à propos de laquelle je me savais capable d'écrire. Cette fois, cependant, mon livre répondait à la nécessité « d'enseigner le lien entre l'esprit et le corps » que j'avais sentie dans mon enfance lors de mon expérience extracorporelle.

Kristina Reece, directrice de la publicité chez Hay House, m'avait organisé une participation à plusieurs émissions-débats télévisées afin de parler de *Constant Craving*. Vu mon expérience concernant les discussions sur les états de manque lié aux aliments, je m'attendais à ce que les animateurs de ces émissions me demandent

« d'interpréter les états de manque » de téléspectateurs au téléphone et de membres de l'assistance. Il m'était assez facile de le faire car, le faisant depuis près de dix ans, j'avais mémorisé les composés psychoactifs présents dans des centaines de produits alimentaires. Ainsi, si des gens me disaient qu'ils avaient besoin de crème glacée aux arachides, je savais que cela signifiait qu'ils étaient en manque de choline et de pyrazine, lesquelles agissent comme des antidépresseurs et stimulent le centre du plaisir dans le cerveau. Je savais donc qu'ils étaient déprimés parce qu'ils n'avaient pas assez de plaisir dans la vie.

Je n'étais toutefois pas préparée à ce que mon interprétation durant ces émissions puisse changer à présent que mes chakras étaient grand ouverts. Je me suis retrouvée à faire des interprétations dans lesquelles entraient des détails précis concernant la carrière, la vie amoureuse et la santé des membres de l'assistance. Mes capacités psychiques s'étant combinées avec mon savoir sur les états de manque lié aux aliments, j'ai par conséquent donné des lectures parapsychiques en ondes. Les personnes appelant à chaque émission encombraient les lignes téléphoniques, si bien que de nombreux membres du personnel de ces émissions m'ont finalement demandé de leur faire des lectures psychiques privées.

De retour en Californie, j'ai décidé de rendre visite à Rose, l'éducatrice de mon cours de voyance ; j'ai donc pris rendez-vous pour la voir un samedi après-midi, le 15 juillet 1995. Alors que je m'habillais pour mon rendez-vous, j'ai entendu à l'extérieur de moi, sur la droite, une voix dire clairement : « Doreen, tu ferais mieux de mettre la capote de ta voiture, sinon on va la voler. »

J'ai reconnu cette voix, c'était la même que celle que je n'avais entendue que deux fois dans ma vie – une voix d'homme qui m'avait parlé lors de l'expérience extracorporelle de mon enfance, et une nouvelle fois lorsqu'elle m'avait ordonné de cesser de boire et de m'inscrire au *Cours en miracles*. Cette voix faisait référence à ma voiture décapotable qui est comme n'importe quelle autre voiture lorsque son toit noir est remonté ; mais lorsque celui-ci est baissé, son cuir blanc se combine magnifiquement bien avec la carrosserie blanche. À ce moment-là, ma voiture était dans le garage, la capote baissée.

J'ai ignoré la voix en pensant que je n'avais pas le temps de remonter la capote parce que j'étais déjà en retard. Pourtant, toujours de l'extérieur de moi, la voix m'a dit : « Alors, demande à Grant de le faire ». Là, je me suis sentie irritée comme si quelqu'un me harcelait. J'ai répondu mentalement : « Cela prendra encore cinq minutes de plus et je n'ai pas de temps de reste ! » La voix m'a redit de remonter la capote mais, têtue, j'ai ignoré sa mise en garde.

Je n'ai jamais douté du bien-fondé de son avertissement et j'ai pensé que quelqu'un essaierait probablement de voler ma voiture pendant que je serais chez Rose. Toutefois, je ne me suis pas laissée perturber par cette pensée. Je m'imaginais que si quelqu'un essayait de voler ma voiture, ma grand-mère Pearl m'avertirait et que cela me laisserait le temps de me précipiter dehors et de chasser tout prétendu voleur. Par ailleurs, je pensais que la voiture avait un bon système d'alarme et que le klaxon se déclencherait si quelqu'un la touchait.

À cette époque, je ne prenais que l'assurance-responsabilité dans ma voiture, étant donné que celle-ci était entièrement payée. Donc, si quelqu'un la volait, mon assurance ne me donnerait pas droit à une voiture de remplacement. Pourtant, je savais dans une certaine mesure que j'étais en sécurité et protégée sur le plan spirituel. En allant à mon rendez-vous avec Rose, j'ai écouté une cassette audio d'*Un cours en miracles*. Une phrase en particulier a attiré mon attention : « *Dieu n'aide pas parce qu'Il ne connaît pas de besoin ; mais Il crée tous les Aides de Son Fils tant qu'il croit que ses fantasmes sont vrais.* »

Autrement dit, étant tout amour, Dieu ne voit rien d'autre que l'amour. Il ne connaît pas nos cauchemars ni les illusions de notre ego. Il ne voit donc aucun besoin d'intervenir dans nos vies parce qu'il n'y a rien de mal concernant nos vies. L'aide que nous recevons vient des créations de Dieu - les anges, l'Esprit Saint, les maîtres ascensionnés et nos frères et sœurs - qui voient les illusions que sont les problèmes, tout comme nous les voyons.

Un instant plus tard, je tournais sur le boulevard Lincoln à Anaheim, lorsque j'ai soudain ressenti une énergie épaisse comme de la peinture se déverser sur ma voiture. Cette énergie était dense, en colère et effrayante. Sentant que quelqu'un avait repéré ma voiture avec des intentions malhonnêtes, j'ai été encore plus attentive à ce qui m'entourait. Je me suis garée dans un stationnement proche de l'immeuble où je devais rencontrer Rose. Avant d'en sortir, j'ai visualisé la voiture entourée de la lumière blanche de l'amour de Dieu. Ensuite, j'ai pris six ou sept livres de spiritualité qui s'y trouvaient et je les ai étalés sur le tableau de bord. J'avais le sentiment que ce qui allait arriver était inévitable, mais dans mon cœur, j'étais certaine que tout irait bien.

En sortant de ma voiture, j'ai entendu une voix d'homme crier derrière moi : « Ne bougez pas ! Retournez-vous et donnez-moi vos clés immédiatement ! » Je me suis vivement retournée et j'ai vu un petit jeune homme svelte et musclé me faisant face, l'air en colère. Le moment m'a semblé surréel et le temps a ralenti tandis que je luttais pour trouver une solution en moi. Puis, mentalement j'ai demandé un soutien et une intervention spirituels. En même temps, quelque chose me disait de ne pas remettre mes clés de voiture à cet homme. À la place, mon instinct me disait de hurler à pleins poumons et c'est ce que j'ai fait !

Tout comme dans ce rêve fait des années auparavant dans lequel j'affrontais un cambrioleur avec des cris, les yeux du malfaiteur se sont agrandis de surprise et d'effroi devant mon assurance. Tandis que je continuais à hurler, j'ai vu sa détermination à voler ma voiture se dissoudre en peur. J'ai également vu son partenaire, qui attendait tout près dans une voiture tournant au ralenti, regarder nerveusement autour s'il y avait des témoins à leur délit. L'homme a alors détourné son attention de ma voiture vers mon sac à main, qu'il a tiré d'un coup sec par les poignées. Je me suis sentie en pleine possession de mes moyens comme si mille anges se pressaient à mes côtés. Je lui ai hurlé qu'il n'aurait pas mon sac à main non plus.

C'est alors qu'un ange humain est intervenu. Une femme qui se trouvait dans le stationnement, assise dans sa voiture, s'est rendu compte de ce qui se passait. Elle a appuyé sur son klaxon, ce qui a attiré l'attention des gens qui étaient à l'intérieur de l'immeuble tout près. Lorsqu'ils sont sortis pour voir quel était ce tapage, les deux voleurs potentiels se sont enfuis dans leur voiture. En tremblant, j'ai remercié mon ange humain et mes anges spirituels de m'avoir protégée, puis j'ai remonté la capote de ma voiture et je suis repartie.

En arrivant chez moi, j'ai appelé deux ministres de la prière, mes parents et des amis dont j'étais proche spirituellement. J'ai demandé le soutien de leurs prières pour m'aider à pardonner à mes deux agresseurs. Je m'inquiétais de garder du ressentiment et de la peur à propos de cet incident, ce qui me volerait ma tranquillité d'esprit - un bien beaucoup plus précieux que n'importe quelle voiture ou autre sac à main. J'avais mis tellement de temps à me libérer de l'absence de pardon que je n'étais pas près de retourner à une vie de ressentiment ; cela aurait anéanti les dons médiumniques que je venais de découvrir, car le ressentiment recouvre le troisième œil et le chakra de la couronne tel un épais rideau. Avec le soutien de la prière, toutefois, je savais que je pouvais totalement lâcher prise de l'absence de pardon envers ces deux hommes.

J'ai également passé du temps pour trouver pourquoi j'avais attiré cette situation à moi. J'ai pris conscience de ne pas avoir écouté ma sagesse supérieure. J'avais totalement ignoré une grande partie de ses conseils d'amour, notamment son avertissement de mettre la capote de ma voiture. Je me suis demandé : « Pourquoi m'être rebellée à plusieurs reprises contre les conseils de cette voix ? » Cette voix avait toujours dit vrai et pourtant, chacune des trois fois que je l'avais entendue, il m'avait fallu apprendre sa sagesse à mes dépends.

Cet épisode spectaculaire m'a instillé un respect nouveau concernant ma guidance spirituelle. Cette voix avait *su* ce qui se préparait et était intervenue avec un avertissement direct. J'ai prié pour que l'on m'aide à lâcher prise sur cette partie rebelle de moi qui refusait encore de suivre la volonté de Dieu. Je savais que je me comportais comme une adolescente qui défie la sagesse affectueuse de ses parents, mais je n'étais pas encore prête à me fier au fait que ce que Dieu voulait pour moi était en accord avec ce que je croyais vouloir.

Je me rends compte à présent que Dieu m'a toujours parlé à voix haute, même lorsque je n'écoutais pas. Rétrospectivement, je vois qu'Il a tout organisé pour que je fasse les entrevues d'auteurs métaphysiques afin d'éveiller ma conscience spirituelle. Bonnie Krueger et la rédactrice en chef adjointe du magazine *Complete Woman*, Martha Carlson, me confiaient continuellement des entrevues dont chacune m'apportait de précieuses idées qui me guideraient plus avant dans mon cheminement spirituel.

Par exemple, j'ai appris de Dannion Brinkley, l'auteur de *Sauvé par les anges*, qu'après notre mort notre vie est passée en revue[1]. Dans ce processus suivant immédiatement notre décès, nous voyons l'effet que nous avons produit sur chaque personne que nous n'ayons rencontrée ou influencée. En passant notre vie en revue, nous devenons l'autre personne et ressentons ses émotions comme si c'était les nôtres. Ainsi, si nous avons causé de la souffrance à autrui, nous la ressentons comme si elle nous était propre ; mais si nous avons apporté de la joie à quelqu'un, nous l'éprouvons alors comme si c'était la nôtre. Dannion m'a inspiré à redoubler d'efforts pour prodiguer de la gentillesse à tous ceux que je rencontre. Il m'a également enseigné l'importance de prendre de grandes inspirations. « C'est de cette manière que le monde spirituel nous transmet ses informations », a-t-il expliqué. J'ai également été ravie de parler avec sa mère défunte qui lui sert de guide spirituel. Cette femme a un très grand sens de l'humour, don que son fils a sans aucun doute hérité d'elle.

Une autre fois, le magazine *Complete Woman* m'a confié l'entrevue de Denise Brown, la sœur de Nicole Brown Simpson*. Bien qu'ayant évité de lire, de regarder et d'écouter les bulletins de nouvelles, j'avais regardé

* NdT. L'affaire O. J. Simpson, l'un des procès les plus médiatisés du XXe siècle. Ce dernier a été acquitté de l'accusation du meurtre de sa femme, Nicole, même si l'évidence de sa culpabilité pesait contre lui.

l'exposé des conclusions finales de l'affaire criminelle contre Simpson. « Regarde, voilà Nicole ! » ai-je dit à Michael tandis que je regardais la dernière partie du procès. Je voyais nettement Nicole dans la salle d'audience. Elle était toute rouge, les joues gonflées de colère et pointait O. J. en hurlant qu'il était coupable. Elle essayait désespérément d'attirer l'attention des gens qui étaient dans la salle et était bouleversée de frustration et de colère devant leur incapacité à entendre ses cris.

Plusieurs mois après, lorsque je me suis entretenue avec Denise Brown, Nicole était avec nous dans la pièce. Sa présence donnait l'impression qu'elle avait fait la paix avec ce drame, car elle dégageait une force ne pouvant émaner que de quelqu'un ayant lâché prise sur l'absence de pardon. J'ai demandé à Denise si elle avait conscience de la présence de Nicole ; elle m'a alors parlé de différentes circonstances dans lesquelles celle-ci était venue lui donner des conseils. Denise m'a expliqué qu'elle croyait sans l'ombre d'un doute à la vie après la mort et qu'elle était persuadée que sa sœur et elle seraient réunies après son décès.

Un autre des articles que m'avait confiés le magazine ne semblait pas très spirituel au premier abord. Martha Carlson m'a demandé de m'entretenir avec les auteurs d'un nouveau livre sur Doris Duke, l'héritière de la fortune d'American Tobacco et de la *Duke University*. Grande, blonde et attirante, Doris était en outre l'une des femmes les plus riches au monde. De plus, cette infatigable philanthrope a donné des millions de dollars pour des causes caritatives. Elle semblait posséder tout ce qu'une personne peut désirer, pourtant elle a été terriblement seule et misérable tout au long de sa vie. Durant nos entretiens, j'ai découvert pourquoi : toute jeune, son père lui avait enseigné à n'avoir confiance en personne.

Or, lorsque nous n'avons pas confiance dans les autres, automatiquement nous n'avons pas confiance en nous-même !

Mes entretiens avec Doris Duke confirmaient ce que j'étais en train d'apprendre dans mon travail médiumnique et spirituel sur l'importance de faire attention à mes pensées concernant les autres. Chaque texte spirituel que je lisais soulignait le fait que notre perception des autres influence instantanément notre perception de nous-même. Durant cette période, un soir, alors que je terminais de rédiger un article, le téléphone a sonné. Lorsque j'ai décroché et découvert qu'une préposée à la sollicitation par téléphone de chez MCI était en ligne, j'étais furieuse d'avoir été interrompue. J'ai fait quelques remarques discourtoises et lui ai pratiquement raccroché au nez. Quelques instants après, j'ai eu conscience d'être dans un état épouvantable. Je me suis donc arrêtée, j'ai fermé les yeux et me suis demandé : « Qu'est-ce qui ne va pas ? »

J'ai été ébahie de la réponse que j'ai reçue. « Toi et cette préposée vous n'êtes qu'un. Ce que tu penses d'elle et comment tu la traites, reflète ce que tu penses de toi-même ». Après cela, j'ai commencé à faire un travail conscient afin de regarder et traiter les autres avec le même genre de respect que je voulais sentir à mon égard. Cette leçon a mis en lumière pour moi le véritable sens du deuxième commandement : « Tu aimeras ton prochain comme toi-même ». Le mot *commandement* m'avait toujours dérangée : j'avais l'impression d'une autorité essayant de me maîtriser. Toutefois, je commençais à comprendre que « règle pour vivre heureux » décrivait mieux la chose que *commandement*.

Je me rendais compte peu à peu combien ma peur était grande de faire confiance à Dieu. J'avais peur que Sa volonté pour moi puisse entraîner un appauvrissement qui me ferait vivre dans la misère. J'ai également découvert que mes clients et amis se débattaient avec le même manque de confiance.

Selon *Un cours en miracles* et d'autres textes ésotériques, les humains se sont incarnés et la Terre s'est formée au moment où nous avons décidé de nous séparer de Dieu parce que nous n'avions pas confiance en Sa sagesse. Au fond, chacun de nous a décidé de s'enfuir de la maison et de bâtir la sienne où il serait totalement responsable. Toutefois, ne pouvant pas anéantir la mémoire ou la conscience de l'amour de Dieu, nous cherchons continuellement sur le plan terrestre à revivre l'expérience d'être totalement aimés. Nous cherchons donc des gens ayant l'air heureux en pensant qu'ils détiennent la clé dont nous savons qu'elle existe quelque part. Néanmoins, cette poursuite ne débouche que sur la déception, car toute expérience terrestre semble bien pâle en comparaison de nos souvenirs de notre union avec Dieu.

Au fond de nous, il se peut même que nous ressentions de la peur ou de la culpabilité d'avoir quitté notre Créateur. Parfois, nous avons l'impression d'être abandonnés par Lui ou bien nous nous inquiétons qu'Il ne nous rattrape et nous punisse de nous être enfuis. En outre, nous craignons ses jugements, car une part de notre conscience sait qu'il existe quelque chose de plus grand que notre moi-ego.

Il est heureusement impossible de quitter Dieu ; donc notre séparation d'avec Lui n'est rien, sinon l'illusion d'un cauchemar particulièrement réaliste. L'ego et ses perceptions du monde sont aussi des rêves, mais notre vrai Soi reste avec Dieu. Notre vrai Soi et Dieu ignorent jusqu'à l'existence de l'ego, dans la mesure où la véritable conscience n'est qu'amour seulement.

L'ego a vaguement conscience qu'il existe quelque chose de plus grand que lui. L'ego croit que si ce « quelque chose » ne le reconnaît pas, c'est parce que Dieu et le vrai Soi croient qu'ils sont meilleurs que lui. Toute notre vie nous ne cessons de rejouer ce prétendu rejet. J'ai sans aucun doute imaginé bien des scénarios dans lesquels les gens me jugeaient, me ridiculisaient ou me rejetaient. Adaptant alors mes comportements en réactions à mes perceptions du rejet, je faisais des prophéties auto-réalisatrices. Pratiquement tous les drames humains proviennent de cette continuelle recréation de la séparation initiale de l'ego d'avec la Divinité.

Dieu merci, ce n'est qu'un cauchemar dont nous pouvons nous réveiller à tout moment ! C'est ce dont j'ai pris conscience dans les profondeurs de mon âme quand j'ai compris que Dieu, moi et vous sommes tous éternellement unis et que nous ne faisons qu'un.

Cela s'est passé alors que j'étais dans une librairie avec une amie. Je regardais sur l'étagère des nouveautés, bouleversée qu'aucun de mes récents livres n'y figure. Rationnellement, je me rendais compte que les éditeurs paient pour que leurs livres soient exposés sur les tables de promotion, mais que mon éditeur choisissait de dépenser autrement les fonds promotionnels. Toutefois, émotionnellement, je me sentais comme une enfant jalouse parce que ses frères et sœurs ont reçu de plus beaux cadeaux qu'elle.

J'ai commencé à me plaindre à mon amie que mes livres étaient largement ignorés. Il me semblait injuste que d'autres auteurs écrivant sur les mêmes sujets que moi reçoivent beaucoup plus de publicité. Pour me consoler, mon amie a dit innocemment : « C'est peut-être la volonté de Dieu. »

Ses mots ont frappé un nerf à vif et j'ai fulminé en silence. Plus tard, ce soir-là, lorsque j'ai été seule dans ma chambre, j'ai sangloté à chaudes larmes de colère. Puisque Dieu empêchait le succès de mes livres, j'ai décrété que je ne voulais rien avoir à faire avec Lui. J'étais furieuse qu'il soit un Père si mesquin et apportant si peu de soutien. « Je pars pour un autre univers où Dieu n'est pas en charge ! » me suis-je écriée en le défiant – et je le pensais vraiment. J'avais la très ferme intention de quitter le côté de Dieu de manière à être la seule à maîtriser ma vie.

Le problème était que je n'arrivais pas à imaginer un endroit où je pourrais aller et où Dieu ne serait pas. Des heures durant, j'ai réfléchi à la manière d'échapper à Dieu et à Sa volonté. Finalement, j'ai dû me mettre à l'évidence qu'Il est *partout*. Il n'y avait nul endroit où Il n'existait pas et, non seulement cela, mais Sa volonté était partout. Je pouvais mourir ou perdre conscience, mais Dieu serait encore là où j'étais parce qu'il n'y a aucun moyen de Lui échapper. Comprendre cela m'a tout d'abord rendue furieuse et je me suis sentie piégée comme une personne vivant dans des quartiers surpeuplés.

J'ai pleuré jusqu'à épuisement puis, me sentant plus calme, j'ai réfléchi à mon dilemme dans une perspective plus objective. Si la volonté de Dieu était partout, cela impliquait un chevauchement de ma propre volonté et de la sienne. La conclusion logique m'est venue comme l'éclair : « La volonté de Dieu et la mienne sont inséparables. Nos volontés sont unies ! » J'ai ri de soulagement, libérée d'un poids énorme, en me rendant compte que je n'avais pas à craindre la volonté de Dieu à mon égard : après tout, ma volonté et la Sienne étaient une. Là-dessus j'ai dormi profondément, sachant que c'en était enfin terminé de ma lutte contre Dieu et de ma retenue à Son égard.

Un mois plus tard, je faisais l'entrevue de Betty Eadie durant son tour de promotion pour son nouveau livre, *The Awakening Heart*. Il s'était passé tant de choses depuis la première fois que j'avais parlé avec elle ! J'étais bien plus heureuse, plus vivante et plus libre que je ne l'étais auparavant. Betty a dit qu'elle se souvenait de notre premier entretien et m'a remerciée pour l'article que j'avais écrit à propos de son livre.

« Je comprends que votre article sur *Dans les bras de la lumière* a eu un effet de vague très positif », a dit Betty en expliquant que tout ce que nous pensons, disons ou faisons équivaut à lancer des pierres dans un étang. En effet, nos actes créent des vagues ayant de profondes influences sur bien des gens ; aussi devons-nous prendre soin de ne lancer que des pierres d'amour dans l'étang de la vie.

Betty a parlé de l'obscurité qu'avait traversé son âme, elle aussi, dans laquelle elle avait affronté Dieu. Comme moi, cet affrontement l'avait aidée à se rendre compte que Dieu nous aime et est toujours avec nous. Cette espèce de lutte semble être une expérience universelle que la plupart d'entre nous doivent vivre afin de faire la paix avec Dieu et avec notre moi supérieur. Lorsque nous admettons notre profonde colère ou défiance envers Dieu, nous pouvons complètement lâcher prise sur celle-ci. Ce faisant nous sommes plus à même de rester centrés sur notre conscience du vrai Soi.

Vers la fin de notre entretien, Betty a parlé de sa grande confiance dans les conseils de Dieu. J'ai dit : « Vous avez écrit que 'vous gardez un œil ouvert concernant les portes qui s'ouvrent à nous'. Comment remarquer et reconnaître ces portes qui s'ouvrent pour nous ? »

« Ces portes apparaissent n'importe quand et n'importe où, a-t-elle répondu. C'est l'une des raisons pour lesquelles je me réveille avec enthousiasme chaque matin, parce que je sais que Dieu a des choses pour moi à faire et que les portes sont là. Je n'ai qu'à les repérer. Les occasions ne surviennent pas par accident. Ce sont les portes qui s'ouvrent devant nous. Il s'agit d'avoir confiance en soi et en Dieu pour y croire et aller de l'avant. »

Ensuite, je lui ai demandé d'éclaircir un point sur lequel je m'interrogeais ces derniers temps. « Parfois, il arrive dans notre vie des choses qui sont en réalité des détours nous entraînant loin de notre chemin. Comment pouvons-nous savoir si c'est un détour ou une porte ? »

« Lorsque c'est un détour, a répondu Betty, c'est habituellement quelque chose que vous *voulez* faire plutôt que vous *désirez* faire. Il vous faut découvrir si ce qui vous motive est l'ego ou l'amour. Si c'est l'ego, il est probable que ce n'est pas la bonne porte pour vous et que cela vous conduira à une impasse. »

* * * *

CHAPITRE 15

MIRACLES DE L'UNITÉ

« *Comme l'abeille récolte le nectar de différentes fleurs, le sage accepte l'essence des différentes écritures sacrées et ne voit que le bon dans toutes les religions* »

— *Srimad-Bhagavatam,*
texte spirituel hindou

Avant de terminer mon entretien avec Betty Eadie, j'ai évoqué un autre sujet qui me préoccupait encore : le christianisme et son rapport aux expériences et aux études mystiques. Grâce à l'étude d'*Un cours en miracles* et de la Bible, ainsi que par la méditation et par mon travail de guérison métaphysique, j'avais établi une relation très profonde et très proche avec Jésus. Je continuais à fréquenter des églises traditionnelles et d'autres non traditionnelles, trouvant que chacune m'offrait quelque chose de précieux, mais qu'aucune ne faisait à elle seule écho à mes croyances les plus profondes. J'avais développé ma propre foi dans laquelle se mélangeaient le christianisme, la philosophie orientale, la métaphysique et mes propres expériences de vie. Symbole de mes croyances personnelles, je portais souvent des colliers avec une croix de cristal ; le cristal représentant la pure unité et le mysticisme, et la croix ma reconnaissance envers les enseignements de Jésus.

Comme moi, Betty définit le christianisme comme un amour et un respect profonds envers Jésus-Christ en tant qu'homme et précepteur. À partir de cette définition, elle se considère comme étant chrétienne. Toutefois, à la suite de la publication de son livre *Dans les bras de la lumière*, certaines organisations chrétiennes fondamentalistes ont fait le piquet devant ses ateliers, la raillant de leurs cris et brandissant des pancartes où on lisait : « Quel Jésus as-tu vraiment rencontré, Betty ? »

Ces protestataires faisaient référence aux prophéties de la Bible à propos d'imposteurs se faisant passer pour le Christ au début de l'Apocalypse. Redoutant que durant son expérience de mort imminente, dans laquelle elle avait rencontré Jésus et passé du temps avec lui, elle n'ait rencontré un faux Jésus ou l'Antéchrist, ils accablaient Betty d'insultes et avec des pancartes remplies de colère.

Betty m'a confié qu'elle avait fait la paix avec ses persécuteurs et qu'elle ne les craignait ni ne les jugeait. Notre discussion nous a permis de conclure qu'il n'y a pas une « bonne » religion, mais que toutes les croyances ont un fil conducteur similaire qui les unit. Ce fil, sommes-nous tombées d'accord, c'est un profond désir pour l'amour de notre Divin Créateur.

Betty m'a dit qu'au lieu de répondre à ses persécuteurs avec peur ou avec colère, elle leur envoyait des pensées d'amour. Elle croit que nous pouvons guérir les apparentes divisions entre les religions en ayant consciemment de telles pensées d'amour. Ses paroles sont un important rappel pour nous, artisans de lumière, car nous devons nous attendre à rencontrer de la résistance de la part de gens craignant ou comprenant mal nos motivations. Nous ne devons pas réagir à leurs peurs par autre chose que l'amour, sinon nous donnons vie et pouvoir à la peur.

L'Antéchrist c'est l'ego en chacun de nous. Si souvent, l'ego prétend être le vrai Soi, ou prétend « être la présence du Christ ». Je pense réellement que c'est ce dont Jésus parlait lorsqu'il mettait ses disciples en garde contre les imposteurs. L'ego se fait passer pour notre Moi supérieur pour éviter d'être expulsé. Il fait semblant de méditer et prononce de magnifiques paroles d'unité. Pourtant, nous savons qu'il s'agit de l'ego lorsque nous sommes malheureux, pleins de ressentiment, jaloux, craintifs, en compétition, tendus ou lorsque nous nous croyons supérieurs aux autres. Si nous ne sommes pas en paix, c'est que nous sommes dans un état de l'ego.

Peu après cette entrevue avec Betty, j'ai vécu une expérience qui m'a fait comprendre l'importance de nos discussions à propos de l'unité. Je marchais sur la plage proche de chez moi à Newport Beach, après une longue journée passée à donner des traitements métaphysiques à mes clients. En m'approchant d'une longue rangée de rochers qu'on appelle « le cône », j'ai vu un petit animal brun. J'ai reconnu un bébé otarie et j'ai vu que quelque chose n'allait pas.

Je me suis assise sur le sable près de l'otarie. Avec ses nageoires, elle s'est traînée juste à côté de moi. La respiration de ce petit être avait l'air terriblement laborieuse et je ressentais son épuisement et sa peur. Je me suis souvenue qu'un grand groupe d'otaries vivait sur une plateforme flottante, au large au bout du cône. Ce bébé avait dû être séparé de sa mère, puis rejeté sur le rivage. Intuitivement, j'ai placé mes mains au-dessus de lui et j'ai visualisé l'énergie du Christ entrant par mon chakra de la couronne pour ressortir au bout de mes doigts et pénétrer dans son tout petit corps. J'ai prié pour recevoir l'aide de Jésus et des anges.

Juste à ce moment-là, un surveillant de baignade s'est précipité vers moi. Avec une voix forte et des gestes brusques, il m'a dit qu'il venait de téléphoner à un abri pour animaux pour que l'on conduise cette otarie à une aire de préservation de la vie marine, dans une autre cité balnéaire. Tandis qu'il parlait, l'otarie s'est précipitée à l'abri d'une formation rocheuse proche. À l'évidence, l'intensité et la peur contenues dans l'énergie de ce surveillant effrayaient le petit animal. Le surveillant a sorti un stéthoscope qu'il a essayé de placer sur la poitrine de l'otarie, mais celle-ci a sifflé et crié comme si elle allait mordre. Embarrassé, le surveillant s'en est allé en marmonnant qu'il allait voir si le camion de l'abri pour animaux arrivait.

J'ai compris qu'il fallait faire quelque chose. Si les gens de l'abri l'emmenaient, l'otarie avait peu de chance de se retrouver un jour avec sa mère. J'ai prié Jésus avec ferveur pour qu'il apporte son aide à cette situation et vite ! Tandis que je priais, l'otarie est revenue à côté de moi et j'ai continué à lui envoyer de la lumière de guérison du bout de mes doigts.

J'ai ouvert les yeux au moment où un jeune homme s'approchait de l'otarie. Cet homme m'a souri en s'asseyant avec précaution près de nous. L'otarie est restée paisiblement allongée sur le flanc. J'ai expliqué la situation à ce jeune homme et il a immédiatement compris qu'il nous fallait un miracle pour que l'otarie retrouve sa mère avant l'arrivée de la voiture de secours. Étant un croyant, il a accepté de se joindre à ma prière.

Il a remarqué la position de mes mains tandis que je priais, car du bout des doigts j'envoyais toujours de l'énergie de guérison à l'otarie. Il a demandé : « Est-ce que vous faites un genre de traitement spirituel ? » Lorsque j'ai répondu « Oui », il a expliqué que sa mère intervenait en guérison non conventionnelle et qu'il reconnaissait donc la « guérison pranique » que je pratiquais sur l'otarie.

Lorsque nous nous sommes remis à prier Jésus pour qu'il nous aide, le jeune homme m'a soudainement demandé : « Êtes-vous sûre de prier le vrai Jésus ? » Il me regardait avec un mélange de jugement craintif et de souci plein de compassion.

J'ai touché la croix de cristal que j'avais autour du cou et lui ai souri d'un air rassurant. « Oh, je suis tout à fait sûre de parler au vrai Jésus.»

Le jeune homme m'a souri avec sincérité en retour et m'a confié : « J'imagine que ce que l'on dit est vrai : chaque fois que deux personnes ou plus se réunissent en son nom, des miracles peuvent se produire.»

J'ai acquiescé et nous nous sommes remis à notre prière. Il nous restait très peu de temps, nous le comprenions, car le véhicule de secours était certainement en route pour récupérer la petite otarie. C'est alors qu'un son sur notre gauche nous a soudain fait lever les yeux. Là, au sommet du cône, se tenait un homme à la longue et sauvage chevelure grise. Une éblouissante lumière blanche rayonnant autour de lui, il était difficile de voir les traits de son visage. Il a descendu les rochers du cône d'un pas assuré. Il n'a regardé ni moi ni le jeune homme et n'a pas dit un mot. Silencieux, nous l'avons regardé prendre la situation en mains. Il a attrapé un long morceau de goémon et a chatouillé le ventre de l'otarie qui a protesté, mais en se déplaçant de quelques centimètres vers le bord de l'eau.

Mon jeune compagnon a levé la main comme pour mettre en question les gestes du vieil homme, mais je l'ai arrêté en disant : « C'est bien ainsi. C'est le miracle pour lequel nous avons prié. »

Le vieil homme a continué à chatouiller le bébé otarie, qui a réagi en avançant un peu vers l'eau. En quelques minutes, il avait amené le petit animal à retourner dans la mer. Sa tâche accomplie, il s'en est allé sans nous regarder ou nous parler. Le jeune homme et moi avons soupiré en voyant l'otarie nager en direction de la plate-forme flottante. Cinq minutes après, le véhicule de l'abri pour animaux s'arrêtait sur le sable de la plage mais l'otarie était hors de vue. Nous étions tous deux d'accord que nous avions assisté à un miracle. Je me suis alors précipitée pour rattraper le vieil homme et le remercier de sa gentillesse, mais il a haussé les épaules lorsque j'ai essayé de le complimenter. Au lieu de cela il m'a fait un signe de la main accompagné d'un sourire qui disait : « Allez en paix. »

Ma vie *devenait* plus paisible au fur et à mesure que j'apprenais à rester plus souvent centrée sur mon véritable moi. Je n'avais plus peur de discuter ou d'écrire à propos de mes croyances et de mes expériences spirituelles et cette authenticité ajoutait à la paix de mon esprit. Je continuais à faire ma méditation deux fois par jour et la trouvais particulièrement puissante lorsque je la faisais dans la nature.

La veille de mon anniversaire, Michael et moi nous sommes promenés sur la plage dans l'après-midi. Habituellement, nos promenades s'accompagnent de discussions animées. Ce jour-là toutefois, Michael et moi marchions en silence. Nous étions physiquement ensemble, nous tenant par la main, mais nous étions l'un et l'autre dans notre monde, chacun paisiblement absorbé dans ses pensées.

Au bout d'un kilomètre et demi, nous avons atteint le cône. J'adorais m'asseoir sur ses rochers de quartz cristallin pour méditer, bercée par le martèlement du ressac et la chaude étreinte du soleil de l'après-midi. Toutefois, ces derniers temps des vagues particulièrement hautes avaient gâché mes méditations. Je n'avais pas été capable de « lâcher prise » et avais concentré une part de ma conscience sur mon environnement physique, m'assurant que j'étais à l'abri des vagues de quatre mètres cinquante qui pouvaient brusquement changer de direction et m'emporter des rochers.

Ce jour-là, Michael m'a gentiment offert de surveiller les vagues pendant que je méditais, me permettant ainsi de perdre toute conscience de ce qui m'entourait. Nous avons marché jusqu'à la jetée du cône en quête de deux rochers confortables où nous asseoir. Nous avons inspecté avec soin les choix qui s'offraient, cherchant un endroit assez près de l'eau pour entendre le martèlement du ressac, mais assez éloigné pour être en sécurité. Nous avons finalement choisi deux rochers de quartz plats.

Les yeux clos, j'ai profondément inspiré l'air chargé de sel tandis que les embruns me rafraîchissaient la peau. Faisant confiance à Michael pour surveiller les hautes vagues, je me suis rapidement laissé aller à une profonde méditation. J'ai visualisé mes chakras et me suis représenté une énergie pure et blanche purifiant et équilibrant chacun d'eux. Tandis que je faisais cela, mon cœur enflait de béatitude. Je ressentais beaucoup d'amour à ce moment-là, un amour profond pour toute la vie. J'étais consciente du lien m'unissant à chaque être et sentais que je faisais un avec tous et tout, dans un état de puissant amour. Je suis sortie de cette splendide méditation en étirant mes bras avec reconnaissance pour la merveilleuse vérité de la vie. En ouvrant les yeux, j'ai vu Michael paisiblement assis près de moi, jambes croisées. Il a souri en remarquant que je bougeais et a demandé : « Es-tu prête à retourner à présent ? »

J'ai hoché la tête et me suis préparée à quitter mon rocher. En me tournant pour redescendre, un objet rose vif posé contre le rocher gris a attiré mon regard. J'ai eu le souffle coupé en me rendant compte de ce que je regardais. Là, à côté de moi, il y avait un bouquet d'orchidées lilas et de boutons de roses d'un rose profond, noué avec un ruban de satin rose vif. Ce bouquet n'était pas là lorsque nous nous étions assis, je l'aurais remarqué ! Nous avions inspecté les rochers avec trop de soin pour ne pas voir quelque chose d'aussi coloré. Michael ne l'avait pas apporté : il ne portait que des shorts et un débardeur qui ne laissaient pas de place pour cacher un bouquet. Par ailleurs, ces fleurs étaient fraîches, pas froissées comme elles l'auraient été s'il les avait fourrées sous son petit maillot de coton.

Il n'y avait pas d'autre explication : je venais d'assister à un miracle. J'ai pris le bouquet et tout excitée l'ai montré à Michael. C'est alors que ma voix intérieure a dit : « Joyeux anniversaire, Doreen ! » Mon miraculeux bouquet était un cadeau de l'Univers célébrant ma prise de conscience de l'unité. À présent, je conserve les pétales séchés de ce bouquet dans mon bureau, comme un rappel de ce que la conscience de l'unité et de l'amour provoque de merveilleux miracles - et de manières très surprenantes.

CHAPITRE 16

La voie lumineuse

« Ainsi donc dans la vie, certains se mettent au service de la renommée et d'autres à celui de l'argent. Cependant le meilleur choix est celui des quelques-uns qui passent leur temps en contemplation de la nature et en amoureux de la sagesse. »

— Pythagore (570 - 490 avant notre ère),
« père de la philosophie »

Les gens me demandent souvent : « Si vous avez eu une enfance aussi belle, pourquoi votre adolescence et le début de votre vie adulte ont-ils été aussi difficiles ? » Ma réponse est que, bien qu'ayant eu une merveilleuse source d'amour au sein de ma famille, j'ai cherché un bonheur « encore plus grand » à l'extérieur.

Sans le vouloir, je répétais également le douloureux moment qui a donné naissance à mon moi-ego et à l'apparente séparation d'avec Dieu. Cette séparation s'est faite lorsque mon ego s'est demandé s'il pouvait bénéficier d'une source d'amour meilleure encore que Dieu. Cependant, comme il n'y avait aucun moyen de quitter Dieu pour rechercher la possibilité d'un bonheur plus grand, mon ego s'est endormi en rêvant d'une existence distincte ; et ce rêve semblait tellement réaliste qu'il en a oublié que ce n'était qu'un rêve.

Toutefois, mon ego gardait vaguement conscience de la présence de Dieu et du vrai Soi. L'ego savait que Dieu et le vrai Soi étaient plus heureux qu'il l'était ou croyait l'être. Il s'est imaginé : « Hé, ces gens-là me snobent ! Ils doivent se croire meilleurs que moi. Parfait ! Je n'ai pas besoin d'eux, de toute manière ». L'ego a alors cherché à prouver son indépendance en réunissant des choses qui le rendraient heureux. Il a amassé les prix, les applaudissements, l'argent, les maisons et le prestige ; mais ces cadeaux n'étaient jamais suffisants pour lui donner le bonheur qu'il savait que Dieu et son Soi véritable savouraient alors. Il a commencé à être jaloux de leur vie heureuse ; il a juré de redoubler d'efforts pour faire provision de bonheur et a donc erré toujours plus loin de son foyer, cherchant la clé de la satisfaction.

Lorsque l'ego voyait quelqu'un qui avait l'air plus heureux que lui, il ressentait les vieux pincements de la jalousie. Alors, quoi que fassent ces gens, il y cédait pour voir s'il pourrait connaître leur bonheur ; mais il apprenait à les connaître bien assez vite et découvrait qu'en réalité ils n'étaient pas aussi heureux qu'ils en avaient l'air. L'ego a rencontré des gens qui trouvaient diverses origines à leur tristesse et a partagé leur passe-temps pour un moment. Il se demandait de temps à autre : « Pourquoi je n'arrive pas à être heureux ? »

L'ego en chacun de nous souffre d'un profond sentiment de vide et de manque d'intérêt. Il se sent rejeté par le vrai moi alors qu'en réalité, c'est de lui que vient le rejet. Cela l'amène à croire sans cesse que les gens le jugent et le rejettent, ce qui engendre des prophéties qui finissent par se réaliser. Pendant ce temps, le véritable Soi jouit en lui-même d'une vie parallèle paisible que nous pouvons rejoindre chaque fois que nous avons une pensée d'amour.

Le chemin des artisans de lumière n'est pas toujours facile. Souvent notre disposition attentionnée et curieuse face aux autres, nous entraîne dans des situations chargées d'émotions. Notre quête du bonheur et du sens nous fait prendre de nombreux détours aboutissant à des impasses, jusqu'à ce que nous saisissions que nous avons en nous exactement ce que nous cherchons.

Pourtant, je suis convaincue que tout ce que nous vivons peut aider le monde. Chaque situation dans laquelle nous avons vécu la souffrance peut nous servir d'enseignement en nous aidant à apprendre, à grandir et à trouver les moyens de vivre dans un bonheur paisible. Les leçons durement apprises sur Terre nous sont également précieuses pour jouer notre rôle d'artisans de lumière. Car ayant vécu la souffrance, nous ressentons de la compassion pour ceux qui deviennent nos étudiants ou nos clients.

Les épreuves et les erreurs nous amènent finalement à comprendre que les pensées et les actions fondées sur l'ego génèrent toujours de la souffrance. Le bonheur, nous en prenons conscience, requiert que nous centrions nos pensées sur Dieu et sur le véritable Soi en nous. Il arrive, toutefois, que cela nous semble un exercice d'équilibre difficile. Des raisons extérieures - telles les informations, les plaintes des collègues ou des membres de notre famille qui sont malheureux - nous tirent souvent hors de nous-mêmes. Cependant, avec la pratique, nous nous rendons compte que nous pouvons reconnaître les pensées de notre ego peu après leur apparition et choisissons alors consciemment de voir la situation autrement, afin de retrouver la conscience paisible de notre Moi supérieur. En général, cela exige de nous la volonté de renoncer aux jugements, au refus de pardonner et à l'attachement aux résultats ou aux biens matériels. Lorsque nous avons du mal à abandonner l'ego, nous apprenons à demander le soutien spirituel de nos amis de l'univers visible et invisible.

Lorsque jeune adulte, j'ai subi la violence verbale, j'ai complètement oublié ma véritable identité. J'ai commencé à croire que j'étais une personne sans valeur et anormale. Je pense que tout le genre humain a subi des violences du même genre, qui sont à l'origine de notre amnésie collective quant à la perfection qui nous vient de Dieu. Lorsque ma mère m'enseignait que « rien n'est perdu dans l'esprit de Dieu », je ne percevais pas le sens large du mot *rien*. Mon véritable Moi semblait désespérément perdu, au point que je pouvais à peine me rappeler ce qu'il était. Cependant, Dieu savait où il était, tout comme ma foi m'avait amenée à trouver tout ce que j'avais un jour perdu, j'ai été amenée à retrouver mon vrai Moi.

Nous, artisans de lumière, sommes parmi les premiers à nous éveiller des rêves de somnambules qui nous ont conduits à croire à la réalité de la maladie, de la destruction et de la dépression. Les saints maîtres et les anges continueront de contribuer à notre réveil et leurs instructions nous viendront par le biais de nos intuitions et de nos pressentiments. Il est vital que nous prêtions attention et obéissions à ces coups de pouce venant de l'intérieur.

Durant mes années de consultation avec des survivantes de la violence, j'ai vu de nombreuses victimes de violence familiale retourner sans cesse vers leurs conjoints violents. Elles me disaient : « Il a changé, cette fois notre relation sera différente ». Pourtant, chaque réunion engendrait davantage de violence et de souffrance.

En passant ma vie en revue, j'ai découvert un modèle similaire. Chaque fois que je négligeais les prières et la méditation quotidienne qui sont mon assise spirituelle, je me sentais vide et apeurée. J'essayais donc de combler ce vide et réprimais mes peurs en recherchant les récompenses du monde extérieur tels la popularité, l'argent, les marques d'approbation, la nourriture ou les substances intoxicantes. Mon moi inférieur, l'ego, me leurrait toujours en disant : « Si tu remportes ce prix, tu te sentiras à merveille ! » Alors je consacrais mon temps à remporter ce prix, mais les activités dictées par mon ego débouchaient toujours sur la peine et la souffrance.

Pourtant, je retournais sans arrêt à cette relation de violence avec mon ego en me disant : « Cette fois ce sera différent. Je vais chercher une récompense différente qui sera la clé de mon bonheur ». J'ai finalement compris que chaque récompense offerte par l'ego apportait le même lot de souffrance.

Dans l'histoire de Pinocchio, l'attrait de l'amusement et des espiègleries attire le petit garçon de bois hors de sa route. Jimminy Cricket le met en garde afin qu'il évite la tentation, mais le garçon succombe malgré tout. J'ai à présent dans mon bureau une statue de Pinocchio et Jimminy Cricket pour me souvenir d'écouter la sagesse de mon Moi supérieur chaque fois que je suis tentée de sortir de ma route à la promesse d'une nouvelle récompense faite par l'ego.

Nos relations avec notre moi inférieur sont comme les cycles de la violence familiale. Nous continuons à croire que le monde matériel et des conditions extérieures nous rendront heureux. Pourtant, chaque fois que nous recherchons le bonheur dans les affaires du monde, nous finissons déçus, insatisfaits ou pire. Bien sûr, par nature, il n'y a rien de mal avec les possessions matérielles, et croire une telle chose est une autre manière de donner une réalité à la matière. En vérité, toute matière est une part neutre de la grande illusion.

Dans le Sermon sur la montagne, Jésus nous a enseigné que si nous restons centrés sur le royaume de Dieu, le Créateur pourvoit automatiquement à nos besoins matériels. Non seulement cela, mais nous sommes libérés du stress qu'engendre l'inquiétude à propos de l'argent et, avec cette liberté, nous sommes plus à même d'entendre les conseils aimants que Dieu et Ses anges nous donnent constamment.

Pendant très longtemps, j'ai essayé d'ignorer les conseils de Dieu parce que j'avais peur qu'Il essaie de me maîtriser ou qu'il contrarie mon bonheur. Tout en reconnaissant la sagesse et le bon sens de Ses conseils, je me rebellais et choisissais des trajectoires destructrices afin de prouver mon indépendance. Je continuais à croire que je pouvais faire en sorte que le monde des illusions m'apporte le bonheur, la paix, la sécurité qui me manquaient tellement. Heureusement, chaque fois que j'ai sombré dans une confusion autodestructrice en quête de formes extérieures du bonheur, Dieu et mon vrai Moi m'en ont sortie.

Notre Moi supérieur, nos guides spirituels et nos anges nous apportent assistance et de l'information de qualité tandis que nous cheminons sur la voie des artisans de lumière. Cette assistance vient sous la forme de messages d'amour que nous ne pouvons pas ne pas reconnaître comme un pressentiment, une voix, une vision ou la connaissance de quelque chose. Vous pouvez recevoir des messages vous demandant de changer votre alimentation, vos fréquentations ou même votre travail ou vos conditions de vie. Lorsque ces conseils vous arrivent, vous *savez* que c'est ce que vous avez à faire. Vos aides spirituels ne vous demanderont jamais de faire quelque chose qui nuirait à vous ou à ceux que vous aimez. Ils vous aident afin que vous puissiez aider le monde. Plus vous écoutez vos aides spirituels et leur faites confiance, et plus il est facile de recevoir de l'aide supplémentaire.

Dieu veut nous guider vers une vie de bonheur et d'épanouissement et vers de magnifiques façons de servir nos frères et sœurs. Notre travail débute avec notre propre conscience, lorsque nous entraînons notre esprit à rester loin d'un centre d'intérêt tourné vers l'extérieur. Une grande partie de notre travail implique la mise au point du vocabulaire que nous employons en pensées et en paroles, de manière à ne plus affirmer les problèmes comme des réalités.

En tant qu'artisans de lumière, notre mission repose sur le fait d'apprendre comment rester centrés dans l'amour de notre Moi supérieur. Notre promesse d'aider le monde nous oblige à empêcher notre ego de s'exprimer et à choisir des pensées d'amour au lieu de pensées de culpabilité. Il nous faut avoir la volonté de lâcher prise sur nos soucis mesquins fondés sur l'ego afin de pouvoir concentrer tout notre esprit sur notre tâche.

Lorsque j'ai rencontré mon vrai Moi, j'ai su sans l'ombre d'un doute que toute la souffrance terrestre que j'avais endurée ne m'avait en réalité jamais atteinte. Mon véritable Moi, qui fait un avec Dieu, n'a jamais eu la moindre raison d'aller s'aventurer dans le monde des illusions douloureuses. Ne connaissant pas le besoin d'une source extérieure d'amour ou de réconfort, il n'a donc jamais rien connu d'autre que l'amour. Il en va de même pour votre vrai Soi et celui de tous les autres.

C'est pourquoi les artisans de lumières n'ont pas à trop s'inquiéter de ce qu'ils font. *Faire* est un terme concret impliquant que vous n'avez de valeur que sous votre forme concrète. Les maîtres yogi nous ont prouvé que nous pouvons accomplir beaucoup dans le monde matériel tout en restant assis dans la position du lotus. Cela ne signifie pas que nous devions devenir des observateurs passifs du monde ; car ce serait là encore l'indication d'un centre d'intérêt extérieur. Au lieu de quoi, les artisans de lumière doivent se concentrer sur le travail intérieur. Nous devons apprendre comment former notre esprit pour qu'il reste centré dans l'amour du Moi supérieur et permettre à cet amour de guider nos actions.

À chaque artisan ou artisane de lumière sont attribuées des tâches uniques concernant la manière d'aider à guérir le monde. Étant donné que de très nombreux artisans de lumière guériront dans le domaine spirituel, la deuxième partie de ce livre est un guide présentant plusieurs méthodes de guérison psychique. Ces directives me sont personnelles et vous voudrez les adapter pour qu'elles répondent à vos propres besoins et à vos goûts. De même qu'il existe d'innombrables façons d'avancer sur la voie de la spiritualité, il existe bien des manières d'ouvrir vos canaux psychiques et de guérison.

Notre mission sacrée en tant qu'artisans de lumière est de nous réveiller d'abord du cauchemar où l'ego nous fait croire à la maladie, la dépression et la destruction. En nous secouant de ce profond sommeil, nous devons en retour pousser nos frères et sœurs endormis à sortir de leurs cauchemars. *Un cours en miracles* résume parfaitement la voie des artisans de lumière :

> L'ego a peur de la joie de l'esprit parce qu'une fois que vous l'aurez éprouvée vous vous déferez de

> toutes les protections de l'ego et vous désinvestirez totalement de la peur. Actuellement, vous y êtes beaucoup investi parce que la peur est un témoin de la séparation et que votre ego se réjouit lorsque vous en êtes témoin ! Laissez-la en arrière ! Ne l'écoutez pas et ne l'entretenez pas. N'écoutez que Dieu qui est incapable de vous tromper de même que l'esprit qu'Il a créé. Libérez-vous et libérez les autres. Ne présentez pas aux autres une image fausse de vous et peu digne d'intérêt et n'acceptez pas d'eux une telle image [...] Avec votre ego, vous ne pouvez rien faire pour vous sauver ou sauver les autres ; mais avec votre esprit vous pouvez tout pour le salut de tous.

La Terre a besoin de vous, artisans de lumière, et le Ciel fait appel à vous pour que vous entendiez la nouvelle : vous n'avez rien à craindre. Les anges vous entourent d'amour et vous donnent l'assurance que vous êtes parfaitement qualifiés pour votre fonction d'artisan de lumière. Sachez ceci à votre sujet : vous êtes parfaits et particulièrement aimés. Personne n'est plus parfait que vous dans l'Esprit de Dieu. Vous n'avez pas besoin de changer, de régler ou de modifier la moindre chose en vous parce que vous êtes déjà parfaits. Soyez désireux d'accepter et de sentir l'amour tout-puissant qui réside en vous dès à présent, artisans de lumière. Votre mission sacrée en dépend.

* * * *

Note au lecteur : Mon histoire se poursuit dans mes livres *Healing with the Fairies* et *Médecine des anges.*

Deuxième partie

Guide de communication psychique et de guérison spirituelle

INTRODUCTION

LES MONDES PARALLÈLES DE L'ÉNERGIE ET DE L'ESPRIT

« Perte de l'énergie, perte de l'Amour, perte du pouvoir : toute perte résulte du refus, du fait de maintenir les choses loin de soi en ne les acceptant pas. Ce qui a été perdu revient lorsque l'on se pardonne de l'avoir refusé et qu'on l'accepte. »

— *La vraie nature de la volonté,*
texte spirituel reçu par Jeanne De Rohan

Notre véritable Moi et le moi-ego vivent des vies séparées, mais parallèles. L'un mène une vie de paix, de santé, d'harmonie et d'entière réalisation, tandis que l'autre endure une vie d'inquiétude, de maladie et de manque. La notion de réalités parallèles est un thème favori en physique quantique. Par exemple, les scientifiques ont découvert qu'un atome radioactif peut exister simultanément en deux états : dégradé et intact. Toutefois, lorsque l'œil humain observe la dégradation, il engendre l'existence de l'état de dégradation de l'atome[1]. Autrement dit, quel que soit ce sur quoi vous vous concentrez, votre regard l'amplifie.

Après avoir rencontré mon vrai Moi durant le séminaire de méditation de Wayne Dyer, j'ai su avec certitude qu'un autre « moi » existait dans une autre dimension. Cet autre « moi » irradiait de la béatitude que seul peut engendrer le fait de vivre dans le sac amniotique de l'amour de Dieu. Donc, si un moi-ego ou un moi « dégradé » coexiste avec un moi « intact » ou véritable, en observant le moi intact, j'accrois son existence.

Pour illustrer ce point, Kenneth Wapnik, Ph.D., auteur de livres à propos d'*Un cours en miracles*, a recours à la métaphore des deux cassettes vidéo[2]. Si nous appuyons sur le bouton mettant en marche la cassette de notre vrai moi, nous voyons un film rempli de bonheur. En revanche, si nous passons à la vidéo de l'ego, c'est un tout autre film que nous visionnons. Nous choisissons notre film selon que nous avons des pensées de peur ou d'amour. Une pensée d'amour est l'interrupteur qui déclenche le film de notre vrai Moi, tandis qu'une pensée de peur déclenche le film de notre ego. Pour la plupart d'entre nous qui passons d'un canal à l'autre toute notre vie, du film de l'ego à celui du vrai Moi, il en résulte chaos et confusion.

Le monde de l'ego a l'air aussi réel que n'importe lequel des rêves que nous faisons en dormant. Évidemment, il n'y a rien de concret en réalité puisque toute la matière est constituée d'énergie. Les pensées et les émotions influencent l'énergie qui est la base de toute matière, y compris nos corps. La photographie Kirlian montre de quelle manière spectaculaire le degré d'humidité et l'énergie ou « champ aurique » du corps réagissent aux émotions liées à la colère, la peur ou l'amour. Lorsqu'une personne éprouve de l'amour ou se sent aimée, on voit sur les photographies Kirlian un champ aurique blanc et vaporeux ; mais lorsque celle-ci ressent de la colère ou de la peur, son aura devient sombre et dense.

En tant qu'artisane de lumière, Dieu peut vous appeler pour réaliser un travail de guérison soit sur le plan énergétique et matériel de l'ego, soit sur le plan spirituel du vrai moi. Dans le travail de guérison énergétique, vous vous servez de vos capacités psychiques naturelles à vous harmoniser afin de voir et sentir les centres énergétiques de votre cliente. Votre travail énergétique peut également inclure la guérison psychique, dans laquelle vous vous harmonisez sur les émotions et les pensées qui engendrent la détresse et les symptômes de celle-ci. La voyance entre également dans ce travail ; elle implique de travailler avec les champs énergétiques de personnes décédées pouvant avoir une influence sur votre cliente. Si celles-ci entravent son bonheur, votre travail énergétique inclura donc une « libération des esprits ».

Dans le monde de l'ego, on croit que la matière est concrète et qu'elle a un esprit ou une vie propre. En se rendant compte que la matière est en fait de l'énergie et que la pensée dirige l'énergie, les humains commencent à voir en quoi ils sont les auteurs de leur réalité. Ils sont en d'autres termes les rêveurs du rêve.

Travailler dans le monde du vrai Moi implique de travailler avec la conscience éveillée au lieu de se concentrer sur la matière ou l'énergie. La « vie » étant définie dans le monde de l'ego comme les corps ou autre matière, on se concentre continuellement sur « l'action » ou « le gain ». L'énergie irradie intérieurement ou extérieurement comme un reflet de la croyance matérielle en action. Cela requiert également de croire dans le temps en tant qu'instrument de mesure de ce qui s'est passé avant et après.

Dans le monde du véritable Moi, la vie est définie en tant qu'Esprit : elle est donc axée sur « l'être ». Il n'y a rien à faire ou à obtenir dans ce monde-là, car tous les besoins se situent dans le « maintenant ». Les artisans de lumière appelés pour pratiquer la guérison spirituelle travailleront dans le monde du vrai moi. Par conséquent, le focus ne sera pas axé sur les actions ou un mode de traitement de leurs clientes. Leur travail sera d'aider ces dernières à passer de la cassette de l'ego à celle du vrai Moi. Nous pouvons accomplir cela de bien des manières comme parler avec la cliente, prier pour elle, ou affirmer par notre pensée la vérité de la situation. Dans le monde du vrai Moi, il n'existe qu'un Esprit et nous participons tous à cet Esprit unique. Aussi, une artisane de lumière peut-elle également se servir de son état d'esprit de vérité pour guérir celui de sa cliente. Elle peut également faire appel aux anges et aux saints maîtres et « emprunter » leurs états d'esprit pour susciter la guérison.

Dans la deuxième partie, sont décrites des méthodes de travail énergétique, puis des lignes de conduite pour pratiquer la guérison spirituelle. Au fur et à mesure de votre lecture, remarquez comment réagit votre guide intérieur. Il est important d'honorer les conseils de votre vrai Moi quant aux formes de guérison qui vous attirent. Votre guide intérieur vous conduira au chemin dans lequel vous pouvez le mieux servir Dieu. Sur ce chemin, Dieu prend soin de tous vos besoins humains, tandis que vous travaillez dans la joie avec ceux qui ont le plus besoin de vous.

* * * *

CHAPITRE 17

PRÉPARATION À LA GUÉRISON PSYCHIQUE ET SPIRITUELLE

« *Aucune haie n'empêche les yeux de voir. Rien n'échappe au regard de Dieu.* »

— Proverbe Ovambo (Afrique)

En tant qu'artisan de lumière, vous êtes né pour accomplir des fonctions de guérison. Dieu et Ses anges savent quel mode de guérison en particulier apportera le plus de joie ; ils vous guident par des impulsions intuitives vers certains aspects de la guérison. Certains artisans de lumière seront attirés par la guérison physique et s'y emploieront, tandis que d'autres interviendront en guérison émotionnelle, en enseignement, en arts, en recherche, en orientation, en écriture, dans les médias et dans des centaines d'autres rôles importants.

Votre guide intérieur vous dirigera vers l'endroit et le rôle de guérison où vous serez à votre place. Vous vous sentirez incité de l'intérieur et saurez si vous êtes sensé suivre une formation ou une préparation pédagogique. Si c'est le cas, votre guide intérieur vous y mènera et vous aidera à assumer les frais liés à l'école ou à l'enseignant dont vous aurez besoin. Dans le même temps, les gens qui seront vos clients et vos étudiants seront conduits vers vous par leur propre guide intérieur.

Parfois, les artisans de lumière regardent trop loin sur le chemin et se demandent : « Comment pourrais-je devenir guérisseur ? » ou bien « D'où viendront mes clients ? » Ils s'effraient alors, et se détournent de leur objectif. L'important c'est de ne pas vous inquiéter de la manière dont vous apprendrez à accomplir vos fonctions d'artisan de lumière. Le *comment* revient à Dieu, aussi recevrez-vous Ses conseils étape par étape. Par ailleurs, la recherche scientifique montre que s'inquiéter est préjudiciable aux capacités psychiques et de guérison spirituelle[1]. Les conseils vous viendront de l'intérieur, un ou deux pas à la fois. Soyez à l'écoute et accomplissez ce pas-là ; vous recevrez ensuite l'ensemble de consignes. Une étape à la fois vous serez entièrement préparé à votre fonction de guérisseur.

Vous pouvez ouvrir totalement vos canaux intuitifs grâce à la méditation, la guérison des chakras et aux autres méthodes que je vous ai indiquées. En introduisant ces méthodes dans votre routine quotidienne, vous vous trouverez immédiatement à recevoir de l'information psychique à propos de vos relations, votre travail, votre santé et votre avenir. Je vous recommande de tenir un journal de toutes les transmissions que vous recevrez. Il vous aidera à acquérir une confiance dans la validité de vos impressions psychiques. En outre, il vous permettra de remarquer tout thème récurrent dans les transmissions qui vous parviendront.

Si d'aventure, vous vous sentez submergé par les données psychiques entrant à flot dans votre conscience, vous pouvez baisser le volume quand vous voulez. Pour cela, décrétez simplement que vous choisissez d'être moins consciente des fréquences psychiques. Servez-vous du pouvoir de vos intentions pour régler l'intensité de vos messages psychiques à un niveau confortable.

Étape 1 : Méditation

Les études montrent une relation certaine entre la méditation et les aptitudes psychiques[2]. En effet, les scientifiques ont observé que sous l'effet de la méditation les circuits d'ondes de l'hémisphère droit et de l'hémisphère gauche du cerveau se synchronisent. Il semble que cette synchronisation permette un libre écoulement de l'information du cerveau droit « psychique » vers les centres de la parole, situés dans le cerveau gauche. La recherche montre également qu'une synchronisation s'opère entre les circuits cérébraux d'une personne en méditation et ceux de la personne à laquelle celle-ci pense[3].

Vous n'avez pas besoin de passer beaucoup de temps en méditation pour profiter de sa pratique. Seulement dix minutes dédiées à la méditation en premier lieu le matin et dix autres avant d'aller dormir peuvent grandement influencer vos capacités intuitives, psychiques et de guérison. Souvenez-vous que le temps est un concept terrestre et qu'aux cieux aucun personnage faisant autorité ne nous chronomètre pour s'assurer que nous avons fait nos exercices de méditation.

La méditation a deux finalités. Premièrement, elle centre votre esprit sur l'Esprit en vous. Ainsi, elle vous aide à rester calme, créative et aimante durant la journée.

Vous êtes plus à même de voir la véritable perfection dans toutes les situations, au lieu de réagir à l'illusion des problèmes. La méditation est une méthode qui vous aide à exister dans l'œil du cyclone pendant vos activités quotidiennes.

Deuxièmement, la méditation vous donne accès à la sagesse universelle infinie ; quoi que ce soit, vous recevrez donc l'information ou le conseil que vous cherchez. Nous sommes souvent si occupés que nous n'entendons pas les réponses à nos prières. La méditation est une période de calme durant laquelle vous avez une séance individuelle de tutorat avec l'Esprit. Vous pouvez demander ce que vous voulez avec l'entière assurance de recevoir une réponse.

Parfois, vous recevrez des conseils en continu au cours de séances successives de méditation. Par exemple, lorsqu'un jour j'ai demandé : « Comment puis-je accroître la qualité de ma clairvoyance ? » j'ai reçu des réponses en continu pendant des semaines. Tel un entraîneur compétent, mon guide spirituel m'a aidée à atteindre mon objectif. Tout d'abord, il m'a dit de réduire ma consommation de café parce que la stimulation due à la caféine était un obstacle à ma réceptivité. Lorsque j'ai donné suite cette suggestion, il m'a dit de laisser tomber le chocolat - pour la même raison que le café. Ensuite, mon guide m'a avertie que si je voulais vraiment développer ma clairvoyance je tirerais avantage d'un régime principalement végétarien. L'explication que j'ai reçue était qu'en mangeant la chair d'un animal j'absorbe les résidus de la souffrance ressentie par cet animal au moment de sa mort. La souffrance ingérée bloquait ma sensibilité aux transmissions psychiques.

Les conseils reçus durant la méditation viennent toujours comme des suggestions d'amour en réponse à vos questions. Aussi, je vous en prie, ne craignez pas qu'un esprit prenne le contrôle de votre vie. Lorsque j'ai reçu ces conseils à propos de mon régime alimentaire, j'avais entièrement le choix de les suivre ou non. J'ai choisi de les suivre parce qu'ils m'ont semblé appropriés. Il est important que vous aussi ne reteniez que les suggestions qui font écho à votre vérité supérieure.

L'un des avantages liés à la méditation m'ayant agréablement surprise a été à quel point je me suis détendue après avoir découvert mon guide intérieur. Cette découverte m'a aidée à lâcher prise sur la fausse croyance qu'il me fallait tout maîtriser pour maintenir la paix et l'harmonie. J'ai compris que la vie suit un ordre divin. En retour, cette confiance dans le processus de la vie m'a apporté une quiétude et une sérénité profondes que je n'avais jamais connues auparavant.

Aujourd'hui je n'imaginerais pas de sauter mes deux méditations quotidiennes. Je suis entièrement attachée à cette pratique grâce à laquelle je me sens si bien. Si vous voulez en apprendre davantage sur la méditation, peut-être voudrez-vous vous inscrire à un cours offert dans une librairie métaphysique, une église ou un centre d'éducation pour adultes. Il existe de nombreuses manières de méditer et vous saurez laquelle vous convient. Vous trouverez ci-dessous un guide des notions élémentaires de la méditation.

Principes élémentaires de la méditation

1. Prenez l'engagement de méditer au réveil et juste avant le coucher.

2. Choisissez un endroit paisible et confortable où vous ne serez pas interrompu. Il n'est pas

nécessaire que ce soit toute une pièce, le coin d'une chambre ou d'une salle de bain fera l'affaire.

3. Mettez-vous à l'aise. Vous allonger sera parfait si vous savez que vous ne vous endormirez pas. Gardez les bras dépliés de façon à ce que l'énergie circule librement dans tout votre corps. Dégrafez ou retirez tout vêtement qui vous serre.

4. Fermez les yeux.

5. Inspirez profondément et lentement par le nez. Permettez-vous d'apprécier ce que vous ressentez en inspirant l'air frais jusqu'à ce qu'il emplisse entièrement vos poumons. Retenez votre respiration quatre secondes ou davantage.

6. Expirez lentement par la bouche. Sentez tous les soucis, les inquiétudes ou les tensions s'échapper au fur et à mesure que vous laissez sortir l'air.

Tandis que vous continuez à inspirer et expirer, les façons d'apprécier la méditation sont nombreuses. Vous pouvez avoir recours à la méditation guidée dans laquelle vous gardez à l'esprit une image, une question ou une prière précise ; ou bien vous pouvez laisser votre esprit se vider, puis remarquer les pensées qui vous viennent. Voici ci-après quelques exemples de méditation guidée.

Méditation du matin des artisans de lumière

Commencez par les principes élémentaires de la méditation. Ensuite :

Visualisez le sommet de votre tête s'ouvrant comme une coupole ou comme les pétales d'une fleur. Imaginez un nuage magnifique au-dessus de votre tête. Voyez-le vivement éclairé de la couleur que vous préférez. Ce nuage est la sagesse infinie et l'amour universel du Divin Créateur. Demandez à ce nuage d'entrer par le sommet de votre tête. Continuez à prendre de profondes inspirations et voyez ce nuage se répandre dans tout votre corps à chaque inspiration que vous prenez. Voyez-vous empli et entourée de ce magnifique nuage coloré.

Sachez que durant les heures qui suivent, il vous suffira de penser à cette couleur pour accéder sur-le-champ à toute réponse ou information dont vous avez besoin. Le fait de penser à cette couleur vous rappellera que vous êtes totalement aimé et pris en compte. Permettez-vous de vous détendre et d'apprécier ce moment en sachant que l'intelligence et l'amour infinis vous guideront pendant toute la journée. Vous pouvez laisser aller toutes vos inquiétudes quant à la journée qui commence parce que vous faites confiance à la sagesse pour vous guider de toutes les façons.

Demandez à votre guide intérieur de vous aider à rester centré sur les pensées de l'amour et de l'intelligence divins toute la journée. Laisser aller cette demande en toute confiance, rassuré que vous êtes d'être vraiment aimé et totalement soutenu.

Terminez par la guérison des chakras décrite à l'étape 2.

Méditation du soir pour les artisans de lumière

Commencez par les principes élémentaires de la méditation, puis :

Concentrez-vous sur la région du cœur. Tandis que vous centrez votre attention sur cette zone, remarquez qu'à chaque inspiration que vous prenez une impression de chaleur irradie de votre cœur. Sachez que cette chaleur vous relie étroitement à la Source de tout l'amour.

Au fur et à mesure vous inspirez, sentez l'amour, la chaleur et la bonté pénétrer dans votre cœur. Tandis que vous expirez, sentez que vous rendez son amour à cette Source. Continuez à inspirer et expirer et sentez que vous recevez et donnez de l'amour jusqu'à ce que votre poitrine se gonfle de profonds sentiments d'amour et de joie.

Passez un moment à penser aux personnes et aux expériences auxquelles vous avez été confronté dans la journée. Dites mentalement aux gens qui vous ont irrité, vous y compris : « Je suis disposé à te pardonner ». Il se peut que vous ne soyez pas disposé à pardonner leurs actes, mais votre volonté de pardonner à la personne pour elle-même, vous libère des liens de votre ego.

Ensuite, faites mentalement la liste des cadeaux que vous avez reçus durant la journée sous forme de situations, d'amour et de perspicacité. Remerciez la Source pour ces dons. Inspirez et expirez profondément jusqu'à ce que vous vous sentiez rempli de gratitude. Demandez à vos anges de pénétrer dans vos rêves pour vous donner des conseils et toute information que vous avez besoin de connaître. Visualisez votre maison entourée et protégée par la lumière blanche et les anges, tandis que vous glissez dans le sommeil.

Étape 2 : Purification et équilibrage des chakras

Une fois que votre méditation matinale vous aura mis en harmonie, la prochaine étape d'ouverture de vos canaux de guérison psychique et spirituelle sera de faire une méditation spécifiquement conçue pour purifier et équilibrer vos chakras ou centres énergétiques. Cela accroîtra immédiatement vos aptitudes de communication psychique et stimulera votre énergie.

C'est une bonne idée de pratiquer cette méditation chaque jour. Je vous la recommande également avant de faire une lecture psychique. Plus vous travaillerez avec vos chakras, plus vos communications psychiques seront précises. Un jour, j'étais à un atelier de week-end au cours duquel nous avons consacré beaucoup de temps à diverses activités autour des chakras. À la fin de l'atelier, j'ai fait plusieurs lectures psychiques et me suis rendu compte que j'avais accès aux moindres détails, ce qui n'était pas le cas habituellement.

Dans une lecture, par exemple, j'ai vu une image mentale de la maison de mon client, recouverte de plâtre jaune pâle et d'un toit de bardeaux. J'ai su intuitivement qu'il avait vendu cette maison et déménagé récemment. Bon, ce genre d'information est facilement accessible durant une lecture psychique de niveau moyen. Toutefois, ce jour-là, à cause du travail supplémentaire que j'avais fait sur mes chakras, j'ai reçu des informations psychiques détaillées et notamment que la maison que mon client avait vendue se trouvait dans le Sud de la Californie, à Downey. Je n'avais aucun moyen de connaître un détail précis comme celui-là, car je venais de rencontrer mon client, ne savais rien de lui et nous étions bien loin de Downey.

(J'ai enregistré une version longue de ma méthode de méditation guidée permettant d'équilibrer et purifier les chakras sur une cassette audio intitulée *La purification des chakras*, publiée chez ADA.)

Méditation de purification et d'équilibrage de vos chakras

Commencez avec la méthode de base de méditation, puis :

Visualisez ou sentez une boule rouge rubis ronde et transparente flottant à l'intérieur de votre corps près de la base de votre colonne vertébrale. C'est votre « chakra de la racine », le centre de votre force et de votre individualité. Regardez ou sentez mentalement cette boule. Remarquez si elle présente des zones sombres. Ce sont des déséquilibres énergétiques que vous pouvez évacuer sur-le-champ simplement en voulant que la boule soit parfaitement propre. Gardez à l'esprit l'image de votre magnifique boule rouge rubis transparente et voyez-la éclairée de l'intérieur par une puissante lumière d'un blanc pur. C'est la lumière universelle de Dieu, de tout pouvoir, tout amour et toute connaissance.

Inspirez profondément par le nez et observez ou sentez comme votre souffle accroît l'intensité de la lumière blanche placée à l'intérieur de la sphère rouge. Continuez à inspirer et expirer profondément pour insuffler l'intensité de la lumière blanche dans la boule rouge jusqu'à ce que cette dernière soit parfaitement propre et transparente.

Ensuite, déplacez votre attention d'environ huit centimètres vers le haut jusqu'à ce que vous voyiez ou sentiez une belle boule de verre orange flottant à l'intérieur de vous. C'est votre « chakra sacré », le régulateur de vos désirs matériels. Vérifiez minutieusement si cette boule porte des zones d'ombre. Inspirez profondément pour insuffler la lumière blanche au cœur de ce chakra et balayez aussitôt toute l'ombre jusqu'à ce que la boule soit totalement transparente comme du verre orangé.

À présent, concentrez-vous sur la zone située juste derrière votre nombril. Voyez ou sentez une splendide boule jaune clair briller comme un petit soleil au sein de vous. C'est votre « plexus solaire », la zone qu'affectent vos croyances à propos du pouvoir et de la maîtrise. Vérifiez s'il présente des zones opaques ou sombres. Si c'est le cas, inspirez profondément jusqu'à ce que ce chakra prenne une couleur jaune intensément lumineuse et soit parfaitement transparent, comme une boule de verre d'un jaune étincelant.

Ensuite, déplacez votre attention vers la région du cœur. Visualisez ou sentez une magnifique boule de verre vert dans votre poitrine. C'est votre « chakra du cœur », le centre de votre énergie d'amour. Scrutez toute trace d'ombre sur votre chakra du cœur puis respirez profondément et soufflez dessus de la lumière blanche pour les effacer. Éclairez tout le chakra du cœur de l'intérieur et sentez sa chaleur et sa bonne énergie se dilater dans votre poitrine. Continuez à respirer jusqu'à ce que la boule verte soit parfaitement transparente et immaculée.

Après cela, concentrez-vous sur votre gorge, dans la région de la pomme d'Adam. Voyez ou sentez une boule d'un magnifique ton bleu clair. C'est votre « chakra de la gorge », le centre qui régit la clarté de toutes vos communications. Mentalement, examinez-le minutieusement en cherchant ou en sentant les zones sombres. Prenez une grande inspiration et regardez-la s'embraser en une boule de lumière blanche au centre du chakra de la gorge. Éclairez ce chakra de l'intérieur en rendant la lumière de plus en plus éclatante, jusqu'à ce que ses rayons blancs purifient entièrement la boule bleue. Voyez et sentez cette boule totalement transparente, sans taches ni zones sombres.

Ensuite, déplacez votre attention vers la zone située entre vos deux yeux. Sans vous forcer en aucune façon, en douceur, remarquez une boule ronde ou ovale située entre vos yeux. C'est votre « troisième œil ». Permettez à l'image de ce chakra de devenir de plus en plus nette. Remarquez sa coloration faite d'un mélange de tons de bleu foncé, de violet et de blanc. Au fur et à mesure que l'image se fait plus nette, vous remarquerez peut-être que vous êtes en train de regarder une paupière. Si vous ne voyez pas un objet ovale ou ayant la forme d'un œil, inspirez profondément et continuez à nettoyer votre chakra avec de la lumière blanche jusqu'à ce que l'image devienne nette. Une fois que vous entrevoyez votre troisième œil, notez s'il est ouvert ou fermé. S'il est fermé, demandez-lui de s'ouvrir et d'établir le contact avec vous. Permettez-lui de vous communiquer tout message d'amour qu'il peut avoir à vous transmettre.

Lorsque vous êtes prête, placez votre attention sur l'intérieur du sommet de votre tête. C'est le « chakra de la couronne », la région qui vous donne accès à la sagesse universelle. Sentez ou voyez ce chakra comme une boule violet foncé ou pourpre. Avec votre inspiration la plus profonde, nettoyez le chakra de la couronne avec de la lumière jusqu'à ce qu'il soit impeccable.

Continuez à inspirer et expirer profondément et rendez grâce à votre Divin Créateur de vous remplir d'amour et de sagesse. Entourez-vous d'une couche de lumière blanche, puis d'une deuxième couche, vert clair, et d'une troisième couche de lumière violette. Ce triple sceau de lumière vous aidera à rester centré durant vos lectures psychiques.

Méthode abrégée de purification des chakras

Si vous n'avez pas le temps de faire une purification et un équilibrage complets, cette méthode marchera parfaitement. Elle ne prend qu'un instant et c'est un bon moyen de se préparer pour une séance de lecture psychique de dernière minute. Si la méthode de purification des chakras décrite ci-dessus est l'équivalent d'un nettoyage en profondeur de votre maison, celle-ci est plus comme un nettoyage superficiel. Elle sera à la rigueur « suffisante », mais vous ne voudrez pas vous y fier comme pratique au quotidien.

Représentez-vous sept boules de verre aux couleurs de l'arc-en-ciel, posées l'une au-dessus de l'autre. De la base au sommet, elles sont dans l'ordre, rouge, orange, jaune, vert, bleu clair, bleu foncé et pourpre. Visualisez la pile de boules à l'intérieur et au centre de votre corps et imaginez un rayon de pure lumière blanche passant par le centre de cette pile. Voyez la lumière blanche purifier chaque boule. Inspectez mentalement la boule rouge et voyez-la resplendir de lumière. Voyez cette boule rouge comme parfaitement purifiée. Ensuite, inspectez de la même façon chaque boule de la pile, une par une.

Assurez-vous que les boules sont toutes de la même taille. Si l'une est beaucoup plus grande ou beaucoup plus petite que les autres, demandez-lui mentalement de changer de taille jusqu'à prendre la même taille que les autres.

Vos chakras sont à présent assez propres et équilibrés pour vos lectures psychiques.

Étape 3 : Harmonisation mentale

La méditation et la purification des chakras sont deux importantes étapes en vue de l'ouverture de vos canaux de communication spirituelle et psychique. La troisième étape, l'harmonisation mentale, l'est tout autant. L'harmonisation mentale implique de centrer votre conscience sur le lien de votre moi supérieur avec la Source de connaissance et d'amour. Si nous permettons à notre esprit de glisser dans le moi-ego, nos lectures psychiques deviennent incohérentes et non fiables. Pire encore, cela nous rend malheureux et craintifs. Nous avons certainement toutes les raisons de vouloir vivre sur le plan de notre Moi supérieur. Voici quelques manières utiles.

1. *Identifiez-vous à l'amour de Dieu.* Voyez-vous et voyez tous ceux que vous rencontrez comme faisant un avec Dieu, et vos pensées et vos actions s'aligneront automatiquement sur l'amour. Vous n'aurez même pas à penser quoi faire ou quoi dire parce que la sagesse jaillira naturellement d'un puits à l'intérieur de vous.

2. *Évitez de cibler l'ego des autres.* Si vous voyez les autres comme indigents, malades, effrayés, en colère, ignorants, appauvris et autres choses du même genre, vous voyez leur moi-ego comme réel. Chaque fois que

nous déclarons l'ego comme un état d'être réel, nous donnons pouvoir et vie à l'illusion. Une manière plus aimante et plus utile de réagir aux problèmes apparents des autres, c'est de faire comme s'ils décrivaient un film effrayant. Vous leur accordez sincèrement votre attention et votre aimante compassion, mais savez toujours que ce dont ils parlent n'est qu'un film. Sachez qu'il n'y a rien à craindre et que, comme au cinéma, les situations que vivent vos amis se termineront bien. Souvenez-vous que si vous vous inquiétez en leur nom, vous mettez de l'huile sur le feu.

En revanche en voyant la vérité au sujet de vos amis, vous amplifiez la force et la puissance des qualités de leur vrai moi. Le vrai moi et sa vie céleste - qui comprend la santé, des relations et un moyen de subsistance appropriés - se manifestent en portant fruit.

Surveillez toujours vos pensées à propos des autres, y compris les personnages publics comme les vedettes de cinéma, les grands criminels et les politiciens. Chaque fois que vous vous laissez aller à voir quelqu'un à la lumière de la jalousie, de la pitié ou du mépris, le jugement que vous portez sur cette personne vous incite automatiquement à vous juger vous-même. Comme nous voyons les autres, nous nous voyons nous-mêmes.

D'un autre côté, nous pouvons gagner une lucidité et un épanouissement précieux à notre sujet, chaque fois qu'une autre personne nous irrite. Avez-vous un ami qui vous tape sur les nerfs ? Nous avons tous été dans une telle situation et il y a une raison à cela. Cette personne sert de miroir à une partie de nous-mêmes sur laquelle nous devons lâcher prise. Chaque fois que cela m'arrive, je dis cette phrase : « Je suis disposée à lâcher prise sur cette partie de moi qui m'irrite lorsque je te regarde. »

Entraînez votre esprit à voir chacun comme faisant un avec Dieu et vous puiserez dans tellement de force et d'amour que vous en serez surpris.

3. *Adoptez une politique de « tolérance zéro pour la souffrance »*. Chaque fois que vous ressentez une souffrance émotionnelle ou physique, c'est une indication sûre que vous avez glissé dans votre ego. Ne devenez pas la demeure de cette souffrance ou bien vous aurez une locataire difficile à expulser. Inversement, ce n'est pas une bonne idée d'essayer d'ignorer celle-ci en espérant qu'elle s'en ira. Nier votre souffrance, c'est supprimer une part de vous-même et c'est manquer les leçons et le développement qu'elle apporte, lesquels sont les précieux cadeaux qui vous attendent.

4. *Lorsque vous avez conscience de souffrir, lâchez prise.* Affrontez la souffrance sans crainte, car elle n'est pas réelle. Ne la jugez pas, remarquez-là simplement. Dites à votre Moi supérieur, à vos anges, à votre maître ascensionné, à l'Esprit Saint ou à Dieu : « Je remarque que mon ego est préoccupé en ce moment même et je n'aime pas cela. Je vous remets cette souffrance en totalité et vous demande de

voir cette situation d'une autre manière afin que je puisse ressentir la paix au lieu de la peine. J'envoie cette souffrance loin de moi et je sais que seule la leçon qu'elle contient reste en arrière pour m'aider à grandir dans l'amour ». Soyez disposé à lâcher prise sur tout attachement au résultat de cette situation et votre récompense sera la paix. Continuez à dire cette prière d'affirmation jusqu'à ce que vous sentiez la souffrance se retirer.

5. *Honorer votre Moi véritable.* Dieu en vous dirigera vos actions durant la journée. Si vous passez trop de temps à faire quelque chose qui n'entre pas dans votre mission sacrée, votre guide intérieur vous poussera du coude. Il est important d'honorer ce geste.

   Les artisans de lumière attirent souvent des relations qui se déséquilibrent. Par exemple, une amie semblant avoir besoin de votre aide appellera constamment ou bien un organisme vous demandera de diriger différents projets ou comités. Une cliente sera peut-être continuellement au bord de la crise et prétendra que vous êtes la seule personne qui puisse l'aider. Méfiez-vous de ces pièges de l'ego qui se présentent cachés sous les traits de l'amabilité divine. Comme il est dit dans *Un cours en miracles* : « Les préoccupations s'accompagnant de problèmes posés de façon à ne pas avoir de solution, sont les instruments préférés de l'ego pour vous empêcher de progresser dans votre apprentissage. »

Essayez de remarquer les fois où votre ego vous demande de remettre à plus tard votre fonction d'artisan de lumière en prenant un détour vide de sens. Si votre Moi intérieur vous dit que vous mettez trop de temps et d'énergie à travailler avec quelqu'un ou pour une cause, honorez cette voix et tenez-en compte. Le monde a besoin que vous soyez disponible pour aider en des manières qui font vraiment changer les choses.

Si vous avez peur de réduire la quantité de temps ou d'énergie que vous donnez à une amie, un organisme ou un client, souvenez-vous de cette vérité :

« Si je juge quelqu'un comme « ayant besoin » de moi, c'est que je vois son manque comme réel. Ce jugement met mon moi-ego en action. Si je me concentre sur ses « problèmes », je conspire alors moi aussi à rendre ces problèmes plus importants. J'apporte une aide bien plus grande au monde lorsque je reste centrée sur mon Moi supérieur. Je choisis à présent de voir chacun tel qu'il est vraiment : totalement guéri et aimé. Je refuse d'entrer plus longtemps dans la danse des illusions de l'ego. »

Une bonne règle pratique sur la manière d'utiliser votre temps, c'est de ne jamais rien faire que vous ne voulez pas faire. Si vous devez vous forcer à faire quelque chose, comme prendre l'appel d'un ami, il y a une raison à votre résistance. Passez du temps à méditer sur vos véritables sentiments. Honorez-les. Laissez aller toute souffrance. Durant votre méditation, soit vous déciderez de dire non aux demandes concernant votre temps, soit vous verrez la situation différemment et l'amour vous motivera à dire oui. Dans les deux cas, vos actes résulteront de l'amour et de la vérité et non de la colère, la culpabilité ou la peur.

6. *Guettez le piège du « pouvoir spécial » que vous tend l'ego.* Quand vous commencerez à faire des lectures psychiques et des guérisons spirituelles, vos clients vous remercieront avec reconnaissance. Assurez-vous de surveiller vos pensées afin de ne pas tomber dans le piège de croire que vous avez des « pouvoirs spéciaux ». Ce genre de croyance incitera votre ego à prendre le dessus parce que vous voir comme « spécial », c'est voir votre moi comme un être distinct. Si vous vous voyez comme distinct, vous vous coupez de la conscience de votre Source de connaissance, d'amour de guérison et de bonheur. Cela vous fera perdre et votre bonheur et votre conscience psychique. Un bon antidote est de recevoir de bonne grâce les compliments de votre client en disant quelque chose comme : « Ce n'est pas par moi, mais à travers moi » ou bien « Merci. Bien sûr ce n'est pas moi qui vous ai guéri ; c'est Dieu qui vous a aidé à comprendre que vous avez toujours été parfait. »

Dans les premiers temps du développement de ses capacités psychiques, il est habituel d'avoir peur ou d'être intimidé. Vous vous demanderez peut-être : « Et si je n'y arrive pas ? » ou « Et si je donne de mauvaises réponses pendant ma lecture psychique ? » Ces peurs viennent de l'ego qui croit que les pouvoirs psychiques sont « spéciaux ». Pour ne plus avoir peur, rappelez-vous simplement que ce pouvoir vient de Dieu et non de *vous*. *Vous* ne pouvez pas vous tromper pendant une lecture psychique ou une guérison spirituelle parce que *vous* ne faites rien. Si vous avez confiance dans l'infaillibilité de votre Divin Créateur, vous ne craindrez jamais de recevoir une information inexacte. Faites confiance à Dieu et vous aurez immédiatement confiance dans votre totale aptitude à être un canal pour Son pouvoir de guérison.

Dans les descriptions préalables que j'ai faites des vastes recherches scientifiques menées par des universités de pointe, nous avons vu que les études concluaient que tout le monde est par nature médium. Dans tout cela, la question est de vous assurer que vous n'avez pas besoin d'une formation ou de pouvoirs particuliers pour commencer à remplir votre fonction de guérisseur psychique. Vous n'avez besoin que de plonger et d'essayer ; vous saurez alors que vous avez déjà cette compétence.

7. *Prenez des mesures pour vous purifier*. J'ai vu mes capacités psychiques augmenter de manière spectaculaire après avoir éliminé de

mon régime l'alcool, la caféine, la viande, les produits laitiers et la plupart des aliments transformés. Mon image mentale avant et après les changements que j'ai apportés à mon régime a changé comme si j'étais passée d'une petite télé à antenne à un poste à grand écran branché sur le câble. J'ai pu voir des images psychiques plus nettes, plus brillantes et plus grosses.

Les changements à mon régime alimentaire ont été graduels et mes guides spirituels me disaient gentiment mais fermement : « Si tu élimines la nourriture malsaine, tu seras un instrument de communication spirituelle plus précis ». Ils m'ont d'abord dit de diminuer les aliments et les boissons qui stimulent, comme le chocolat et le café. Ensuite, ils m'ont poussée à arrêter de manger du poulet et de la dinde (je m'abstenais déjà de viande rouge). Ils ont dit que les animaux souffrent au cours du processus d'abattage et que j'ingérais leur souffrance lorsque je mangeais leur chair. Cette souffrance perturbait ma capacité à m'harmoniser avec l'univers invisible. Quelques mois après avoir arrêté de manger de la volaille, j'ai été incitée par mes guides à abandonner les produits laitiers. Ils ont dit : « Les laitages encrassent ton organisme ». J'ai donc commencé à prendre du lait de soja avec mes céréales et dans mon thé. Au lieu de fromage, je cuisine à présent des substituts à base de tofu.

Il existe vraiment un lien entre le régime alimentaire et les capacités psychiques. Il suffit de voir cette citation du texte ancien bouddhiste le *Surangama sûtra* : « Si quelqu'un qui consomme encore de la viande essaie de pratiquer la méditation, il sera comme un homme qui bouche ses oreilles et crie fort, puis prétend n'avoir rien entendu. »

Je veux insister sur le fait qu'au fur et à mesure que je délaissais ces aliments, je n'ai pas ressenti de symptômes de sevrage ou de privation. Je crois que c'est parce que j'étais guidée par le Divin dans chacun de ces choix alimentaires. Alors, ne vous forcez pas à éliminer certains groupes d'aliments. Si vous vous sentez prêt et quand vous le serez, vous prendrez naturellement les décisions concernant ce que vous mangez.

J'ai également découvert qu'il était important pour mon évolution psychique de lâcher prise sur l'absence ancienne de pardon – et de deux façons. Tout d'abord, cela semblait augmenter la quantité et la fréquence des informations qui me parvenaient. Ensuite, j'étais mieux en mesure de rester objective durant les lectures psychiques, au lieu de colorer les impressions que je recevais avec mon propre bagage émotionnel.

N'importe qui se sentira davantage en paix et stimulé par le processus du pardon. Voici ci-après une description de la méthode, inspirée du travail de l'auteur John Randolph Price, que j'utilise pour laisser aller mon absence ancienne de pardon ; c'est la même qu'avec mes clientes. Ce processus me rappelle les poids que l'on jette par-dessus bord en montgolfière pour pouvoir monter plus haut. Lorsque vous pardonnez au monde - vous y compris- vous devenez plus léger et avez beaucoup moins peur.

a. *Sachez les bienfaits du pardon.* Pardonner c'est autre chose que de dire : « J'ai perdu » ou bien « J'avais tort et tu avais raison ». C'est différent d'avoir l'impression que quelqu'un a fait une erreur et de le tirer d'affaire. Pardonner c'est simplement une manière de libérer votre esprit et de prendre conscience de votre nature sans limites. La quiétude et une énergie accrue sont la récompense dont le pardon est le prix.

b. *Faites « l'inventaire de vos pardons ».* Écrivez le nom de *chaque* personne, vivante ou décédée, vous ayant irrité. La plupart des gens découvrent qu'ils ont une liste de trois ou quatre pages et sont soudain capables de se rappeler le nom de personnes auxquelles ils n'avaient pas pensé depuis des années. Certains écrivent même le nom d'animaux de compagnie qui les agaçaient et tous écrivent leur propre nom quelque part sur la liste.

c. *Lâchez prise et pardonnez.* Dans une pièce isolée où le téléphone sera débranché et à la porte de laquelle vous aurez placé un panneau « Ne pas déranger », passez votre liste en revue un nom à la fois. Ayez à l'esprit l'image de chaque personne et dites à cette dernière : « Je te pardonne et te laisse aller. Je ne conserve aucune rancune. Mon pardon pour toi est total. Je suis libre et toi aussi ». Visualisez et sentez vos anges chassant votre vieux ressentiment. Ce processus peut prendre une demi-heure ou plus, mais il est important de vous y tenir sans interruption jusqu'au bout de votre liste.

d. *Lâchez prise le soir.* Chaque soir avant d'aller vous coucher, passez mentalement en revue votre journée. Y-a-t-il quelqu'un à qui vous devez pardonner ? Je fais cela tous les soirs. De la même manière que je me lave le visage chaque soir, je purifie également mon âme pour ne pas accumuler de ressentiment.

8. *Créez une atmosphère favorable.* Votre environnement physique peut contribuer ou porter atteinte à vos capacités psychiques. Des études réalisées dans des universités de pointe ont montré que les gens donnent des lectures psychiques plus exactes dans des pièces où ils ne sont pas distraits, faiblement éclairées et où passe une musique douce en fond sonore[4]. Je trouve également que je donne de meilleures lectures lorsque je suis bien reposée, habillée confortablement et qu'il y a des fleurs odorantes comme des lys orientaux ou des roses tubéreuses.

* * * *

CHAPITRE 18

AUGMENTEZ VOTRE RÉCEPTIVITÉ PSYCHIQUE

« Cet Esprit qui donne vie à tous dans le monde : Voilà l'Esprit qui me nourrit ! »

— Moritake Arakida,
poète shinto (Japon)

Même si elle est naturelle, comme n'importe quelle compétence nous pouvons raffiner et polir notre capacité psychique. Voici quelques façons d'accroître la clarté et la quantité d'information que vous recevrez durant vos lectures psychiques.

Examen minutieux des chakras

Vous pouvez augmenter votre réceptivité psychique en examinant avec soin les chakras des gens que vous rencontrez tout au long de la journée. Vous pouvez examiner ainsi les chakras de n'importe qui, même ceux des gens avec qui vous parlez au téléphone.

Cet examen des chakras d'une personne est identique à la méthode que vous avez utilisée pour visualiser vos propres chakras. Vous avez pu facilement voir quels chakras étaient sales et à quel endroit. Ces images n'étaient pas le fruit de votre imagination, mais de véritables visions psychiques de vos centres énergétiques internes.

Autorisez-vous à vous détendre, prenez une grande inspiration, puis ayez cette pensée : « Je veux voir les chakras de cette personne ». Ensuite, concentrez votre attention au cœur même de cette personne et visualisez son chakra de la racine. Remarquez sa taille, sa couleur et sa netteté. Voyez-vous des tâches sombres ? Ce chakra est-il notablement grand ou petit ? Après cela, déplacez votre attention vers le haut et les autres chakras.

Pour finir, regardez tous les chakras comme un groupe. Certains sont-ils beaucoup plus gros que les autres ? Certains sont-ils particulièrement sombres comparés aux autres? Un chakra agrandi signifie que la personne a passé beaucoup de temps à penser à l'enjeu relié à ce chakra. Un petit chakra signifie que cette personne a des peurs en relation avec les enjeux liés à ce chakra. De l'énergie sombre autour et à l'intérieur d'un chakra signifie que la personne garde de vieilles émotions concernant les enjeux liés à ce chakra et a très peur d'avouer ces sentiments à elle-même ou aux autres.

Vous pouvez nettoyer et équilibrer les chakras de quelqu'un d'autre en ayant recours à la même visualisation que vous avez utilisée pour vos propres chakras. Beaucoup de guérisseurs croient qu'il faut d'abord obtenir la permission d'une personne avant de faire un traitement de ses chakras. Ils disent que c'est une violation de la loi karmique de travailler sur quelqu'un sans son consentement.

Certains guérisseurs requièrent psychiquement cette permission en demandant au Moi supérieur de la personne : « Veux-tu que je travaille sur tes chakras ? » puis se mettent à l'écoute pour entendre la réponse. D'autres croient toutefois qu'il faut demander verbalement la permission de faire une guérison des chakras. Un autre groupe pense qu'à chaque fois que vous voyez quelqu'un ayant besoin d'aide spirituelle, vous devez lui venir en aide, qu'il demande de l'aide ou pas. Votre Moi supérieur vous guidera vers l'attitude qui est en accord avec vous.

À titre de révision, regardez le tableau ci-après, dans lequel figurent les caractéristiques de chaque chakra majeur.

Nom du chakra	**Emplacement**	**Couleur énergétique**	**Enjeu**
Chakra de la racine	Base de la colonne vertébrale	Rouge	Sécurité et survie
Chakra sacré	Huit centimètres sous le nombril	Orange	Désirs physiques et matériels
Plexus solaire	En arrière du nombril	Jaune	Pouvoir et maîtrise
Chakra du cœur	Région du cœur	Vert	Amour
Chakra de la gorge	Région de la pomme d'Adam	Bleu clair	Communication
Troisième œil	Entre les yeux	Bleu foncé	Clairvoyance
Chakra de la couronne	Sommet de la tête	Violet	Sagesse spirituelle

Activation psychique

Il existe principalement deux manières d'accéder à l'information psychique : en posant une question ou en décidant de permettre à l'information d'affluer spontanément à votre conscience.

Dans la première méthode, vous permettez à votre esprit de se vider et de se détendre autant que possible. Je trouve utile de visualiser mon esprit comme une boule géante vide et prête à ce que l'infinie sagesse universelle l'emplisse. Ensuite, je demande mentalement par exemple : « À quelle heure arriverai-je à destination ? » ou bien « Pour quel problème ma cliente qui a rendez-vous à 15 heures veut-elle de l'aide ? » Vous pouvez « adresser » votre question à Dieu, à l'Esprit Saint, à Jésus, à Bouddha ou à un autre guide aimant, en particulier, ou bien simplement la mettre dans votre boule en ayant confiance que la sagesse supérieure y pourvoira. Vous recevrez la réponse dans votre esprit ou votre corps sous la forme d'une image, d'une connaissance ou de mots que vous entendrez.

La deuxième méthode est similaire, mais au lieu de demander qu'on vous informe sur quelque chose, vous *décidez ou vous vous donnez la permission de connaître* certaine information. Aussi, après avoir visualisé votre esprit comme une boule ouverte, détendez-vous et faites une déclaration mentale. Par exemple, si vous vous rendez quelque part en voiture et voulez recevoir intuitivement des indications, vous affirmerez : « Je sais à présent exactement quelle route prendre pour arriver à destination ». Vous recevrez immédiatement des conseils, soit en entendant le nom des routes à prendre ou en vous sentant attirée vers la droite ou la gauche aux principales intersections.

Voici quelques exemples d'exercices précis pour développer votre confiance dans votre capacité à puiser à la Source de toute connaissance.

Places de stationnement : Dans un stationnement bondé, permettez à votre esprit et à votre corps de se détendre et de s'ouvrir autant que possible. Détendez-vous en prenant de grandes inspirations. *Sentez* votre chemin vers une place libre et permettez à votre intuition de vous guider, ou bien demandez à vos anges et à vos guides spirituels de trouver une place libre et de vous faire des signes ou de vous donner des indications pour vous y conduire.

Au volant : Demandez psychiquement quelle manœuvre le conducteur qui vous précède s'apprête à faire, sur quelle route tourner pour atteindre votre destination ou à quelle heure vous arriverez. Vous entendrez la réponse, la verrez dans votre œil mental, la recevrez dans une impression ou tout simplement en aurez connaissance.

Rendez-vous : Si vous avez rendez-vous pour rencontrer de nouvelles personnes, demandez à recevoir des impressions psychiques à leur sujet. Posez des questions sur leurs caractéristiques physiques, sur leurs goûts personnels et ce qu'elles n'aiment pas ou sur leurs préoccupations et leurs centres d'intérêt. Vous pouvez également demander quand ces personnes arriveront à votre rendez-vous ou encore si elles sont en retard ou en avance sur l'heure.

Au téléphone : Chaque fois que le téléphone sonne, avant de répondre, permettez à l'impression psychique de la personne qui appelle de pénétrer dans votre esprit. Demandez : « Qui est celui ou celle qui appelle ? » et « Qui appelle ? » Avec la pratique vous atteindrez une très grande harmonie avec vos interlocuteurs. Lorsque vous êtes trop occupée pour prendre les appels, vous pouvez « bloquer psychiquement » les appels non désirés en affirmant : « Mes appels téléphoniques sont de l'ordre du divin et je vois à présent que seuls ceux qui sont absolument nécessaires passent sur ma ligne. »

À la télévision : Mettez un programme de télévision qui ne vous est pas familier. Tournez le dos au poste afin de ne pas voir l'écran ou son reflet. Écoutez parler les acteurs et les actrices et imaginez à quoi ils ressemblent. Retournez-vous de temps en temps pour vérifier la justesse de ce que vous voyez.

Tenez un journal des coïncidences : Notez chaque exemple, petit ou grand, dans lequel la coïncidence joue un rôle dans votre vie. Cette liste vous aide à concentrer votre esprit sur les coïncidences. Plus vous y prêterez attention, plus il s'en présentera à vous.

Le pouvoir de la prière

Dans une étude menée en 1995, William MacDonald de l'université d'État de l'Ohio a établi que les personnes qui prient régulièrement sont plus susceptibles d'avoir des expériences télépathiques que celles qui ne prient pas. MacDonald a expliqué ces conclusions en disant : « Dans un sens ces résultats ne sont pas surprenants. On peut penser à la prière comme à une communication d'esprit à esprit entre une personne et Dieu. La prière et la télépathie sont donc des notions apparentées[1]. »

Augmentez votre réceptivité par la méditation

Beaucoup de gens veulent gagner en confiance dans leurs capacités psychiques avant de faire des lectures psychiques sur d'autres personnes. Vous pouvez utiliser le temps où vous êtes seul en méditation pour développer votre réceptivité psychique et avoir de visions et des révélations merveilleuses.

Tout en méditant, ayez à l'esprit l'image d'un saint maître comme Jésus, notre Mère Marie, Bouddha, Krishna ou bien du saint ou de la sainte que vous préférez. Demandez-lui de venir à vous. Laissez aller tout doute que vous pouvez avoir en vous rappelant que ces maîtres hautement évolués vivent dans une autre dimension où il leur est permis d'être simultanément en de nombreux endroits. Un saint maître peut être avec vous et avec des millions de personnes en même temps. En vous relaxant, vous serez plus à même de sentir sa présence ou de le voir. Ayez une merveilleuse conversation avec ce maître et vous savourerez une expérience qui est au-delà de ce que l'on peut décrire.

Durant la méditation, vous pouvez également demander à faire un voyage. Fermez les yeux et prenez plusieurs profondes inspirations. Permettez-vous d'aller dans un endroit, tel un pays étranger magnifique ou la salle des archives akashiques, qui est une bibliothèque céleste contenant les registres des vies et des finalités divines de chacun.

Toutes les méthodes décrites dans ce chapitre vous aideront à vous habituer à vos canaux de communication spirituelle. Au départ, vous vous sentirez peut-être comme un nouveau conducteur derrière le volant d'une voiture, maladroit et peu sûr de vous ou même craignant pour votre sécurité. Cependant, très vite, vous vous sentirez à l'aise et vous habituerez à vos nouvelles perceptions psychiques.

* * * *

CHAPITRE 19

Réalisation de lectures psychiques et de guérisons énergétiques

« Le feu est au sein de la Terre, dans les plantes et charrié par les eaux ; le feu est dans la pierre. Il y a un feu au fond des hommes, un feu dans les troupeaux et un feu dans les chevaux : le même feu qui brûle dans les cieux… »

– *Atharva Veda,*
texte spirituel hindou

En réalisant des lectures psychiques, un artisan de lumière a un objectif différent du « médium » à l'image stéréotypée. Les artisans de lumière sont ici pour accomplir des fonctions de guérison. Un artisan de lumière gâcherait donc son temps et ses talents s'il s'engageait dans des lectures psychiques de salon simplement pour divertir les autres ou pour en tirer un gain financier.

Un artisan de lumière n'a qu'une raison valable d'entrer en communication psychique : c'est d'accéder rapidement à la racine mentale et émotionnelle de la douleur psychologique ou physique de son patient. Utilisant cette forme de communication psychique dans ses guérisons, le père du mouvement de la Nouvelle Pensée, Phineas Quimby, a décrit sa méthode comme une combinaison de clairvoyance, de transe et de télépathie qui lui permettait de pénétrer dans l'esprit de son client et de découvrir l'ensemble de croyances déclenchant la maladie.

Vos capacités psychiques vous aideront vous aussi à voir, entendre, sentir ou savoir l'origine de la douleur psychologique ou physique de votre patiente. Étant clairvoyante, je vois habituellement un « film » en miniature d'un incident survenu dans la vie de mon client et en rapport à la difficulté qu'il rencontre alors dans sa vie. Ensemble, nous examinons cet incident pour voir où il peut avoir déclencher des sentiments douloureux. Grâce à la découverte de leur souffrance ancienne, au lâcher prise et à l'aide apportée aux clients pour qu'ils comprennent comment différencier le vrai Soi du moi-ego, leurs symptômes sont en général soulagés sur-le-champ.

Méthode pour débuter une lecture psychique

Il n'est pas difficile de donner une lecture psychique, mais vous pouvez rendre cela difficile en vous mettant dans tous vos états par votre anxiété de bien performer. Souvenez-vous que ce n'est pas vous qui faites le travail dans une lecture psychique, c'est Dieu. Les capacités psychiques sont des dons entièrement naturels à la portée de chacun de nous. Une fois que vous commencerez à purifier et équilibrer régulièrement vos chakras, la nature prendra les commandes. Vous vous trouverez alors à recevoir spontanément de l'information psychique.

Commencez par une méditation de purification des chakras en accordant une attention particulière au troisième œil et au chakra de la couronne, qui sont les sites de la réceptivité psychique. Votre lecture psychique sera plus exacte si vous mettez votre corps en harmonie. Pour cela, évitez avant votre séance d'ingérer toute substance pouvant modifier le comportement psychique ou l'énergie, y compris les plantes calmantes ou stimulantes. De plus, votre réceptivité sera meilleure si votre estomac n'est pas plein.

C'est une bonne idée de débuter une lecture psychique par une prière soit silencieuse soit à voix haute. Cette prière à une fonction double. Premièrement, elle fait office de « prière de protection ». En effet, parfois durant une lecture psychique, il se présente des esprits parasites qui n'ont pas de pouvoirs destructeurs ou maléfiques, mais qui peuvent sans le vouloir vous donner une information incorrecte ou préjudiciable à transmettre à votre client. Croyez-moi, il n'est pas souhaitable d'avoir ces « hôtes » indésirables dans les parages. Alors, en disant une prière, en ayant une Bible tout près, en ne buvant jamais d'alcool avant une séance et en conviant les saints maîtres et archanges à veiller sur vous, vous tiendrez les esprits de fréquence vibratoire inférieure à distance de votre lecture psychique.

Deuxièmement, une prière aide à centrer votre esprit dans votre Moi supérieur. Elle vous rappelle que *vous* n'êtes pas en train de faire une lecture, mais simplement de servir de canal aux messages qui viennent d'en haut. Cela vous aide à laisser aller la nervosité qui peut bloquer votre capacité à recevoir l'information psychique.

Ayez recours à une prière qui vous donne un sentiment de protection spirituelle et reflète véritablement votre foi et vos croyances. En raison de mon éducation chrétienne, mes prières et mes lectures psychiques font intervenir Jésus et l'Esprit Saint. Toutefois, mes clients sont nombreux à avoir des convictions autres que chrétiennes comme le judaïsme, le bouddhisme et l'agnosticisme. Comme je n'impose jamais ma foi à quiconque, mes clients non chrétiens sont toujours reconnaissants des guérisons qu'ils reçoivent. Par conséquent (et je leur ai posé la question) cela ne les dérange absolument pas que j'utilise le nom de Jésus durant nos séances. Si je devais réviser mon vocabulaire habituel par souci de rectitude politique, mon comportement inauthentique exciterait mon ego et je ne pourrais pas être un canal de guérison. Il en va de même pour vos croyances et votre éducation, alors choisissez une prière qui s'harmonise avec votre foi et vous renforce sur le plan spirituel.

Je commence habituellement mes lectures en disant le « Notre Père » ou la prière suivante :

Prière de protection

Je demande la présence et les conseils sacrés de l'Esprit Saint et de Jésus, que j'invite à venir dans cette pièce. Je demande et convie l'archange Michael à veiller sur nous pendant cette lecture. Je demande et convie également l'amour et les conseils de nos anges et de nos guides spirituels respectifs. À présent, je scelle cette pièce dans la lumière blanche de l'Amour. Si au cours de cette séance pénètrent des esprits qui ne sont pas ici pour notre meilleure et notre plus haute finalité, je demande à l'archange Michael et à sa troupe d'anges de miséricorde d'escorter ces esprits vers la lumière, pour leur progrès et leur prospérité. Nous

demandons et affirmons que nous recevrons des conseils clairs pour la finalité la plus élevée pou laquelle [nom du client] est ici aujourd'hui. Je demande que cette information me soit donnée avec clarté et que l'on m'aide à la transmettre avec exactitude à [nom de la cliente] .
Amen.

De nombreux médiums brûlent également des graines de sauge ou de l'encens pendant leurs séances, car la sauge est réputée repousser les esprits non désirés.

Les cristaux

Durant votre lecture psychique, vous trouverez peut-être utile de tenir un cristal de roche transparent dans votre main réceptrice (celle avec laquelle vous n'écrivez pas normalement). Aucune matière n'a de pouvoir, toutefois les cristaux ont la capacité - qu'on appelle « effet piézoélectrique » - d'*amplifier* le volume et la précision du pouvoir et de la communication spirituels que vous relayez. Après tout, les cristaux sont utilisés dans le matériel de communication comme les radios, les ordinateurs et les montres quartz.

Les cristaux absorbant l'énergie psychique, les résidus psychiques les « bouchent » au bout d'un moment. Si un cristal reste dans une pièce où des gens se sont inquiétés ou ont eu peur, l'énergie des pensées négatives le sature. Vous pouvez purifier vos cristaux sursaturés en les plaçant dans la lumière du soleil pendant quatre ou cinq heures. Ne les mettez pas à tremper dans l'eau salée ou d'autres solutions, cela peut les éroder.

Conduite d'une lecture psychique

Fermez les yeux et faites face à votre cliente. Il est utile mais non nécessaire de lui tenir les mains. À la place, vous pouvez tenir une montre, des clés, une bague ou un autre objet avec lequel votre cliente est fréquemment en contact. Les vibrations des mains ou des objets intimes de votre cliente contiennent une énergie qui vous informe à son sujet. Lorsque vous les tenez, vous agissez comme un poste de télévision ou une enregistreuse qui décode l'énergie en une image compréhensible.

Si vous ou votre cliente semblez nerveuse, commencez votre séance en demandant à celle-ci de prendre deux ou trois profondes inspirations pendant que vous en faites autant. Une autre bonne manière d'ouvrir immédiatement votre canal psychique est de demander à votre cliente de dire, soit en silence soit à voix haute, ceci : « Amour unique, amour unique, amour unique ». Cette phrase met l'esprit de votre cliente en harmonie avec l'unité universelle et permet à la sagesse Divine d'entrer à flots dans votre séance.

Ensuite demandez à votre cliente de se concentrer en silence sur sa question. Dans le même temps, vous pouvez demander silencieusement à l'Esprit Saint, à Jésus ou à un saint maître : « Que veux-tu que je sache ? » Permettez à votre esprit de s'ouvrir totalement afin de recevoir la réponse. Ayez confiance en ce que vous recevez même si cela n'a peut-être aucun sens pour vous.

Transmettez cette information à votre cliente comme si vous donniez un bulletin de nouvelles. Rapportez exactement ce que vous voyez, entendez, savez et sentez dans l'ordre même où cela vient à votre conscience. Si vous obtenez une bribe d'information dont vous n'êtes pas sûre, dites-le. Si vous obtenez de l'information qui semble avoir un double sens, dites-le. Si vous obtenez une information dont vous pensez qu'elle est peut-être troublée par votre ego, alors dites-le. Soyez totalement sincère avec votre cliente pour chaque parcelle d'information, détail et impression pénétrant dans votre conscience. Vous ne savez jamais ce qui sera important pour votre cliente. Faites confiance à sa capacité de faire le tri dans la lecture de manière constructive.

Si vous décidez de donner à votre cliente un petit conseil de nature humaine, dites avant de donner votre avis : « À présent ce conseil vient de moi » ; sinon elle pourrait supposer que ce conseil vient de l'au-delà à travers vous.

Si vous ou votre cliente n'êtes pas sûre de la signification d'une information que vous recevez, demandez une clarification à votre guide spirituel. Parfois nous, médiums, avons peur que si nous demandons aux esprits : « Que veux-tu dire par là ? » ou « Pourrais-tu répéter ce que tu as dit, s'il te plaît ? » ou « Un peu plus fort, s'il te plait », ils soient furieux après nous et s'enfuient. Rien ne pourrait être plus éloigné de la vérité ! Les saints maîtres veulent que nous recevions les messages avec netteté et accueillent avec satisfaction que nous les aidions à transmettre l'information.

Si, alors que vous êtes au beau milieu d'une lecture, votre ego vous martèle avec des questions comme : « Je me demande si je n'invente pas tout cela » ou « Est-ce que je reçois vraiment cette information ? » arrêtez un moment et prenez quelques profondes inspirations. Dites une prière pour recevoir de l'aide et demandez à vos anges d'emporter vos doutes.

Pendant que vous faites la lecture de votre cliente, vous pouvez accéder à de l'information concernant toute personne en lien avec elle. Par exemple, si votre cliente veut s'informer au sujet de son patron, son père, son collègue ou son conjoint, demandez à vos saints maîtres : « Que voulez-vous que je sache à propos de cette personne ? » Immédiatement vous aurez accès à l'information concernant cette autre personne comme si elle se trouvait dans la pièce avec vous.

Un jour, je faisais une lecture à une femme d'affaires qui s'apprêtait à démarrer un organisme de bienfaisance pour les enfants. Soucieuse de l'intégrité des membres du conseil d'administration de l'organisme, elle a demandé une lecture à propos des véritables motivations de chacun des membres du conseil. Il m'a été facile de voir et d'atteindre chaque membre du conseil pour elle. Puis, alors que j'allais faire la lecture du dernier, j'ai vu tout un groupe de gens entourant une personne placée au centre. C'était comme s'ils la dissimulaient à ma vue. J'ai dit ce que je voyais à ma cliente, et elle m'a confirmé que cet homme était un fervent mormon. D'après ce que je sais de la foi des mormons, je crois que les membres de cette Église bloquaient, de l'autre côté, la possibilité de faire une lecture sur cet homme. Respectant totalement la vie privée de cet homme et celle de ses compagnons spirituels, je n'ai pas essayé de faire de lecture sur lui.

Cet épisode soulève la question de l'éthique durant une lecture psychique. En effet, vous découvrirez que vous avez accès à toute sorte d'information confidentielle imaginable. Un jour, une cliente m'ayant interrogée à propos de ses finances, j'ai reçu immédiatement une image psychique de son carnet de chèques, y compris du montant en dollars qu'elle avait sur son compte ! Au cours d'une autre lecture, j'ai eu psychiquement une vision très embarrassante des habitudes sexuelles de ma cliente. Tout comme un médecin, il vous faudra faire preuve de compassion pour transmettre ce que vous voyez à votre cliente.

L'idée qui vous motive lorsque vous décidez de la manière d'utiliser vos capacités psychiques c'est : « À quoi cela sert-il ? » Utilisez-vous vos capacités psychiques par amour et en vue de guérir, ou bien de façon mal inspirée, par des peurs ou par goût du drame et des sensations fortes ? Si jamais la confusion survient quant à votre véritable motivation, soyez honnête avec vos aides spirituels à propos de votre dilemme. Dites-leur : « Je n'aime pas la manière dont je me sens et je pense en ce moment même. S'il vous plait, aidez-moi à restaurer l'amour et la paix dans mon esprit. »

Vous rencontrerez fort probablement des clients qui deviendront « accro » ou dépendants de vos lectures. Cela vous place dans une situation délicate. Tout d'abord, il se peut que vous soyez flattée ou tentée par l'attrait d'un revenu stable venant de clients réguliers. Gardez simplement en mémoire que vous rendez un mauvais service à vos clients et à vous-même s'ils pensent que vous avez des « pouvoirs spéciaux ». Votre travail avec tous doit tendre à leur enseigner comment entendre la voix de Dieu par le biais de leur propre guide intérieur. C'est en fin de compte ce qui guérit les clients et cela fait partie de notre rôle d'artisans de lumière pour éveiller les autres à leur divinité.

Relayez les messages mot pour mot

Toute médium ou presque doute d'elle-même à propos des messages qu'elle reçoit durant une séance. Elle s'inquiète : « Est-ce le fruit de mon imagination ou un véritable message psychique ? » Vous vaincrez ces peurs en transmettant simplement tout ce que vous voyez, entendez, sentez et savez à votre cliente. Ayez confiance qu'elle sera en mesure de donner un sens à vos messages.

Parfois, si je ne suis vraiment pas sûre des messages que je reçois avant de les transmettre, je dirai à mes clients : « Là, je me demande si cela vient de l'esprit ou de mon inconscient, mais voilà ce que j'entends... ». Mon objectif est d'être totalement authentique avec le monde spirituel et avec mes clients.

Toutefois, j'en conviens, je donne parfois à une cliente trop d'information et cela engendre temporairement de la confusion. Par exemple, j'ai donné à ma cliente Kim une lecture sur une relation amoureuse imminente. Je voyais qu'elle était sur le point de rencontrer quelqu'un de spécial ; cependant je voyais également beaucoup d'événements entourant sa rencontre avec cet homme. Je lui ai dit tout ce que je voyais et sentais à propos de cette nouvelle relation, même si je n'étais pas certaine de savoir quelles parts d'information étaient directement en rapport avec la rencontre avec cet homme. Voici le récit que Kim a fait de cette lecture :

> En mars 1996, j'ai parlé à Doreen Virtue de mon désir d'une relation amoureuse significative. Doreen a indiqué qu'elle était tout à fait sûre que je rencontrerais bientôt un homme dont le nom commençait par J. Elle l'ignorait, mais quatre autres personnes dotées de capacités psychiques m'avaient déjà dit la même chose !
>
> Puis, début mai, Doreen m'a donné des renseignements plus complets. Elle a dit que

je rencontrerais probablement le frère de mon partenaire *en premier* et qu'il m'écrirait le numéro de téléphone de son frère. Notre premier rendez-vous aurait lieu dans un restaurant en plein air avec des tables munies de parasols, des pigeons aux alentours et un plan d'eau. Doreen a précisé que l'homme avait des yeux d'un bleu saisissant. Elle pensait qu'il s'appelait Joel, était divorcé et avait deux enfants en bas âge.

Vers la fin mai, avec mon amie Susan (qui connaissait toute cette histoire), nous sommes allées à une exposition sur le Nouvel Âge. Un grand et bel homme s'est approché de moi et nous avons brièvement parlé de mon travail. Au bout de deux minutes, il a dit : « Mon frère vit près de chez-vous et je pense que vous devriez vous rencontrer. Voici son nom et son numéro ». Susan m'a donné un coup de coude en murmurant : « Ce doit être le frère de l'autre ! »

J'étais bien convaincue que le frère pouvait être le partenaire que j'attendais depuis longtemps, sauf que le nom de cet homme commençait par un B. Et bien, peut-être que Doreen se trompait sur ce détail-là, ai-je pensé. Je suis entrée en communication avec ce dernier et nous avons convenu de nous rencontrer un midi dans un restaurant de son choix, le vendredi 14 juin.

En me rendant à cet endroit (qui m'était peu familier jusque-là) j'ai vu que le restaurant se trouvait juste au-dessus de la rue longeant la plage, que les tables étaient munies de parasols et que même des pigeons se promenaient sur la terrasse. J'ai également remarqué que l'homme qui y était assis et m'attendait avait effectivement des yeux d'un bleu très vif. Il n'y avait qu'un problème : j'ai su d'emblée en posant les yeux sur lui que ... *ce n'était pas « celui que j'espérais » !* Dire que j'étais découragée serait un euphémisme.

Le lendemain, samedi 15 juin, je devais participer à un tournoi de tennis local. Le responsable du tournoi, un charmant jeune homme du nom de Jake, m'a donné les directives, nous avons bavardé un peu et puis, je suis partie jouer. J'ai joué deux matches, j'ai perdu le second et suis rentrée chez moi. Rien de trop mouvementé. Cependant, le nom de ce responsable « Jake, Jake, Jake » n'a pas arrêté de me traverser l'esprit tout l'après-midi.

Pourquoi est-ce que je pense à ce gars ? C'est franchement bizarre ! me suis-je dit. Il ne m'est même pas venu à l'idée que son nom commençait par un J !

Plus tard ce jour-là, un homme du nom de Joel – à qui j'avais parlé au téléphone plusieurs mois auparavant, mais que je n'avais jamais rencontré – a laissé un message sur mon répondeur, disant qu'il pensait qu'il était temps de nous rencontrer. *Joel était divorcé et avait deux enfants en bas âge !*

Cependant cette rencontre n'a jamais pu avoir lieu parce que Jake m'a demandé de jouer un match de consolation le dimanche,

> nous sommes allés à une soirée le dimanche soir, avons déjeuné ensemble le mardi, pris un verre le mardi soir … et dès le jeudi – à peine cinq jours après notre rencontre – je disais à mes amis : « C'est le garçon que je vais épouser ». *Jamais auparavant je n'avais dit cela à propos de quiconque !*
>
> Et voilà, Jake, le pro du tennis aux yeux d'un bleu incroyablement vif (que je n'ai pas eu l'occasion de voir jusqu'à notre deuxième rencontre parce que la première fois, il portait des lunettes de soleil) s'est avéré être l'homme au J que Doreen avait vu à l'avance. Cinq mois plus tard, Jake et moi étions des fiancés heureux, planifiant notre avenir ensemble !

L'histoire de Kim est un bon exemple de la confiance en la capacité de votre cliente à utiliser toute l'information que vous recevez et à lui donner un sens. Parfois, je reçois de l'information psychique fort détaillée très précisément en rapport avec les questions ou les inquiétudes de ma cliente. À d'autres moments, comme dans les lectures de Kim, je reçois de l'information périphérique entourant les préoccupations de ma cliente, mais sans lien direct avec elles. Toutefois, en faisant les lectures de Kim, je sentais nettement qu'elle allait bientôt entrer dans une relation importante. Je lui ai sans cesse fait part de cette impression et découvert que tout le reste n'était que des apparences masquant ce point fondamental.

Si votre lecture semble inexacte

Même les meilleurs médiums au monde donnent des lectures qui sont en apparence inexactes. En fait, les plus grands médiums rapportent que 10 % à 30 % de l'information qu'ils relaient dans une lecture est incorrecte. Pourquoi ?

La raison la plus commune, comme je l'ai déjà indiqué, est que cette information vient de l'ego du médium et non de son Moi supérieur. Chacun glisse à l'occasion dans l'ego pour diverses raisons - la peur, la fatigue, les jugements, par exemple.

De plus, une partie de l'information que nous donnons à nos clients est fondée sur leur modèle de pensée présent. Disons que vous donniez une lecture dans laquelle vous voyez votre cliente obtenir un nouvel emploi. Votre lecture est exacte à ce moment-là. Toutefois si, plus tard, votre cliente change de point de vue et prend une direction soit plus saine soit moins saine, ce changement dans sa pensée changera aussi le cours de son avenir, y compris ses perspectives d'emploi.

En rapport avec ce phénomène, il y a la possibilité que votre lecture fasse suffisamment changer les pensées de votre cliente pour qu'elle soit annulée. Par exemple, si vous déclarez que votre cliente est sur le point de rencontrer un merveilleux partenaire amoureux, la nervosité pourra paralyser celle-ci au point que sa tension lui interdira littéralement de rencontrer ou d'attirer son partenaire amoureux.

Une lecture semble parfois inexacte simplement parce que vos prédictions ne se réalisent pas immédiatement. Toutefois, elle s'avérera peut-être exacte au bout d'un certain temps. Je trouve qu'il est difficile d'indiquer précisément le moment exact d'un événement futur. Par exemple, si ma cliente me demande : « Quand vais-je vendre ma maison ? », je ne pourrai peut-être pas le lui dire avec précision, mais je verrai que ce sera lorsqu'il fera chaud. Je peux alors dire quelque chose comme : « On dirait que c'est l'été et j'entends le chiffre 2 dans ma tête. Vu qu'août est dans deux mois, je dirais qu'il y a une forte probabilité. Toutefois, le minutage psychique n'étant pas mon fort, je ne peux pas en être sûre. Ce que je sais c'est que j'ai une forte impression positive que votre maison se vendra et à un prix dont vous serez modérément satisfaite. »

Je crois important de ne pas vous auto-juger si vous faites de temps en temps un « raté » durant une lecture. Si vous vous laissez envahir par la nervosité parce que vous n'êtes pas précise à 100 %, vous n'apprécierez pas votre travail psychique. Vos clients sont des êtres aimants et sachant pardonner. Il est peu probable - à moins que toute votre lecture soit fondée sur votre ego, et donc totalement erronée - que vos clients soient consternés si vous donnez deux ou trois informations « erronées » durant vos séances.

Concentrez-vous sur vos réussites et demandez à vos guides de vous aider à accroître votre précision. Vous découvrirez probablement que vos impressions inexactes étaient des symboles que vous preniez au pied de la lettre pour une prédiction. Par exemple, disons qu'il vous soit donné de voir un bébé par clairvoyance. Vous supposez que votre cliente est enceinte et vous dites en hésitant : « Pensez-vous à avoir un enfant ? » Votre cliente dit avec sévérité : « C'est impossible, j'ai été stérilisée. » Ne désespérez pas et ne raccrochez pas votre chapeau de médium ! Vous avez probablement des guides spirituels qui symbolisent « les nouveaux débouchés » avec l'image de la naissance d'un bébé. Afin d'éviter la confusion, dites simplement à votre cliente ce que vous voyez et expliquez que vous ne pouvez pas savoir avec certitude si c'est symbolique ou une représentation réelle de son avenir. Allez-y souvent avec vos intuitions et vous serez bientôt en mesure de distinguer les symboles des véritables prédictions.

Lectures à distance

Il n'est pas nécessaire qu'une cliente soit physiquement avec vous durant une lecture psychique. Du reste, je fais la plupart de mon travail avec mes clients par téléphone. Vous pouvez également faire la lecture de quelqu'un pendant vos périodes de méditation. Dans ce cas, vous devrez consulter votre Moi supérieur afin d'établir un code d'éthique personnel concernant la lecture d'une personne n'ayant pas conscience que vous faites une lecture d'elle, ou qui ne vous en a pas donné la permission.

Si vous faites des lectures psychiques par téléphone, vous trouverez peut-être utile que votre cliente vous envoie une note manuscrite avant votre séance. Tenir cette note durant la séance peut vous aider à vous connecter au champ énergétique de votre cliente. Selon mon expérience, il n'y a pas de différence qualitative entre les lectures que je donne à mes clients par téléphone et celles où la personne est en face de moi.

Rendez grâce

Il y a une question très importante que je veux soulever, c'est le fait que terminer chaque séance en rendant grâce aux soutiens spirituels qui sont venus vous assister est une bonne idée. La reconnaissance est leur rétribution, de plus elle vous aide à ressentir une plus grande joie.

L'examen minutieux par clairvoyance

Pour aider vos clients vous pouvez faire psychiquement un examen minutieux de leurs chakras afin de vérifier leur taille et leur propreté. J'utilise une autre méthode dans laquelle je demande à ma cliente d'ôter ses chaussures et de s'allonger. Ensuite, je place la main qui reçoit (celle avec laquelle on n'écrit pas normalement) à environ 3 centimètres du pied de ma cliente du côté qui donne (celui de la main avec laquelle on écrit habituellement). Cette méthode s'inspire de la guérisseuse magnétique Ina Bryant qui vérifie la « polarité » ou le flux énergétique de quelqu'un[1]. Si je sens une énergie régulière et puissante sortir du pied de ma cliente, je sais alors que sa polarité est équilibrée. Si je ne sens pas d'énergie sortant de son pied qui donne, c'est que les chakras de ma cliente sont probablement sales ou déséquilibrés.

J'ai également découvert que si je me tiens au-dessus d'une cliente allongée et que je déplace mes mains à environ 60 centimètres au-dessus de son corps, je peux sentir des « bosses » et des différences énergétiques dues au rétrécissement ou à l'expansion d'un chakra. Je sais alors que ma cliente a des problèmes non exprimés correspondant au chakra où se trouvent les bosses, ou qu'il existe une énergie dense.

Chaque fois que vous découvrez chez votre cliente des chakras extrêmement disproportionnés en termes de taille ou de propreté, vous êtes tombée sur une précieuse information. Aidez votre cliente à découvrir pourquoi elle stocke autant d'énergie dans ce chakra. Habituel-lement, la peur est à l'origine de l'angoisse. En parlant ouvertement, votre cliente aura probablement un point de vue différent qui l'aidera à apaiser sa peur. Une fois cette dernière évacuée, les chakras peuvent revenir à leur état de propreté et d'équilibre naturel sans aide supplémentaire. Vous pouvez examiner soigneusement les chakras de votre cliente après votre séance pour vous assurer qu'ils sont propres et équilibrés.

Il existe de nombreuses manières de nettoyer et équilibrer les chakras de votre cliente. Vous pourriez passer une cassette audio comme celle que j'ai enregistrée, *La purification des chakras*, ou faire une méditation guidée qui inspire à votre cliente de visualiser chaque chakra se purifiant et s'équilibrant. Il m'arrive également d'examiner minutieusement le corps de mes clients grâce à ma vision intérieure, en vérifiant les zones qui ont l'air, ou donnent l'impression d'être sombres. Mon guide intérieur me dit alors la raison de cet aspect sombre, qui est parfois en rapport avec une forme de pensée endurcie résidant dans cette partie du corps. Par exemple, en examinant une cliente, j'ai remarqué une épaisseur dans sa poitrine et su intuitivement que c'était une oppression. À peine avais-je reçu cette information, j'ai vu une image de sa mère et de sa grand-mère placées derrière elle. Ces deux femmes la tenaient si étroitement que ma cliente suffoquait par manque d'air. Elle a expliqué qu'après le récent décès de sa grand-mère, sa mère était devenue très possessive ; elle avait eu un rhume de poitrine et admettait que c'était en lien avec le sentiment d'être piégée par sa mère. Nous avons travaillé pour qu'elle lâche prise sur le refus de pardonner et les jugements à l'égard de sa mère, et sa respiration s'est immédiatement améliorée.

Une autre fois, j'ai soigneusement examiné une cliente et trouvé des taches noires autour de ses ovaires. J'ai su intuitivement que ces taches avaient un rapport avec un chagrin non guéri dû à des avortements. Ma cliente a dit qu'elle avait avorté deux fois et qu'elle en gardait une profonde culpabilité. Notre travail s'est alors axé sur le refus de pardonner à elle-même et au père des bébés.

Tranchez les liens éthériques

Chaque personne avec qui nous avons vécu une expérience émotionnelle est en permanence reliée à nous par un lien éthérique. Vous pouvez rendre un grand service à vos clients en cherchant psychiquement ces liens durant vos séances. Ils ont l'apparence et donnent l'impression de tubes de caoutchouc ou d'artères, et partent habituellement des chakras. Les relations intenses engendrent des liens plus épais que les relations sans histoires.

Cherchez et sentez ces liens chez vos clients, puis discernez psychiquement à qui ils sont attachés. J'en trouve habituellement d'énormes fixés aux frères et sœurs ainsi qu'aux ex-partenaires amoureux de mes clients. Si les relations sont saines et fondées sur l'amour, ces liens peuvent être la source d'une énergie de guérison allant et venant entre les deux personnes. Toutefois, vous trouverez en général que ce lien (également appelé « attaque psychique ») transmet à votre cliente une angoisse et une peur toxiques ou que la personne placée à l'autre bout épuise l'énergie de celle-ci.

Cherchez et identifiez psychiquement la source de chaque lien que porte votre cliente. Ensuite, demandez la permission d'arracher chacun de ceux qui posent problème. Vous pouvez la demander verbalement à votre cliente, mais aussi mentalement à la personne placée à l'autre bout. Si cette dernière ne donne pas sa permission (que vous recevez psychiquement en entendant ou en sentant un « oui » en réponse), alors tranchez simplement ce lien chez votre cliente et lâchez-le sans le trancher à l'autre bout.

Pour couper un lien, visualisez le tranchant d'une paire de ciseaux aiguisés ; dissolvez-le mentalement ou imaginez-vous arrachant ce lien entre ces deux personnes. Une fois, j'ai eu une cliente qui en avait des dizaines fixés à d'anciens amoureux. Elle avait tellement de liens avec « d'anciens petits amis » que je me suis servie psychiquement d'une tondeuse à gazon pour les lui ôter.

La sensation du lien que l'on tranche est fortement palpable, aussi votre cliente peut-elle tressaillir lorsque vous débrancherez ces connexions. Vous ressentirez probablement un changement dans la pression de l'air et la personne placée à l'autre bout également. Elle pensera à votre cliente sans savoir pourquoi, ce qui pourra entraîner pour votre cliente des appels téléphoniques de gens lui disant : « Salut, je pensais justement à toi. »

Envoyez de l'énergie de guérison

Une autre méthode de guérison efficace est de visualiser la pure lumière blanche venant de Dieu pénétrer par votre chakra de la couronne et sortant au bout de vos doigts. Pointez vos doigts vers votre cliente pour diriger le flux de rayons lumineux.

La rétribution

La meilleure source de conseils concernant la rétribution à recevoir pour vos services est votre Moi supérieur. Je vous recommande de méditer sur ce sujet et de demander une assistance spirituelle pour décider de ce qui vous semble satisfaisant. Lorsque j'ai commencé mon travail en counseling psychique, mon guide spirituel m'a suggéré de facturer un montant précis en dollars. J'ai reculé devant ce montant et dit : « C'est trop d'argent. Je n'oserais pas demander une telle somme ! » J'ai donc commencé en facturant un prix bien moindre que celui qui m'avait été conseillé. Cependant, le nombre de mes clients est devenu bientôt si important qu'il m'a fallu une liste d'attente. Je me suis retrouvée avec une telle surcharge de clients que je n'appréciais plus mon travail. J'ai pensé que si seulement j'avais écouté le conseil de mon guide et facturé le prix qu'il m'avait suggéré, ma pratique serait plus équilibrée et plus harmonieuse.

J'ai prié pour être conseillée à ce propos et suis finalement parvenue à un accord satisfaisant. De nombreux guérisseurs trouvent grand avantage à faire cadeau de leurs services à un ou deux clients par mois, par exemple. D'autres n'acceptent pas d'argent pour leurs services. C'était notamment le cas d'Edgar Cayce et Phineas Quimby, à qui leurs clients apportaient habituellement de la nourriture ou d'autres provisions en signe de reconnaissance. De nos jours, Gerry Jampolsky est un guérisseur qui fonctionne également de cette manière.

Quel qu'il soit, suivez le chemin qui vous semble le bon pour fixer votre barème d'honoraires. Souvenez-vous simplement que si vous vous surchargez de clients, vous ne pourrez pas remplir votre mission sacrée d'artisan de lumière. De plus, si vous ne faites que donner et refusez de recevoir, vous refusez à l'autre personne le privilège du don. Honorez-vous et trouvez un équilibre, et vous apprécierez des années de service fructueux.

* * * *

CHAPITRE 20

Spiritisme et libération d'esprit

« Plus j'observe les choses et les étudie, et plus je suis convaincu que le chagrin lié à la séparation et à la mort est peut-être la plus grande des illusions. Réaliser qu'il s'agit d'une illusion c'est devenir libre. Il n'y a pas de mort, pas de séparation de la substance. »

— Le Mahatma Gandhi,
dirigeant nationaliste et spirituel de l'Inde

Tout comme vous pouvez facilement faire une lecture psychique des amis et collaborateurs de vos clients, vous pouvez également en faire une de leurs êtres chers décédés. Le spiritisme n'est pas plus difficile ou plus simple que la lecture psychique. Aussi, je vous en prie, ne vous laissez en aucune manière impressionner par ce terme.

Comme pour vos lectures psychiques, vous devrez avoir les idées claires quant à vos raisons de contacter les morts. Pratiquement toutes les grandes religions mettent en garde contre les dangers qu'il y a à solliciter et accepter les conseils de ceux qui sont décédés - et cela pour une bonne raison. La mort physique d'une personne ne fait pas automatiquement disparaître son ego. Elle ne donne pas à un esprit instantanément accès à la sagesse supérieure. La sagesse ne vient aux gens, vivants ou morts, que par la conscience de leur Moi véritable en Dieu. Les gens sont parfois tellement impressionnés d'avoir communiqué avec un mort qu'ils prennent chacun de ses mots pour parole d'évangile. Toutefois, quelqu'un dans l'au-delà n'est pas nécessairement plus proche de Dieu ou de la suprême vérité qu'une personne dans cette vie. Alors, pourquoi prendre conseil auprès d'un novice quand vous pourriez tout aussi facilement parler à Dieu, l'Enseignant suprême, ou à l'un des Ses aides émérites, un maître ascensionné ?

Néanmoins, il y a également des raisons légitimes et saines de contacter les morts. L'une des principales raisons pour lesquelles vous pouvez être appelé à faire un travail de spiritisme est de le faire afin d'aider votre client à dissiper des ressentiments anciens entre lui et ses parents disparus. C'est particulièrement vrai si vous travaillez avec une personne ayant survécu à la violence et dont l'agresseur est décédé.

Comme je l'ai mentionné précédemment, il est fréquent que les agresseurs décédés ne parviennent pas à quitter la Terre. Ils s'attachent à l'aura de leur ancienne victime toujours vivante, par remords, par désir de faire amende honorable, ou mus par un désir malsain d'être près de cette personne. J'explique en détail plus loin dans une section de ce chapitre intitulée « Thérapie de libération d'esprit » les manières de faire face à ce genre de situation.

Une autre fin valable du spiritisme est d'aider des clients accablés de chagrin à mener des conversations avec leurs êtres chers décédés. Cette sorte de séance est de celles que je préfère, car ce sont des expériences extrêmement émouvantes. Les morts disent fréquemment à leurs survivants : « Je vais bien. Ne t'inquiète pas pour moi. Je t'en prie, poursuit ta vie ». Si le chagrin des vivants est très grand, il contrarie la progression spirituelle du mort dans l'au-delà. En effet, notre chagrin peut garder nos êtres chers décédés attachés à la terre. Cela n'est sain pour personne et, en tant que spirite, une partie de votre travail impliquera de conseiller à vos clients de laisser leurs êtres chers poursuivre leur chemin.

Une autre raison saine de faire du spiritisme est de le faire dans le but d'aider votre client et vous-même à ne plus avoir peur de la mort physique. Cette peur empêche nombre d'entre nous d'apprécier pleinement la vie, car la moitié du temps, nous regardons par-dessus notre épaule pour nous assurer de notre sécurité physique. Une fois convaincue de l'immortalité de votre âme, vous laisserez aller une grande part d'anxiété et de dépression. Lorsque je me suis entretenue avec James Redfield, l'auteur de *La prophétie des Andes*, pour le magazine *Complete Woman*, je l'ai interrogé concernant sa 11e et 12e prophétie dans ses livres à venir. Il a dit qu'il était certain que celles-ci entraîneraient toujours plus de travail d'équipe entre les gens de part et d'autre du rideau. Redfield partage mon point de vue qu'en ce moment le rideau séparant les deux mondes s'amincit rapidement.

Gardiens ou guides spirituels

De nombreux spirites reçoivent leur information par l'intermédiaire d'un « gardien ». C'est habituellement un guide spirituel évolué intervenant en tant que contrôleur d'accès et décidant des esprits qui pénétreront durant la séance. Très souvent, ce gardien sert de canal à la communication spirituelle. Les esprits lui parlent, et il passe à son tour la communication à la spirite qui ensuite la transmet à ses clients.

La plupart des spirites ne demandent pas à avoir un gardien ; c'est plutôt lui qui les choisit. Toutefois ils pourraient également demander à ce qu'un gardien leur soit affecté. Si vous n'êtes pas sûre d'avoir ou non un gardien avec vous, posez la question durant votre méditation ou juste avant d'aller dormir. Comme à toutes vos questions, vous obtiendrez une réponse. Pour ma part, je n'ai pas recours à un gardien, car je trouve facile de distinguer les esprits et de parler directement avec eux.

La transe du spirite ou transe médiumnique

La communication spirituelle est habituellement menée alors que le spirite est dans état de conscience légèrement modifié, souvent appelé transe. Il y a trois niveaux de transe médiumnique : légère, demi ou profonde. Un spirite entrant en transe profonde se trouve dans un état semblable au sommeil et un « gardien » prend le relais dans son corps. Ce gardien parle à travers lui, et c'est lui le véritable être délivrant les messages venant de l'autre côté. Après une séance de transe profonde, le spirite ne saura pas ce qui a été dit ou fait et se sentira peut-être vidé ou étourdi.

Un spirite entrant en demi-transe demeurera en partie conscient de ce qu'il a dit durant ses séances. Comme dans la transe profonde, il permet à son gardien ou aux êtres chers décédés de ses clients de parler à travers lui. Les autres spirites en demi-transe et tous ceux en transe légère servent d'intermédiaires, relayant ce que dit l'être cher décédé. Il n'entre aucune forme de « channeling » dans ce type de communication.

La principale différence entre un « channeler » et un spirite est que le premier limite habituellement ses transmissions à une entité particulière ; en revanche le second parle à de nombreux esprits.

L'expérience spirite

Si vous vous sentez attiré vers un travail de spirite, vous répondez très probablement à un appel. Les guérisseurs semblent soit apprécier ce genre de travail, soit totalement l'éviter parce que la pensée de parler à des personnes décédées les effraie. Je vous en prie, gardez à l'esprit que, tout comme le travail du médium, le spiritisme ne requiert aucun pouvoir spécial. Tout le monde peut communiquer avec ceux qui sont de l'autre côté. Tout ce que cela exige c'est un peu de patience et de pratique. Lire la description d'une expérience de spiritisme vous sera probablement profitable, ainsi vous saurez à quoi vous attendre lorsque vous mènerez vos séances.

Imaginez-vous entrant dans une pièce faiblement éclairée. Tout d'abord vous pouvez à peine sentir la présence des autres personnes présentes dans la pièce. « Je ne suis pas seule », voilà ce que vous ressentez. Ensuite, vous commencez à voir les contours, les silhouettes et les formes des gens dans la pièce. Vous trouvez une personne qui a l'air amical et vous commencez à parler avec elle. Plus vous parlez avec elle, plus vos yeux s'adaptent à l'éclairage ambiant. Lentement, vous commencez à voir plus de détails de cette présence, notamment à quoi elle ressemble. Vous recevez aussi des impressions à propos de sa personnalité : si elle est turbulente, paisible, d'un caractère agréable, intellectuelle ou émotive. Plus vous parlez avec elle et plus il est facile de vous concentrer, exactement comme si vous vous trouviez dans une pièce totalement éclairée. Parler à une personne morte n'est pas très différent que de parler à une personne vivante.

La plupart des personnes décédées vous aideront durant vos communications. Très souvent, les morts sont informés qu'une séance de spiritisme va se dérouler (ou bien ils se sont arrangés pour qu'elle ait lieu) et ils s'y préparent. En majorité, ils tiennent beaucoup à joindre leurs parents vivants. Les seules exceptions que j'ai rencontrées sont les agresseurs et les criminels qui, pleins de remords et de honte, craignent d'être jugés pour leurs actes. Toutefois, dans la plupart de vos séances de spiritisme, les morts vous aideront.

La majorité des personnes décédées font en sorte qu'il soit facile de les identifier en apparaissant habillées et coiffées comme elles l'étaient habituellement de leur vivant. Par exemple, lorsqu'une cliente a voulu contacter sa grand-mère décédée, cette femme est apparue portant un tablier à fleurs. Cela a aidé ma cliente à savoir qu'il s'agissait bien de sa grand-mère, laquelle avait porté un tel tablier pratiquement chaque jour de sa vie. La personne morte peut aussi porter un symbole pour aider à leur identification. Par exemple, l'une des tantes d'une cliente s'est présentée en portant une orchidée dans un verre. Ma cliente a expliqué que sa tante mettait toujours des orchidées dans des vases de verre sur le dessus du piano de son salon.

Alors, encore une fois, laissez aller toute inquiétude quant à savoir si vous réussirez en spiritisme ou pas. Entre l'aide que vous recevrez de Dieu, des anges et des disparus, vous travaillerez avec une solide équipe d'assistants, il n'y a pas de doute!

Commencez votre séance de spiritisme

Faites précéder votre séance d'une excellente méditation de purification des chakras. Assurez-vous que votre chakra du troisième œil est immaculé, car vous devrez accéder aux canaux de la clairvoyance pour voir les personnes décédées. Commencez avec une prière de protection comme celle indiquée au chapitre 19.

Durant une séance de spiritisme, vous aurez probablement besoin que votre client soit assis à environ un mètre de vous. Vous n'aurez probablement pas à tenir ses mains à moins de vous sentir guidé dans ce sens. Aidez votre client à se détendre tranquillement et expliquez-lui que vous commencerez à parler dans un petit moment.

Fermez les yeux et prenez lentement trois ou quatre profondes inspirations. Si vous commencez à avoir peur ou à ressentir de l'anxiété, demandez le soutien spirituel de vos anges ou de votre maître ascensionné. Permettez à votre esprit de se détendre et de s'ouvrir comme dans la méthode où j'évoquais une boule au chapitre 18.

Ensuite, sans juger ni contraindre vos pensées en aucune manière, prêtez mentalement attention à la zone entourant les épaules de votre client. Indiquez si vous ressentez des différences de pression de l'air autour de l'une ou l'autre épaule. Essayez de discerner s'il y a une forme ou une impression de lourdeur autour de l'une ou de l'autre. Lorsque vous recevez une quelconque impression qu'il y a autour d'une épaule « quelque chose » de différent, concentrez-vous sur l'énergie entourant cette épaule-là.

Habituellement, si l'esprit est près de l'épaule droite d'une personne droitière, il s'agit d'un parent du côté de la famille paternelle. Si l'esprit est près de l'épaule gauche, c'est un parent du côté maternel. Pour les gauchers, c'est l'inverse.

Approchez-vous et sentez si l'énergie de l'esprit placé près de l'épaule de votre client donne l'impression d'être féminine ou masculine. C'est le même ensemble d'habiletés que vous utiliseriez pour sentir si vous êtes en présence d'un homme ou d'une femme dans une pièce plongée dans l'obscurité. Une énergie féminine semble plus douce et de fréquence plus élevée qu'une énergie masculine.

À ce moment de la séance, vous avez déterminé si vous parlez à un esprit masculin ou féminin et de quel côté de la famille de votre client il vient. Vous pouvez ensuite discerner la relation précise de cet esprit avec votre client. À chaque modèle énergétique de relation - avec un frère, une sœur, une tante, un oncle, un père, une mère et autres - correspond une sensation totalement différente. Même au début de votre carrière de spirite, vous pouvez distinguer les modèles énergétiques d'une relation à une autre. Je ressens la vibration des membres âgés de la famille comme plus lente que celle des parents qui est légèrement plus rapide, viennent ensuite les oncles et tantes, puis les frères et sœurs et les cousins. Les esprits des enfants sont ceux qui vibrent le plus rapidement. De plus, la forme de l'esprit occupant à peu près le même espace que le corps d'un humain vivant, vous pouvez en déduire qu'un esprit de petite taille est soit une femme petite, soit un enfant.

Si vous êtes clairaudient, il se pourrait que vous entendiez prononcer le nom de l'esprit. Si vous ne l'êtes pas, vous pouvez demander à l'esprit de s'identifier. Je trouve habituellement que les esprits sont heureux de répondre à nos questions.

Une fois le contact établi, la personne décédée commencera à vous transmettre autant d'informations que vous voudrez en recevoir. Vous pouvez donc voir soudain dans votre œil mental un « film miniature » ou un symbole. Il se peut que vous entendiez quelque chose comme une voix ou une musique, ou même que vous sentiez la fumée d'un cigare ou un parfum. Ce sont tous des signes que l'esprit donne pour vous aider à l'identifier.

Ne vous laissez pas distraire ou sortir de votre demitranse par ces messages. Commencez plutôt à dire à votre client ce que vous recevez. Permettez-lui de vous aider à interpréter ces impressions.

Comme je l'ai évoqué précédemment, la finalité de votre séance est d'aider votre client à guérir de la peur, de la culpabilité ou autre souffrance. Les artisans de lumière qui sollicitent les esprits des morts à propos de renseignements sur la Bourse, des numéros de loterie ou même un avis jouent avec le feu. Soyez fidèle à vous-même, artisan de lumière, et votre joie sera sans limite.

Guides spirituels et esprits attachés à la Terre

La plupart des séances de spiritisme prennent fin lorsque les esprits vous disent qu'il est temps pour eux de retourner dans l'au-delà. En effet, il leur faut beaucoup d'énergie et d'efforts pour pouvoir communiquer avec les vivants. Ils doivent parfois obtenir la « permission » ou l'assistance de leurs propres guides spirituels et enseignants pour être en mesure de communiquer avec nous. C'est un processus nécessitant qu'ils ralentissent leurs vibrations et les amènent à la densité et la lenteur de la fréquence du plan terrestre. La plupart des esprits ne peuvent le supporter que pour de brefs instants, de même qu'une grande variation d'altitude nous mettrait mal à l'aise.

Toutefois, vous tomberez également sur des esprits qui sont très à l'aise dans le plan terrestre. Ce sont les esprits « attachés à la Terre » qui ne veulent pas s'en aller vers l'au-delà. Les raisons de leur décision de rester près de notre planète varient. Certains craignent un jugement ou des représailles de la part de Dieu. D'autres, très dépendants des drogues ou de l'alcool lorsqu'ils sont morts, restent sur Terre pour vivre par procuration l'euphorie de drogués vivants. D'autres encore sont si attachés à leur maison ou à leur entreprise qu'ils ne peuvent supporter l'idée de partir. Certains enfin n'ont pas conscience d'être morts, et d'autres restent près de ceux qu'ils aiment, habituellement par souci du grand chagrin de leurs parents vivants.

De plus, certains autres esprits restent attachés à la Terre en raison de désirs bien intentionnés de réparer la souffrance ou le préjudice qu'ils ont causé durant leur vie. C'est particulièrement courant parmi les bourreaux d'enfants qui, au moment de leur mort, comprennent leurs erreurs. Ils s'attachent alors à la personne avec qui ils ont été violents dans l'espoir de faire amende honorable. Le problème est que leur présence entraîne des perturbations pour la personne vivante. Par exemple, l'agresseur décédé est habituellement une personne déprimée. Or, chaque fois que vous avez dans votre entourage une personne déprimée, sa négativité a un effet contagieux. L'agresseur décédé peut également murmurer des conseils erronés à l'esprit de la personne vivante, qui n'a alors pas conscience de l'origine d'une « idée soudaine ».

Les guides spirituels diffèrent des esprits attachés à la Terre en cela qu'ils reçoivent dans l'au-delà une formation qui les prépare à être guides. Ils passent beaucoup de temps dans le plan terrestre, mais ne sont pas attachés à la Terre. En fait, les guides spirituels retournent fréquemment vers le plan de l'au-delà pour y suivre des cours et s'adonner à d'autres activités. Cependant, comme ils sont toujours à portée de voix, si la personne vivante a des ennuis, son guide retourne immédiatement auprès d'elle.

Les guides spirituels de nombreux vivants sont des parents décédés qui ont appris comment leur être utiles sans interférer avec leur libre arbitre. Ils savent également que nous qui sommes vivants, avons besoin d'apprendre des choses par nous-mêmes. Étant toujours disponible pour vous aider, cependant, votre guide n'acceptera pas de prendre les décisions à votre place.

Thérapie de libération d'esprit

Une partie de votre travail de spirite consistera à communiquer avec des esprits attachés à la Terre. Si vous avez déjà participé à des séances de thérapie familiale, vous trouverez que c'est la même chose que la « thérapie de libération d'esprit ». À moins d'être un spirite de transe qui remet la séance à un gardien, votre rôle sera celui d'un intermédiaire livrant des messages entre les plans terrestre et de l'au-delà.

Disons que votre cliente a près d'elle son ex-agresseur. C'est l'esprit de son père qui était alcoolique de son vivant. Cet homme lui a fait violence de maintes manières, et après sa mort il est vraiment désolé de la souffrance qu'il a infligée à sa fille. Il voit comment cette souffrance a influé sur l'estime que cette dernière a d'elle-même, et finalement interféré avec sa capacité à accomplir la finalité de sa vie. À présent, il veut faire amende honorable pour qu'elle puisse poursuivre sa vie et ne quittera son côté que lorsqu'il sera sûr qu'elle va bien. Habituellement, cela signifie qu'il désire qu'elle lui pardonne.

Votre cliente sera probablement méfiante à l'idée de pardonner à son père, croyant que ce serait le signe qu'elle approuve son comportement violent. Il se peut également qu'elle rêve de représailles contre lui et même qu'elle soit secrètement enchantée de découvrir que le remords le fait souffrir. « Il n'a que ce qu'il mérite, après ce qu'il m'a fait ! » vous dira-t-elle peut-être en apprenant la situation de son père.

Si les violences que vous avez vous-même vécues vous ont laissé des blessures non guéries, il vous faudra faire très attention et vous assurer que vos propres émotions n'influent pas sur la séance. Votre rôle est d'expliquer à votre cliente en quoi son refus de pardonner est autodestructeur. Vous devrez également expliquer qu'elle n'a pas à pardonner les actes de son agresseur, mais simplement pardonner à la personne qu'il est. Expliquez-lui qu'ainsi l'esprit de son père sera libéré et qu'elle sera soulagée de l'angoisse liée à sa présence.

Aidez votre cliente et son père à converser ensemble. En général, l'agresseur expliquera que l'alcoolisme, la violence que lui-même a subie dans son enfance ou d'autres circonstances ont influencé son comportement. Cela ne le dispense pas de la responsabilité de ses actes, mais il est probable que votre cliente sera plus encline à écouter ses explications et à vouloir lui pardonner.

Lorsque vous entreverrez le pardon chez votre cliente, demandez de l'assistance spirituelle. À haute voix ou mentalement, demandez à un autre parent défunt ou à l'archange Michael d'escorter l'agresseur décédé vers l'au-delà. Ils répondront immédiatement à votre requête et vous verrez ou sentirez l'esprit s'élever et s'éloigner de votre cliente. Cette dernière aura la sensation physique d'un vide ou d'un changement de pression dans l'air.

Terminez votre séance en rendant grâce aux êtres spirituels qui vous ont aidé. À la suite d'une séance de libération d'esprit, vos clients noteront très probablement une différence dans leur façon de se sentir et dans leur apparence. Plusieurs de mes clients ont immédiatement remarqué un apaisement de leur angoisse, une envie de se suralimenter ou de boire et une délivrance de la dépression. Habituellement, la thérapie de libération d'esprit entraîne des changements positifs dans l'apparence physique d'une personne tels une détente des traits du visage et des yeux qui semblent plus heureux et plus brillants qu'auparavant. Parfois, ces séances s'accompagnent de changements sur la peau, on peut voir chez une cliente apparaître ou disparaître des boutons. Selon moi, ces modifications physiques sont dues à la nature intense du fait de lâcher prise sur des émotions fortes.

Spiritisme et dépossession à distance

Tout comme vous pouvez mener d'efficaces lectures psychiques au téléphone, vous pouvez également mener de cette manière des séances de spiritisme et de libération d'esprit. La marche à suivre pour communiquer avec les êtres chers disparus de votre client durant une séance au téléphone est identique aux directives données pour une séance en personne. Vous verrez, sentirez, entendrez et détecterez l'esprit exactement comme si votre client était dans la même pièce que vous. Parfois, l'esprit *sera* vraiment avec vous durant la séance.

La dépossession à distance est une forme connexe de guérison dans laquelle vous aidez à libérer les esprits s'étant attachés à l'aura de votre client. La seule différence est que durant une séance à distance vous travaillez sur votre client sans avoir aucun contact avec lui en personne ou au téléphone. Il existe de nombreuses variantes de la dépossession à distance et, si vous vous sentez guidé, vous pouvez suivre des séminaires de formation donnés par des organismes habilités à cet effet.

Une forme de dépossession à distance – j'y ai recours – consiste à examiner mentalement avec minutie le corps et l'aura de votre client en cherchant les zones d'ombre. Visualisez un tube géant pénétrant au sommet de sa tête par le chakra de la couronne et aspirant toute l'obscurité de son corps. Lorsque votre client est purifié, poussez l'interrupteur dans l'autre sens pour faire sortir du tube une épaisse lumière blanche. Emplissez tout le corps de votre client de cette lumière et scellez son chakra de la couronne avec de l'amour.

De nombreux thérapeutes pratiquant la dépossession à distance travaillent par paire. L'un des deux « sert de canal » aux esprits attachés au client, tandis que l'autre s'emploie avec l'archange Michael à libérer et conduire ceux-ci vers la lumière. Si vous choisissez de travailler de cette manière vous voudrez avoir recours à des prières de protection, en particulier si vous permettez aux esprits de se servir de vous comme d'un canal de transmission

La libération d'esprit est une puissante façon de guérir les symptômes physiques et émotionnels de vos clients. Dans *The Book of James* [*Le livre de James*] la spirite Susy Smith a channelé le grand psychologue spirituel

William James disant que la libération d'esprit est parmi le plus important travail que peut réaliser un spirite. James conseillait vivement à tous les spirites de s'engager dans cette activité, disant que nous en avions profondément besoin à cause du grand nombre d'esprits attachés à la Terre. Il expliquait que ces esprits ajoutaient à la conscience de la peur collective sur terre. Chaque fois que nous aidons un esprit à partir vers l'au-delà, nous soulageons l'atmosphère de peur de la terre[1].

* * * *

CHAPITRE 21

FAITES APPEL AUX ANGES

« Rendons-nous fort familiers avec les anges, faisons leur office volontiers ; et voyons-les souvent invisiblement présents auprès de nous. »

— Saint François de Sales (1567-1622),
auteur de nombreux textes spirituels

Que vous conduisiez un travail énergétique ou une guérison spirituelle, vous avez accès aux anges. Ces puissants guérisseurs spirituels sont des êtres de lumière n'ayant jamais vécu dans un corps physique et opérant dans un plan différent de celui des guides spirituels. Leur objectif est de nous rappeler la constance de l'amour de Dieu.

Un nombre infini d'anges sont à notre disposition pour nous aider en tout temps. De plus, nous avons chacun un ou plusieurs anges gardiens depuis notre naissance et tout au long de notre vie. Ces anges nous prodigueront peut-être leurs conseils et leur sagesse, mais n'interféreront jamais avec notre libre arbitre. En fait, les anges ne peuvent pas interférer ni même nous aider à moins que nous ne le demandions. Il n'y a qu'une seule exception à cette loi du libre arbitre, c'est lorsque nous sommes en danger de mort avant notre heure. Les anges aimeraient que nous demandions plus souvent leur assistance car ils vivent pour la joie de servir.

Les archanges supervisent les anges qui viennent en foule sur Terre. L'archange Raphaël dont le nom signifie « Dieu guérit » est étroitement lié aux artisans de lumière. Raphaël aide les guérisseurs en leur murmurant ses conseils et ses paroles de sagesse à l'oreille. Raphaël supervise votre développement en tant que guérisseur et vous pouvez lui demander de l'aide et de l'information précise.

La compagnie des anges vous aidera à harmoniser votre esprit et votre cœur avec votre moi supérieur. Chaque fois que vous avez l'impression que votre ego menace de vous tirer vers le bas, demandez à un ange de vous ramener vers le haut. Vous pouvez demander à être entouré de milliers d'anges si vous le voulez. C'est également une bonne idée de demander aux anges de veiller sur vos enfants, vos clients et d'autres personnes chères. Vous n'avez pas besoin d'une invocation formelle pour inviter les anges dans votre vie. Il suffit de le demander sincèrement.

Une fois que vous aurez invité les anges dans votre vie, vous remarquerez un changement dans vos expériences tournées vers l'extérieur. Je vois des étincelles de lumière blanche qui m'indiquent chaque fois qu'un ange est à proximité. Parmi les autres signes d'une présence angélique, il y a les coïncidences miraculeuses, une soudaine impression de chaleur d'amour ou de paix, la perception des doux accords d'une musique ou d'un parfum floral céleste. La présence aimante des anges vous aidera à aligner vos pensées avec Dieu et cela vous gardera dans le monde harmonieux du vrai Moi. Les anges peuvent également vous donner des conseils et des idées pour votre travail de guérisseur, aussi est-ce une bonne idée de les inviter à vos séances de guérison.

L'une des principales manières dont les anges aident durant les séances, c'est en éloignant les formes de pensées que votre cliente a laissé aller. Par exemple, je travaille souvent avec des clients pour les aider à identifier les croyances déclenchant leur souffrance émotionnelle ou physique. J'ai recours à la communication psychique pour découvrir rapidement l'origine du désespoir. Peut-être un incident survenu dans l'enfance a-t-il influencé leur vision du monde, ou bien abritent-ils un ressentiment envers eux-mêmes ou quelqu'un d'autre. Quelle qu'elle soit, il faut qu'ils en repèrent l'origine et lâchent prise pour parvenir à une guérison.

Souvent, après avoir identifié la croyance responsable, une cliente me dira quelque chose comme : « Oh, voilà des années que j'essaie de me défaire de ce modèle de pensée. J'y reviens toujours même si je reconnais que c'est malsain ». Parfois, cette cliente a sincèrement essayé de remettre à Dieu ses émotions nos désirées et s'est sentie frustrée de la persistance de cette croyance. Toutefois, j'ai découvert que lorsqu'une cliente se visualise en train de remettre sa forme de pensée aux anges, il y a immédiatement un lâcher-prise et une guérison durable.

Durant la plupart de mes séances, je demande l'aide de l'archange Michael. Michael est l'ange gardien du monde et un maître dans l'art de maintenir l'ordre divin en toute situation. Si vous êtes engagée dans quelque forme de travail énergétique que ce soit, en particulier le spiritisme et la thérapie de libération d'esprit, vous désirerez sans l'ombre d'un doute la présence de Michael durant vos séances. Comme les autres anges, Michael n'exige pas d'invocation ou d'invitation formelle. Demandez-la-lui simplement à haute voix ou mentalement et vous serez immédiatement assuré de sa présence.

Tout comme les saints maîtres, les archanges vivent dans une dimension parallèle à l'écart de nos lois physiques. Ils ont donc la capacité d'être avec beaucoup de personnes différentes dans le monde entier et en même temps. Aussi, vous n'avez pas à vous inquiéter que Michael, Raphaël ou les autres archanges soient trop occupés pour venir vous aider.

Dans mon livre *Thérapie angélique* (1997), je décris de nombreuses manières de faire participer les anges à votre propre vie ou à celle de votre client. Ce sont de merveilleux guérisseurs, car ils sont pur amour et le seul fait de penser à eux fera arriver à flots l'énergie de guérison dans vos séances. Ils nous voient également à travers le monde du véritable Moi où n'existe que la perfection. Alors, si vous avez de la difficulté à savoir la vérité sur la santé parfaite de votre cliente, demandez aux anges, aux saints maîtres et à l'Esprit Saint de vous aider. Continuellement axé sur l'expérience de l'amour, l'esprit des anges peut se substituer à votre état d'esprit, si vous intervenez depuis le plan de l'ego. Étant donné qu'il n'existe en réalité qu'un seul esprit, il suffit d'un artisan de lumière, d'un ange ou d'un saint maître intervenant dans la perspective du pur amour pour accomplir une guérison miraculeuse.

Chaque matin je dis à Dieu une prière comme celle-ci :

Merci d'envoyer Tes anges à mes côtés aujourd'hui pour m'aider à garder mon esprit et mon cœur centrés sur l'amour.
Aide-moi à vivre à travers Ta vision de l'amour, et à savoir que je ne fais qu'un avec l'Univers. Amen.

* * * *

CHAPITRE 22

Guérison spirituelle

« En vous détachant des apparences, vous demeurerez dans la Véritable Vérité »

– *Sûtra du Diamant,*
texte spirituel bouddhiste

La guérison psychique est centrée sur le monde de la matière qui dans ses plus infimes composantes est faite de particules d'énergie en vibration. Les vibrations de l'énergie sont codées d'une information que le médium « lit » durant ses séances. Comprendre que toute la matière est constituée d'énergie est une importante étape lorsque l'on conduit des séances de guérison depuis le plan de l'esprit.

Au-delà de l'illusion de la matière, toutefois, il y a la pure conscience et l'expérience de l'amour de Dieu. C'est ce que vit en ce moment même votre véritable Moi de même que celui de votre client. Lorsque nous donnons des lectures psychiques, nous « lisons » l'ego. Si votre client ou l'un de ses êtres chers disparus a vécu totalement dans un état de moi véritable, votre lecture devrait donc être : « Je vois l'amour, je sens l'amour, j'entends l'amour et j'ai connaissance de l'amour. »

La matière, les pensées et les énergies se croisent toutes dans un plan de l'existence. L'esprit est dans un plan différent, mais parallèle. Dans le plan de la matière, il y a l'énergie et les expériences de la matière, du temps et du mouvement. Dans le plan du vrai Moi, il n'y a que l'expérience pure de l'amour, de l'union ou de l'unité. Aucune pensée n'est nécessaire, parce qu'il n'y a rien à quoi penser ni comparaison à faire. Il n'y a pas à *faire* parce que faire implique d'améliorer ou d'obtenir quelque chose. Dans le plan du vrai Moi, où tout est parfait, il n'y a rien à améliorer et rien n'a besoin d'ajout ou de réparation. Ces derniers sont toutes des fonctions du corps qui relèvent de la perspective matérielle.

Les anges, les guides spirituels et les morts fonctionnent et interviennent dans le monde de la matière qui est le nôtre. De nombreux guides spirituels et la plupart des morts qui interagissent avec le plan terrestre opèrent en grande partie du point de vue de l'ego, qui voit le monde matériel comme ayant une réalité. Les anges, l'Esprit Saint, les maîtres ascensionnés et les guides spirituels évolués connaissent la vérité de la divine perfection de la vie. Toutefois, ils voient également que nous avons besoin d'aide puisque nous croyons encore que nous sommes dans le monde de la matière. Leur rôle est de fonctionner dans les deux plans afin de nous aider à nous éveiller peu à peu à notre Moi supérieur dans le plan de l'esprit.

Finalité de la maladie

En ce monde personne ne fait rien à moins de croire que cela l'aidera à trouver du plaisir ou à éviter une punition. Les blessures, la maladie et les habitudes autodestructrices sont des décisions prises par l'ego pour servir à ces deux fonctions.

Toute la souffrance physique est en fin de compte une forme de maladie mentale. La blessure et la maladie sont les symptômes de la folle croyance que nous pouvons (ou voudrions) blesser le corps ou lui donner du plaisir afin d'étouffer, pour ne plus l'entendre, la voix de Dieu. Lorsque j'avais peur de suivre ma voix intérieure pour écrire des livres, j'ai essayé de faire taire mes intuitions en les submergeant de nourriture. Plus Dieu me poussait à transformer ma vie et plus j'avais peur. L'hyperphagie était ma manière de me protéger de l'impression qu'il y avait danger à écouter mes directives intérieures. Je croyais également que manger me donnerait plus de plaisir que ce que je pourrais retirer en suivant les conseils de Dieu. Il y a en nous tous cette Voix venant de Dieu, ou de l'Esprit Saint. Elle fait partie de notre vrai Moi et si nous la laissons faire, elle nous aidera de manière parfaite à répondre à tous nos besoins.

Chaque maladie, blessure et état psychiatrique a pour origine de semblables tentatives pour remettre à plus tard l'écoute de la Voix venant de Dieu. Les états liés à la santé physique ou mentale sont des dévoreurs de temps et d'énergie ; ils servent donc le même objectif en appuyant constamment sur le bouton de rappel du réveil-matin. Dieu essaie de réveiller chacun de nous de notre cauchemar, mais nous insistons encore : « Je ne suis pas encore tout à fait prête à me réveiller », et nous appuyons un jour de plus sur le bouton de rappel.

Vos clients sont malades, blessés ou apparemment piégés dans des habitudes autodestructrices parce qu'ils ont décidé que leur corps avait son propre esprit. Leur souffrance leur procure également un « avantage secondaire », comme d'obtenir un repos bien nécessaire, une indemnité d'incapacité, une revanche ou de la sympathie. Toutefois, le principal « avantage » accompagnant la maladie ou la blessure corporelle est que cela permet à quelqu'un de se croire victime de circonstances extérieures.

De plus, l'ego prospère sur la culpabilité. Voyant le monde et Dieu comme répressifs, il craint des représailles pour les crimes et la faute qu'il imagine être les siens. L'ego décide donc : « Si je me punis, Dieu et les autres gens ne me puniront pas ». Se croyant un corps, l'ego se punit par la maladie, les accidents et les comportements autodestructeurs.

L'ego se voit comme séparé de Dieu et des autres et c'est la seule raison pour laquelle il se concentre avec attention sur le corps. Pour maintenir l'illusion de la séparation, l'ego hésite entre se sentir inférieur à Dieu et aux autres ou supérieur à eux. L'irrésolution de ce point de vue lui fait penser pendant un moment : « Je ne suis pas digne de la compagnie et des conseils de Dieu » et la minute d'après, « Mon propre conseil est supérieur à celui de Dieu. »

La maladie ou la souffrance du corps devient donc un bouchon d'oreilles destiné à bloquer la voix intérieure et la réalisation de l'unité avec Dieu et les autres. Pour annuler les pensées à l'origine de la maladie ou de la blessure, il faut que votre cliente consente à écouter momentanément la voix de Dieu. Demandez-lui gentiment de parler de ce que dit cette voix. Aidez-la à guérir de sa méfiance à l'égard des conseils qu'elle donne. Vous pourriez demander à votre cliente : « Quels pressentiments et quelles intuitions avez-vous essayé d'ignorer dernièrement ? » Au départ, elle protestera peut-être en disant qu'elle n'a aucune conscience de ses intuitions. Toutefois, à votre incitation, bientôt elle admettra volontiers qu'elle entend bien l'appel de sa voix intérieure. Selon moi, « entendre » et « guérir » sont des synonymes parce qu'être disposée à entendre la voix de Dieu est la même chose que décider d'aller bien.

Vous pourriez probablement partager de merveilleuses histoires avec votre cliente, à propos de vos réussites obtenues en suivant votre voix intérieure. Au fur et à mesure que vous aiderez votre cliente à assouplir son attitude défensive envers sa voix intérieure, elle sera plus désireuse de faire tomber les obstacles l'empêchant d'écouter cette voix et de tenir compte de cette dernière. Vous découvrirez également que plus vous passerez de temps à enseigner aux autres à faire confiance à leur voix intérieure, plus il vous deviendra facile de suivre en permanence la Voix venant de Dieu en vous. C'est bien vrai que nous apprenons en enseignant !

Surmontez les obstacles à la guérison

Le terme de « guérison spirituelle » est en réalité un oxymore* car pour guérir sur le plan spirituel il faut d'abord savoir que rien n'a besoin de guérir. Guérir n'implique pas *d'ajouter* quelque chose à une cliente, mais plutôt d'aider cette dernière à se défaire des croyances qui ont engendré la maladie ou la blessure.

Votre pouvoir de guérison vient de votre capacité à savoir que votre cliente n'est pas un corps, mais un esprit parfait. En tant que guérisseurs, nous ne *faisons* rien, car

* NdT. Figure de style consistant à allier deux mots de sens contradictoire pour leur donner plus de force expressive.

encore une fois, *faire* implique que nous sommes un corps. De plus, l'état naturel de votre cliente est d'être en excellente santé. Vous aidez à reconnaître, déloger et laisser aller les pensées qui l'empêchent de profiter de son excellente santé. Voir votre cliente comme malade, souffrante ou blessée entrave votre efficacité de guérisseur, car ce point de vue renforce ou accroît l'illusion de la réalité de la matière.

Dans l'univers du temps, de la matière et des corps, nous croyons à certaines « lois de la nature », parmi lesquelles l'illusion que la blessure et la maladie guérissent peu à peu au fil du temps. De nombreuses personnes seraient terrifiées par une guérison soudaine parce que cela semble défier cette loi fondamentale. Lorsque les lois sont défiées, l'être humain ne sait plus où il en est de sa compréhension de base de l'organisation du monde. Toutefois, un client qui croit aux miracles est moins susceptible d'être effrayé par une guérison soudaine et donc plus à même d'en vivre une.

Il se peut que votre cliente se fâche ou qu'elle ait l'impression d'un reproche lorsque vous suggérerez que ses pensées sont à l'origine de son état ou qu'elle a le pouvoir d'envisager la santé à sa manière. L'ego est continuellement en quête de signes qu'on l'attaque. Lorsqu'il perçoit une attaque, il lance des contre-attaques et il se peut que vous soyez sa cible durant vos séances de guérison. Souvent, les attaques de votre cliente ne seront pas verbales parce que celle-ci aura peur de perdre votre aide. Vous les détecterez psychiquement et lorsqu'elles surviendront, il vous faudra les reconnaître et travailler avec en aidant votre cliente à lâcher prise sur ses peurs et sa colère.

Croyant qu'il sera puni lorsqu'il se trompera, l'ego se met sur la défensive, au lieu d'admettre ses erreurs de jugement. Il se peut donc que votre cliente ait l'air sur la défensive ou hostile lorsque vous mettrez le doigt sur les principales croyances déclenchant les maladies. Il se peut également qu'elle doute de la validité de vos déclarations ou qu'elle ait peur d'espérer une guérison pour éviter d'être déçue.

J'ai également travaillé avec plusieurs clients qui craignaient qu'une fois guéris leur vie soit terne, monotone et ennuyeuse. Ils tiraient une excitation des hauts et des bas accompagnant leurs maladies et leurs compulsions et résistaient donc à la guérison. Je trouve efficace de partager avec eux le sentiment d'excitation que j'ai moi-même vécu lorsque j'ai été guidée vers des relations adéquates et un mode de vie plus sain.

Une fois encore, peut-être que votre cliente aura peur de vous parler ouvertement de sa résistance et fera semblant d'être d'accord avec vous. Vous percevrez sa résistance en grande partie de manière intuitive. Vous pouvez infléchir son attitude défensive en usant d'une extrême douceur et en lui enseignant que les erreurs de jugement ne nécessitent que d'être *corrigées* et non punies. Rassurez votre cliente en lui disant qu'elle n'aura qu'à changer d'opinion à son sujet pour les corriger, ce qu'elle est en mesure de faire instantanément.

Durant vos séances, toutefois, vous n'avez pas à vous inquiéter à l'effet que vos tentatives de guérison seront peut-être infructueuses à cause des peurs et de la résistance de votre cliente. Même si cette dernière commence par rejeter vos paroles de guérison, vos pensées de vérité et d'amour demeureront éternellement reliées à elle. Elles sont accrochées à son aura comme des décorations sur un sapin de Noël. Lorsqu'elle sera prête à les entendre, elle recevra vos pensées d'amour.

Il est également important de vous souvenir en permanence de l'irréalité de l'ego de votre cliente. Ne luttez pas avec les pensées de son ego, car cela les développera. De plus, vous entrerez dans votre état d'ego si vous vous identifiez à l'ego de votre cliente ou le jugez. Il en ira de même si vous êtes désolée pour elle ou si vous la voyez manquant de quoi que ce soit. Au lieu de cela, regardez au-delà des caractéristiques extérieures de son ego et ne voyez que l'état d'amour de son véritable Moi. Rappelez-vous : comme vous la voyez, vous vous voyez vous-même.

La seule chose réelle en ce monde c'est l'amour et chaque attitude et chaque mot de votre cliente (et de tous les autres, d'ailleurs) proviennent de l'amour. Si vous décidez de chercher la présence de l'amour dans vos clients, vous l'entendrez et la verrez dans tous leurs actes et toutes leurs paroles. Vous comprendrez que lorsqu'ils parlent mus par la peur, ils disent en réalité : « Je veux me sentir aimé et en sécurité ». Et lorsqu'ils parlent de leur souffrance physique, ils disent en réalité : « Je veux me sentir aimé et en sécurité. »

Si vous vous impatientez ou vous irritez avec vos clients, voici une merveilleuse affirmation que vous pouvez faire silencieusement pour vous-même durant les séances : « Je sais que je vois en vous quelque chose que je ne veux pas voir en moi-même. Je vous remercie du cadeau que vous me faites en me servant de miroir. Je lâche prise sur cette partie de moi qui m'irrite quand il s'agit de vous. Je la remets de mon plein gré à l'amour, en demandant seulement que toute leçon que j'ai besoin d'apprendre soit laissée derrière moi. »

Durant vos séances, vous devrez vous souvenir en permanence que vous êtes un canal pour l'amour de

Dieu. Si vous vérifiez continuellement l'état de santé de votre cliente pour voir si elle est guérie, c'est que vous n'avez pas entièrement remis vos pensées d'amour pour qu'elle les reçoive. Vous devez faire totalement don de votre cadeau de guérison pour qu'elle le reçoive intégralement. Vous ne voulez pas être comme le cuisinier amateur qui n'arrête pas d'ouvrir la porte du four pour vérifier l'état de sa création et qui, ce faisant, empêche le gâteau de lever. Si vous guérissez avec sincérité depuis un endroit où règne l'amour, ayez foi dans le fait que la guérison se produit *toujours* et laissez-la aller vers votre cliente en toute confiance.

Le soutien de la prière

Le pouvoir de guérison de la prière a été largement documenté par des profanes, des théologiens et des scientifiques. Dans son livre *Ces mots qui guérissent*, le Dr Larry Dossey présente un merveilleux aperçu des recherches scientifiques et médicales sur le remarquable pouvoir thérapeutique de la prière.

Les prières d'une seule personne peuvent guérir n'importe quel état, toutefois les preuves sont nombreuses que les prières de groupe entraînent des guérisons remarquables. Vous vous rappelez peut-être de la description que j'ai faite de ma conversation avec Bettie Eady, dans laquelle elle disait qu'une prière est un rayon lumineux unique allant droit au ciel mais que, si nous joignons notre prière unique à celles de personnes dans le même état d'esprit, cela équivaut à un immense faisceau de rayons lumineux scintillant dans le ciel.

C'est pourquoi vous voudrez peut-être compléter vos séances de guérison spirituelle avec les prières d'autres personnes. D'un simple appel téléphonique, vous ou votre cliente pourriez inscrire votre nom. Un jour l'une de mes clientes m'a demandé une aide spirituelle pour des bosses qui étaient visibles sur sa poitrine. Dans le même temps, elle a fait inscrire son nom sur le registre du ministère de la prière de plusieurs églises. Elle avait également de bons amis qui priaient pour elle. Par la suite, lorsque les résultats de sa biopsie sont arrivés, c'était un problème bénin ; mais elle m'a dit qu'elle croyait qu'à l'origine son état était grave et que l'intervention spirituelle avait permis à sa santé de se rétablir.

Les étapes de la guérison spirituelle

La guérison spirituelle peut être menée à distance ou en présence de la personne. Pour une guérison en personne, la première chose à laquelle vous devez penser est que vous et votre cliente soyez détendues. Avec un éclairage doux, des bougies, de la belle musique, de l'encens ou des fleurs odorantes, qu'il soit à domicile ou dans un bureau, le cadre où vous guérissez peut favoriser la relaxation et augmenter vos capacités psychiques. En général, votre cliente sera nerveuse ou anxieuse au début de la séance, en particulier si c'est une nouvelle cliente. Il se peut que vous ayez l'intuition de cette nervosité et la preniez pour la vôtre. Pour vous aider toutes les deux à vous détendre, commencez la séance par deux ou trois profondes respirations.

Je dis habituellement à ma cliente tandis que nous respirons :

« Sentez comme votre inspiration fait pénétrer en vous de délicieuses impressions de détente et gardez

votre souffle aussi longtemps que vous êtes à votre aise. Lorsque vous vous sentirez prête, expirez lentement. Expirez tous les soucis, les inquiétudes et les tensions. Visualisez-vous posant toute préoccupation urgente sur l'étagère ou sur le bord de la fenêtre, en sachant que vous pourrez les récupérer plus tard si vous le décidez. Mais pour l'instant, permettez-vous de déposer ces inquiétudes tandis que vous vous sentez de plus en plus détendue. »

La tension de votre cliente est palpable. Vous percevrez également le moment où elle relâchera cette tension. Vous remarquerez alors un changement de pression de l'air ; cela ira de l'impression que la pièce retient son souffle à celle que l'air y circule librement. Si votre cliente ou vous vous sentez encore nerveuse, prononcez cette méditation qui aide à se centrer :

« Visualisez un rayon de lumière blanche entrant par le sommet de votre tête, il traverse directement votre corps et pénètre dans la terre. Concentrez-vous sur cette lumière en vous sentant tirée vers le centre de vous-même. Sentez votre essence intrinsèque comme parfaitement équilibrée, assurée et totalement en paix. Rendez grâce à cette lumière qui vous rappelle que tout est dans un ordre parfait et divin, dès à présent. »

Votre détente durant la séance de guérison est essentielle parce que la guérison de votre cliente dépend en partie de sa confiance en vos capacités. Lorsqu'un enfant a peur de l'orage, il cherche un adulte pour le réconforter. Si cet adulte montre lui aussi de la peur, l'enfant sera encore plus effrayé. Aussi, ayez conscience de l'influence de votre comportement sur la confiance que votre cliente a en vous. Votre manière de parler et d'agir transmettra l'harmonie durant votre préparation mentale avant la séance.

En parlant avec votre cliente faites en sorte que votre connaissance de sa perfection se reflète dans votre vocabulaire. Dites « votre supposée maladie » ou « votre apparente maladie » plutôt que « votre maladie ». Si votre cliente se sert de mots qui personnifient ou affirment la maladie (tels que « je combats une maladie », « je suis malade », « j'ai mal » ou « je couve quelque chose »), expliquez-lui gentiment que ces mots et ces phrases renforcent l'expérience de la maladie. Vous ne devez pas avoir l'air de ne pas tenir compte des peurs de votre cliente, mais nous ne devez pas non plus alimenter la soi-disant réalité de l'illusion. Vous pouvez demander à vos anges ou à vos guides spirituels de vous aider à choisir vos mots d'amour et de vérité.

Écoutez avec compassion les plaintes de vos clients, mais ne les encouragez pas. Essayez de ne pas diriger votre attention sur la souffrance, non pour les réconforter de manière artificielle, mais pour faire croître vos intentions (leur bonne santé) en restant centrée sur la santé et consciente d'elle. Il est utile d'écouter les plaintes de vos clients comme s'ils décrivaient un cauchemar. Les cauchemars ne sont pas réels, pourtant ils contiennent des métaphores et des symboles précieux.

Je limite à dessein le temps passé à parler de leurs symptômes et de leurs plaintes avec mes clients, car pour finir, ce genre de discussion ne sert à rien. Je ne m'engage jamais dans des diagnostics, car le fait de mettre une étiquette affirme la réalité d'un état. J'en demande seulement assez à mes clients pour avoir une idée de leur attitude générale. J'accorde également une grande attention à leur manière de parler, à l'affût des phrases qui sont les signes de leurs croyances à propos d'eux-mêmes et du monde en général.

Tout en écoutant mes clients, j'écoute la voix de mon guide intérieur et celles des anges ou des guides spirituels de mes clients. Je regarde également devant mon œil mental les films psychiques des expériences passées de mes clients en relation avec leurs symptômes présents.

La santé physique de vos clients est à l'image de leur santé intérieure. Lorsqu'elles sont réprimées, la peur, la colère et la culpabilité se manifestent en toutes sortes de maladies physiques. Toutefois, en tant que guérisseur, vous considérerez tous les types de problème comme identiques. Votre traitement d'une soi-disant maladie en phase terminale ne diffèrera pas beaucoup de celui d'une coupure ou d'un bleu car, peu importe la forme, tous les problèmes ont des racines communes. Tous sont les produits de la croyance que la personne est séparée, pas en sécurité, attaquée ou pas aimée. Aucune de ces caractéristiques ne s'applique à vos clients et dès qu'ils le comprendront, leur corps reviendra à son état normal. Si vos clients ont décidé dans leur âme, soit de rester malades soit même de quitter la Terre, votre travail de guérison est encore précieux toutefois. Chaque fois que vous aidez quelqu'un à déceler la peur et à la laisser aller, vous êtes une bénédiction pour le monde.

Guérir en silence

La guérison spirituelle implique de passer de la perspective de l'ego à la conscience du vrai Moi. Vous abolissez la frontière entre les mondes en empruntant le pont de la conscience paisible. Le vrai moi n'a pas besoin de mots, sa conscience totale étant celle de l'amour et de l'accomplissement. Il est au-delà des mots, car ce sont essentiellement les outils de différenciation et de jugement qu'utilise l'ego.

Tout ce qu'il faut pour susciter une guérison soudaine c'est d'avoir, juste un instant, la conscience totale – sans le moindre doute – de la véritable perfection de votre cliente et de votre unité avec elle et Dieu. C'est pourquoi vous aurez peut-être besoin de silence pour méditer durant votre séance.

Pendant cette méditation, ayez conscience que votre cliente vous est chère, car la vérité de son identité est l'essence de Dieu, de l'Esprit Saint et la conscience du Christ. Connectez-vous mentalement à cet être primordial au cœur de cette cliente qui vous est chère. Sentez la chaleur de votre amour pour elle gonfler votre cœur. Sachez que vous et cette personne que vous aimez ne faites qu'un avec Dieu.

Peut-être demanderez-vous également une assistance spirituelle pour centrer vos pensées autour de votre cliente. Vos prières pour sa guérison ne sont pas tant des suppliques pour que Dieu intervienne dans l'expérience matérielle de cette personne, mais pour qu'il intervienne en vous et dans les *pensées* que celle-ci entretient à propos de son expérience matérielle. C'est parce que seul l'esprit a besoin d'être guéri. Si un ange intervenait soudainement et guérissait la maladie de votre cliente sans que cela s'accompagne d'un changement dans son système de croyances, la maladie réapparaîtrait bientôt.

Je me tourne souvent vers l'Esprit Saint ou Jésus et dis mentalement : « S'il te plait, pénètre dans mon esprit et dans mon cœur et aide-moi à voir cette situation autrement. Je t'en prie, guéris mes pensées pour qu'elles soient harmonie et vérité ». Dans le monde du vrai Moi, il n'est qu'un esprit ; donc, si votre esprit semble distrait par des préoccupations terrestres, empruntez celui d'un maître spirituel qui ne connaît que la paix parfaite. La conscience de l'unité est l'instrument de la guérison, peu importe qui est la personne dont l'esprit a cette connaissance.

Vous voudrez peut-être terminer votre méditation avec la visualisation suivante :

Remettez votre connaissance de l'unité à votre cliente et à l'univers en vous représentant vos pensées encloses dans une bulle transparente de lumière. Lancez cette bulle depuis votre cœur ou votre plexus solaire (celui qui vous semble approprié) et sentez-la ou voyez-la emportée vers une lumière rayonnant de l'amour de Dieu. Voyez l'amour de Dieu purifier chaque pensée et chaque idée contenue dans la bulle afin qu'elles vibrent d'amour et de vérité. Voyez cette bulle éclater en une joyeuse fête tout en se fondant dans la lumière. Voyez le contenu de la bulle se disperser instantanément et tomber partout en gouttes de joie et de santé. Voyez ce don d'amour inonder votre cliente.

Guérir avec des mots

Avant et après vos méditations vous parlerez avec vos clients, évidemment. L'intérêt principal de ces conversations est de les aider à passer d'une perspective axée sur l'ego à un état centré sur l'amour. Vos paroles aident peu à peu vos clients à se rendre compte qu'ils ne sont pas les victimes de leur corps, des microbes ou d'autres personnes. Comme je l'ai mentionné plus tôt, lorsqu'ils réaliseront que leurs pensées contribuent à leur état actuel, il se peut qu'ils soient tout d'abord en colère contre eux-mêmes et se demandent : « Pourquoi est-ce que je me suis fait cela ? » Cette manière d'envisager les choses ne leur est pas utile, car c'est de la victimisation, mis à part qu'à présent, ils se croient les victimes de leurs propres pensées.

Il faut de la patience et de la pratique avant que quelqu'un s'aperçoive du choix conscient de chaque pensée. La méditation nous aide à nous rendre compte du petit délai précédant l'entrée de chaque pensée dans notre esprit. Toutefois, nombre de vos clients n'auront probablement pas beaucoup d'expérience de la méditation et ne comprendront donc pas qu'en réalité ils choisissent leurs pensées. La plupart des gens croient que ce sont leurs pensées qui *les* choisissent.

Toutefois, vous ne vous voudrez pas vous engager dans des débats sur ce sujet avec vos clients. Tous les débats viennent de l'ego et conduisent à des luttes de pouvoir au lieu de la guérison. Votre rôle d'artisan de lumière est de suivre les conseils de votre Moi supérieur en aidant vos clients à laisser aller de bon gré les pensées, les croyances et les émotions à l'origine de leurs symptômes. Beaucoup des méthodes que je décris dans la partie suivante m'ont été données par mes guides spirituels et mon Moi supérieur durant des séances et je peux attester leur efficacité. Si vous vous sentez guidé, vous voudrez peut-être utiliser l'une ou plusieurs de ces méthodes avec vos propres clients.

Le rôle du pardon

Le refus de pardonner à une autre personne, à Dieu ou à soi-même est l'origine la plus fréquente de la maladie physique. Il est dit dans *Un cours en miracles* : « Aucune forme de souffrance ne parvient à dissimuler une pensée qui refuse de pardonner, et il ne peut exister une forme de souffrance que le pardon ne puisse guérir.[1] »

Pour vivre totalement dans l'état du véritable Moi, il nous faut être libres des jugements de l'ego. Le véritable Moi étant notre état naturel, nous n'avons rien besoin d'ajouter à nous-mêmes pour y parvenir. Au lieu de cela, nous devons nous défaire de toutes les pensées de l'ego concernant notre séparation d'avec les autres et d'avec Dieu. Si vous croyez que, ne serait-ce qu'une personne, est « mauvaise » ou « coupable », vous vous voyez alors séparé des autres. Cela vous place dans votre ego et fait obstacle à la joie et à la santé de l'état de votre vrai Moi.

L'ego se réjouit de voir le « mauvais » dans une autre personne. Ce jugement le fait se sentir supérieur ou spécial, ce qui affirme instantanément un sentiment de séparation entre soi, les autres et Dieu. Habituellement, ce qui nous agace chez quelqu'un d'autre est une caractéristique que nous ne voulons pas voir en nous-mêmes. Dans ces cas-là, nous sommes guéris lorsque nous pardonnons à l'autre et à nous-mêmes.

Le pardon total pour eux-mêmes et pour le monde est le chemin vers le lâcher- prise sur les blocages de l'ego subsistant entre vos clients et la vie qu'ils désirent sincèrement vivre. L'intervention spirituelle nous aide à assister nos clients pour qu'ils reconnaissent et laissent aller leur entêtement à ne pas pardonner. C'est pourquoi la priorité de votre première série de traitements est généralement d'aider vos clients à lâcher prise sur les jugements et les sentiments liés au refus de pardonner. Lorsque vous repérez et délogez une pensée liée à ce refus chez une cliente, vous la débarrassez littéralement d'un vampire la vidant de sa vie.

Lorsque vos clients laissent aller le refus de pardonner, ils retrouvent la paix et la santé liées à l'état de leur véritable Soi. La maladie et la blessure se produisent lorsque l'ego croit qu'il est séparé et se sent coupable des attaques qu'il a menées. Cette culpabilité conduit à la peur des représailles. L'ego croit qu'en se faisant mal le premier, il évite les punitions d'origine extérieure. La maladie et les accidents sont les manières de se punir que l'ego préfère, croyant follement « si je me fais suffisamment mal, j'échapperai à une souffrance plus grande. »

Vos séances de guérison *pourraient* être axées séparément sur le lâcher-prise sur la peur, la culpabilité et le refus de pardonner. Toutefois, j'ai trouvé que cette vaste thématique prenait beaucoup de temps et n'était pas nécessaire. En ne vous concentrant que sur le refus de pardonner, vous laissez aller ce blocage essentiel et dans le même temps, ses résidus de peur, de culpabilité, de honte et autres émotions de l'ego.

Le pardon et le lâcher-prise sur les problèmes dépendent d'une bonne volonté, non du temps. Pourtant, cela peut prendre beaucoup de temps à vos clients pour que leur vienne la *volonté* de pardonner. Il se peut même qu'ils s'accrochent obstinément au ressentiment et disent : « Pourquoi serait-ce à moi de pardonner ? Après tout ce n'était pas de ma faute ! »

Habituellement ce genre de protestation nécessite que le guérisseur explique la différence entre « approbation » et « pardon ». Vos clients n'ont pas à excuser le comportement violent de quelqu'un ; ils n'ont qu'à pardonner à la personne, et non pardonner son comportement, pour se libérer de la prison de leur ego. En outre, pardonner ne signifie pas : « Je juge ton comportement comme peu recommandable, mais parce que je suis une personne éclairée, je vais choisir de fermer les yeux ». Le pardon guérit lorsqu'on lâche prise sur tous les jugements reliés à toute la situation et que l'amour les remplace. À ce moment-là, on fait l'expérience de l'état du vrai Soi.

« Mais cela ne peut pas être aussi simple que cela ! » a protesté ma cliente Patricia lorsque j'ai expliqué le lien entre le refus de pardonner et ses symptômes. Elle avait passé des années en séances chez le psychiatre, le psychologue et l'hypnothérapeute avant de venir vers moi pour des séances en counseling spirituel. Après tout ce temps et cet argent… comment oserais-je dire que le pivot de sa souffrance émotionnelle était le refus de pardonner ?

Il est dit dans *Un cours en miracles* : « La complexité est du ressort de l'ego et n'est rien de plus que la tentative de l'ego d'éclipser ce qui est évident ». L'ego veut que nous croyions à notre complexité et notre particularité ainsi qu'à celles de nos problèmes pour amplifier la croyance en la séparation. L'ego veut un diagnostic exotique, puis un programme de traitement particulièrement complexe. Il veut du drame et d'interminables séries de problèmes comme dans les feuilletons, pas des solutions.

Heureusement, tout ce dont le pardon a besoin c'est d'un tout petit instant de bonne volonté et c'est là une ouverture suffisante pour invoquer la guérison. Voici quelques méthodes pour aider vos clients à lâcher prise sur le refus de pardonner :

— *Les métaphores thérapeutiques.* Cherchez ce que la maladie de votre cliente a de symbolique. Habituellement, le corps donne des indices évidents quant à l'origine des maux et des souffrances. Par exemple, si votre cliente se plaint d'avoir mal aux pieds, demandez-lui : « Qu'est-ce qui, ou qui vous casse les pieds dans votre vie ? » À une cliente souffrant de l'estomac demandez : « Qu'est-ce que vous ne pouvez plus digérer ? » Un mal de gorge peut justifier une question comme : « Qu'est-ce que vous avez du mal à avaler ? » Si une cliente a mal au dos demandez-lui : « Qu'est-ce qu'il y a dans votre vie que vous ne pouvez plus prendre sur vous ? » Parfois, un problème de jambe est l'indication d'un besoin de ralentir un mode de vie très rapide, alors permettez à votre intuition de vous guider dans la bonne direction. Une fois repéré le sens métaphorique du symptôme, cherchez le refus de pardonner qui sous-tend ce dernier. Neuf fois sur dix, c'est là l'émotion coupable à l'origine de la maladie de votre cliente.

> Ma cliente Barbara se plaignait d'une douleur intense dans les oreilles et disait que le traitement médical n'avait apporté aucun soulagement. J'ai vu psychiquement que sa douleur était reliée à des conflits conjugaux. Lorsque je l'ai interrogée là-dessus, Barbara a vomi des insultes rageuses sur son mari. Elle m'a dit qu'il était sans égards, brutal et l'agressait verbalement.
>
> En même pas une demi-heure, Barbara s'est rendu compte que son mal d'oreilles était sa manière de garder à l'extérieur la voix de son mari. Elle a vu également qu'elle se servait de sa maladie comme d'une arme contre lui, comme pour lui dire de manière voilée : « Regarde ce que tu m'as fait ! » Nous avons travaillé à ce qu'elle lâche prise sur son refus de pardonner à son mari.

J'ai d'abord fait une lecture de son mari et découvert que son comportement colérique était en réalité une colère à l'égard de lui-même. Cet homme se voyait comme un raté parce que sa femme était perpétuellement malheureuse, déprimée et malade. Barbara a admis que c'était vrai. Nous avons affirmé que Barbara et son mari étaient, en vérité, de parfaites gouttes de l'amour de Dieu et étaient totalement incapables de faire souffrir ou de souffrir. En lâchant prise sur le refus de pardonner, Barbara n'avait pratiquement plus mal aux oreilles à la fin de la séance.

Le livre de Louise L. Hay *Guéris ton corps* est le guide par excellence du déchiffrage du sens métaphorique des diverses maladies. J'en garde un exemplaire à portée de main durant mes séances et constate souvent qu'en consultant son tableau ma cliente est en mesure de faire des progrès instantanés conduisant à une guérison rapide.

Par exemple, ma cliente Suzette se plaignait que ses gencives étaient irritées, enflées et qu'elles saignaient. J'ai lu la signification métaphysique de ses symptômes dans *Guéris ton corps* : « Incapacité à s'en tenir à ses décisions. Manque d'assurance face à la vie ». J'ai demandé à Suzette : « Quelle est la part de vous qui manque d'assurance ou qui ne peut prendre de déci- sion ? » Suzette a répondu sans la moindre hésitation. Elle m'a parlé de ses luttes depuis l'éducation reçue dans son enfance pour cesser de voir Dieu comme une « divinité jalouse, colérique et vengeresse » et passer à une vision reflétant son désir de Le voir comme tout amour. Cette transition spirituelle avait engendré des peurs de prendre la « mauvaise » décision concernant Dieu. Nous avons consacré le reste de la séance au lâcher-prise sur le refus de pardonner à elle-même, au pasteur de son enfance et à sa mère. Suzette m'a dit plus tard que ce traitement avait presque immédiatement soulagé la souffrance de ses gencives.

– *L'effondrement du temps*. Parfois les clients ont peur de pardonner parce qu'ils croient que le pardon équivaut à dire : « J'avais tort et toi, raison ». Ils s'inquiètent à l'effet que, s'ils admettent avoir tort, les représailles et la punition ne manqueront pas de suivre. Vous pouvez vous servir d'un changement dans la façon de penser qu'on appelle « effondrement du temps » dans *Un cours en miracles,* pour aider votre cliente à échapper à la peur des représailles.

Tout d'abord, vous vous rappellerez que le temps linéaire n'existe pas dans le monde du véritable Moi. Il existe pour nous ici sur Terre parce que l'ego veut mesurer et comparer ses réalisations matérielles. Le temps étant une création de l'ego, il provient d'une origine irréelle. Le temps est donc une illusion puisque seul Dieu peut créer le réel et l'éternel.

Nous ne sommes sans doute pas capables de ralentir ou d'accélérer le temps, mais nous pouvons modifier ce dont nous, comme toute autre personne, nous souvenons au sein du temps. Après tout, si nous nous soucions de notre passé, c'est en partie à cause des pensées et des sentiments négatifs liés à une expérience négative s'étant alors produit. Donc, si nous pouvions supprimer la mémoire et les conséquences négatives des mauvaises choses dans le passé, cela équivaudrait à effacer le temps. Nous annulerions en fait des événements passés.

Selon *Un cours en miracles* c'est exactement ce que nous faisons lorsque nous pardonnons. Notre pardon pour nous-mêmes et pour toutes les personnes reliées à l'erreur survenue dans le passé annule et efface le passé. En voici la raison : l'événement du passé était un produit de l'ego. Nous le savons parce qu'il n'était pas centré dans l'amour. L'erreur passée était donc fondée sur des erreurs de jugement, ce qui en retour a conduit à des sentiments blessés ou à la colère. Ainsi, l'erreur a été cause de souffrance émotionnelle.

Si vous supprimez la cause, son effet disparaît également. Le pardon supprime la cause des émotions liées à la douleur : l'ego. Or, sans leur cause, les émotions liées à la douleur ne peuvent s'entretenir d'elles-mêmes. Les sentiments amers s'adoucissent alors et guérissent rapidement jusqu'à s'évanouir et devenir un lointain souvenir.

L'effondrement du temps est étudié dans les laboratoires également. Des chercheurs en médecine, en physique quantique et en parapsychologie découvrent comment nos pensées présentes peuvent influencer ou même effacer un comportement passé. Par exemple, le scientifique Helmut Schmidt a mené plusieurs études sur ce thème en se servant d'un ordinateur produisant des nombres au hasard. Des études précédentes effectuées par des chercheurs dans des universités de pointe avaient déjà montré que les gens pouvaient mentalement influencer les nombres que la machine produirait.

Toutefois, Schmidt a poussé sa recherche un pas plus loin. Il a fait produire des nombres au hasard par l'ordinateur avant le début de ses expériences. Personne n'a regardé les nombres résultant du choix de l'ordinateur. Au lieu de cela, Schmidt a demandé à des participants d'influencer mentalement la sélection de l'ordinateur sur une nouvelle série de nombres. On a demandé aux participants de sélectionner n'importe quels nombres cibles de leur choix. À la fin de l'expérience, Schmidt a découvert qu'un pourcentage significatif de la seconde série de nombres correspondait à la première série. Ce chercheur croit que lorsqu'il a regardé la première série de nombres après l'expérience, ses pensées ont reculé dans le temps et ont influencé la seconde série de nombres de cette expérience[2].

Les expériences comme celle menée par Schmidt, nous rappellent que le temps n'est pas un mouvement linéaire allant de gauche à droite auquel nous pensons habituellement. Les artisans de lumière peuvent aider leurs clients à guérir leur passé en modifiant leurs pensées présentes. Après tout, lorsque nous nous excusons auprès des gens, ils répondent souvent : « Oubliez cela ! » Cela signifie : « Je vous ai pardonné et j'ai oublié l'incident.»

Mes études montrent que lorsque nous pardonnons à nous-mêmes ou aux autres, les gens impliqués dans l'incident font souvent preuve d'amnésie collective et sont incapables de se souvenir du moindre détail à propos de l'événement pardonné. Je crois que si nous nous pardonnons sincèrement nos comportements malsains passés – comme l'abus d'alcool, des drogues, de la nourriture ou des cigarettes, nous pouvons effacer leurs conséquences physiques comme si elles ne s'étaient jamais produites.

Des preuves scientifiques appuient cette théorie, telle une étude dans laquelle le chercheur William Braud a demandé à un sujet d'influencer mentalement les lectures électriques que donnait sa peau durant des mesures effectuées *dans le passé* (ignorées jusqu'après l'expérience, puis comparées avec les lectures cibles du sujet). Les résultats n'étaient pas statistiquement significatifs, mais Braud a trouvé que le sujet était capable d'exercer une certaine influence et de « *suggérer* » les lectures de sa peau dans le passé avec ses pensées présentes[3].

Le traitement spirituel de l'esprit auquel j'ai recours en évoquant un effondrement du temps m'amène à faire appel à l'Esprit Saint (la Voix venant de Dieu en nous qui guérit notre esprit et le conduit vers la vérité). Je prononce ce traitement à haute voix en utilisant alternativement la première personne du singulier « Je », et la première personne du pluriel « Nous », afin de signifier que mon esprit a besoin de guérir pour voir la véritable perfection de mes clients.

> *« Esprit Saint, (nom de la cliente) souffre et a besoin de ton aide pour guérir les pensées que cache sa souffrance. Nous savons que la souffrance n'est pas réelle car Dieu ne l'a pas créée. C'est donc que nous avons dû choisir une pensée fausse. Nous voulons la paix au lieu de la souffrance. Nous t'en prions, pénètre dans nos esprits dès maintenant et aide-nous à voir cette situation autrement. S'il te plait corrige toutes nos pensées afin qu'elles soient alignées sur la vérité de Dieu. Nous demandons que tous les effets de notre pensée erronée soient oubliés dans le temps par toutes les personnes concernées. »*

Je prononce cette évocation et de nombreuses autres à la première personne du pluriel, parce que la guérison se produit tant chez la cliente que chez la guérisseuse. Ce traitement particulier entraîne toujours des changements spectaculaires dans les relations de la cliente, car il guérit simultanément tous les esprits en relation avec l'incident ayant causé la peur. Vous voudrez peut-être que votre cliente vous tienne informée des guérisons de ses relations afin d'accroître votre confiance dans l'efficacité de ce traitement.

– *La bulle de lumière.* Cette méthode de traitement aide vos clients à sentir l'unité avec les gens envers qui ils conservent de la rancune. Faites fermer les yeux à votre cliente et détendez-vous en prenant plusieurs profondes inspirations. Ensuite guidez-la durant le traitement par la méditation ci-dessous :

> « *Voyez ou sentez* (nom de la personne à qui votre cliente tente de pardonner). *Pouvez-vous voir ou sentir cette personne ? Merci de hocher la tête si vous voyez ou sentez cette personne.* »

(Continuez à travailler avec votre cliente jusqu'à ce qu'une image ou une impression devienne claire ; la résistance au pardon l'empêche de voir l'autre personne. Lorsque votre cliente voit ou sent l'autre personne, c'est le signe qu'elle s'ouvre à la bonne volonté de pardonner. Cette petite ouverture est tout ce qu'il faut pour accomplir un miracle !)

> « *À présent, je voudrais vous demander d'observer ou de sentir l'intérieur de cette personne. Prêtez attention à une petite étincelle de lumière blanche qui jaillit au milieu d'elle comme la veilleuse d'une chaudière. Tenez-moi au courant*

dès que vous aurez la moindre vision ou impression de cette lumière blanche, d'accord ?

Bien, à présent que vous vous êtes aperçue de la lumière blanche dans cette personne, j'aimerais vous demander de la faire grossir mentalement. Tout ce qu'il vous faut faire, c'est lui demander de grossir. Est-ce qu'elle grossit ? Bien. À présent voudriez-vous continuer à étendre cette lumière jusqu'à ce qu'elle emplisse toute la personne ? Si vous voyez la moindre obscurité dans cette personne, auriez-vous la gentillesse de demander à la lumière de l'ôter et de la purifier ? Lorsque vous aurez répandu cette lumière dans toute la personne, j'aimerais vous demander d'amplifier la lumière jusqu'à l'extérieur du corps de la personne et de l'étendre comme une aura. Voyez-vous ou sentez-vous cela ?

À présent, voudriez-vous essayer de vous voir ou de vous sentir vous tenant près de cette personne ? Vous voyez-vous, ou vous sentez-vous près de l'autre personne ? Bien. À présent est-ce que je peux vous demander de faire un pas et d'entrer dans la lumière blanche émanant de l'autre personne ? Vous-voyez-vous baignée de lumière blanche avec l'autre personne ? Remarquez comme la lumière devient si brillante que vous ne pouvez plus distinguer de division entre vous deux. Sentez et voyez les limites s'estomper entre vous et disparaître. Voyez la lumière blanche devenir de plus en plus grosse comme un grand nuage d'amour. Vous pouvez demander à ce nuage d'amour de guérison de grossir encore plus, le voir couvrir toute la ville, tout le pays, le continent et puis le monde entier. Sentez l'amour

> *encercler le monde en sachant que vous et l'autre personne faites un avec tous, avec le monde et l'une avec l'autre. »*

Ce traitement suscite toujours de merveilleuses coïncidences touchant les personnes auxquelles nous pardonnons. Étant donné que nos vrais Mois se rejoignent tous en un seul esprit, les autres peuvent sentir que vous lâchez prise sur vos rancunes envers eux. Les lignes tendues par le ressentiment se rompent au moment du pardon. C'est palpable ! La personne à qui vous pardonnez ne sait peut-être pas pourquoi, mais une pensée à votre sujet lui traverse l'esprit. C'est d'abord une pensée neutre, puis c'est une pensée adoucie par l'amour. Elle vient de vous pardonner en même temps, mais n'a aucune idée du pourquoi. Automatiquement, l'autre nous traite différemment parce que dans le même temps, nous le libérons des ressentiments durant cette guérison. Son Moi véritable communique avec le nôtre à travers la distance et le temps et – peu importe sa personnalité, son emplacement géographique et qu'il soit vivant ou mort – son âme répond à notre pardon.

Vous avez probablement conscience de vous conduire différemment lorsque vous êtes avec certaines personnes. C'est ainsi pour tout le monde. Vous réagissez à la manière que les gens pensent de vous. S'ils sont critiques, vous agissez d'une certaine manière. S'ils sont ouverts et gentils, vous agissez autrement. Ces personnes ont certaines attentes par rapport à la manière dont vous agirez et vous comporterez et, jusqu'à un certain point, leurs attentes reçoivent une réponse automatique. De plus, les autres ne remarqueront que les aspects de votre comportement répondant à leurs attentes.

Les autres réagissent de la même manière à vos jugements. Vos pensées sont la cause et leur comportement, l'effet. Si vous pensez aux autres depuis le plan de votre ego, vous suscitez leur comportement négatif. En revanche si, grâce au miracle du pardon, vous voyez les gens avec les yeux de l'amour, ils brilleront par leur comportement.

Avez-vous déjà passé du temps avec quelqu'un qui vous admirait ou vous aimait ? Ne vous êtes-vous pas sentie plus à l'aise en présence de cette personne, comparé à quand vous étiez avec quelqu'un de critique ? Lorsque votre cliente pardonnera à son patron, son conjoint, son collègue, sa mère, sa sœur ou ses enfants, sa nouvelle perception fera irradier ces gens. Ils changeront parce que son angle de vue sera passé de celui de la cassette vidéo de l'ego à celui de la cassette du vrai Moi. Le pardon nous fait gagner tellement de temps !

— *La visualisation de l'enclos.* Après avoir aidé votre cliente à se détendre en prenant lentement plusieurs profondes inspirations, faites-lui fermer les yeux et se placer dans une position confortable. Doucement, décrivez-lui la scène suivantes :

> « *Imaginez-vous dans un champ à la campagne. Une route mène jusqu'à vous. Par elle, arrivent les ressources dont vous avez besoin sur les plans matériel, émotionnel et spirituel. Cette route traverse un enclos pour parvenir à vous. Cet enclos a deux portes : l'une face à la route, l'autre face à vous. Si les deux portes sont ouvertes, les ressources vous parviennent facilement et vos offrandes au monde s'écoulent de vous.* »

(Faites-la inspirer et expirer lentement et profondément à trois reprises, ou ayez recours à une autre méthode de relaxation profonde avant de lui dire ce qui suit) :

> « *Chaque fois que nous refusons de pardonner à quelqu'un, nous emprisonnons cette personne dans notre esprit, où nous lui infligeons mentalement notre sentence de culpabilité et nos reproches. L'image de cette personne est « enfermée » dans notre conscience et les portes de l'enclos se referment en claquant comme des portes de prison. Nous entrons inévitablement dans l'enclos avec la personne que nous avons jugée, afin de la surveiller dans son emprisonnement. Ainsi, les deux portes sont fermées et notre enclos fermé à clé empêche nos ressources et nos offrandes de circuler.*
>
> *Regardez immédiatement dans votre enclos et voyez qui s'y trouve. Voyez le prix élevé que vous payez pour garder ces gens enfermés. Si vous êtes prête à pardonner, imaginez les portes de votre enclos s'ouvrant automatiquement. Visualisez quiconque s'y trouvant en sortir libre, heureux et pardonné. Souhaitez-lui de bonnes choses. Si cela semble difficile, essayez de pardonner à la personne au lieu de pardonner ses actes. Tandis que vous pardonnez, ressentez la libération, le soulagement et le renouvellement de votre énergie au fur et à mesure que votre ressentiment se dissipe. Vérifiez et assurez-vous que vous n'êtes pas seule dans l'enclos, à la suite d'un jugement de votre ego à l'égard de vous-même.* »

– *La libération angélique.* L'une des méthodes les plus puissantes et les plus efficaces pour aider vos clients à guérir du refus de pardonner est de faire appel à l'aide des anges. J'ai découvert que lorsque les méthodes ci-dessus n'apportent pas la paix à mes clients, c'est en général qu'ils refusent ou ont peur de pardonner. Les anges, qui sont des aides remarquables durant les séances de guérison, interviendront et libèreront en douceur les réserves de votre cliente.

Après avoir amené votre cliente à se détendre, vous pouvez délicatement la guider pour qu'elle visualise chaque pensée refusant le pardon comme un bout de papier. Expliquez-lui qu'à une époque ce papier a eu une utilité, mais qu'à présent, comme un vieux journal, il n'en a plus. Demandez à votre cliente de voir et de sentir les chérubins l'encercler et de s'imaginer leur tendant les bouts de papier. Voyez-les et sentez-les emporter le refus de pardonner vers la lumière, où toutes les pensées sont purifiées. Les anges reviennent vers votre cliente avec en cadeau des pensées d'amour purifiées.

Harmonisation mentale pour les guérisseurs

Vous êtes un instrument de guérison, aussi devrez-vous prendre toutes les mesures nécessaires pour vous assurer que votre esprit demeure en harmonie avec la vérité. Il nous arrive à tous d'être attirés dans notre ego ; donc si vous êtes attirée dans le vôtre cela ne signifie pas que vous n'êtes pas un guérisseur qualifié. La voie des artisans de lumière est celle où l'on doit simplement remarquer les signaux de son ego aussi vite que possible, puis prendre des mesures pour ramener la paix dans son esprit. Cela peut se faire en prenant une grande inspiration, en disant une prière ou en méditant.

L'harmonisation mentale peut également requérir certains changements dans le mode de vie, comme éviter les discussions et les informations des médias à propos des maladies, des accidents et des catastrophes. Votre guide intérieur vous aidera à trouver un moyen d'équilibrer votre nature généreuse (qui peut vous pousser à regarder la couverture télévisée d'une tragédie) et votre connaissance de la Loi de cause à effet, en vertu de laquelle votre attention amplifie ce sur quoi elle se concentre. Vous saurez à quel moment éteindre les nouvelles télévisées et vous mettre à guérir la situation grâce à votre connaissance de sa paisible vérité.

* * * *

CHAPITRE 23

Guérir le monde

« *Tout dans l'Univers, nous devons le comprendre, procède de l'éther ou est dans l'éther* »

— Pierre Teilhard de Chardin,
scientifique, voyant et philosophe français

De même que pour guérir le corps d'une cliente, ou toute autre matière, on peut guérir le monde selon une perspective matérielle ou spirituelle. Le travail énergétique et la guérison spirituelle peuvent modifier de façon spectaculaire notre expérience de la santé du monde.

La peur collective est une réaction en chaîne

Les prophéties sur le destin du monde semblent avoir toujours existé. L'histoire nous enseigne que la croyance que « la fin est proche » était répandue juste avant l'an 1000. Apparemment, chaque génération vivant au moment où l'on passe à un nouveau siècle est convaincue que les prophéties sur la fin des temps s'appliquent à elle. Le problème est que, si assez de gens partagent cette croyance négative, leurs peurs collectives engendrent réellement des problèmes pour la Terre.

Dieu réveille actuellement les artisans de lumière pour guérir, dès à présent, car de 1990 à 2040, la densité de l'énergie liée à la panique des humains en proie à la fièvre du millénaire pourrait bouleverser le plan éthérique. Grâce à leur conscience de la vérité et de l'amour les artisans de lumière peuvent annuler les prophéties sur la fin des temps. Cependant, si ces prophéties se réalisent, les artisans de lumière fourniront les services nécessaires tels la guérison, la manifestation et les soins.

Les changements climatiques

De très nombreuses personnes observent anxieusement le temps parce qu'elles croient que des changements climatiques radicaux sont le signe de la fin du monde. Durant ces deux dernières décennies, notre attention collective s'est tellement préoccupée du caractère anormal du temps que nous avons en réalité créé des conditions instables. Nous devons toujours garder à l'esprit que toute la matière, y compris la pluie, les rochers, la neige, le vent, la masse terrestre, de même que la foudre sont le produit de nos pensées. Les anges de Dieu nous aideront lorsque les croyances nées de notre peur collective engendreront le mauvais temps. Cela ne veut pas dire toutefois que Dieu a fait ou rendu les conditions climatiques mauvaises.

Nous ne sommes pas de malheureuses victimes isolées sur une planète où le climat se « manifeste » par hasard. Nous avons la maîtrise totale du rêve. Cela signifie que nous devons nous rappeler la Loi de cause à effet : *Tout ce à quoi nous pensons s'amplifie*. Nous qui sommes artisans de lumière devons méditer chaque jour sur ce que nous voulons voir, pas sur ce que nous avons peur de voir se produire.

Un temps violent comme les orages, les inondations et les tremblements de terre peut être une manière pour la Terre de libérer une énergie sursaturée de négativité. Cependant, les artisans de lumière peuvent aider la Terre à libérer cette énergie en douceur. Des scientifiques documentent actuellement la preuve que nos pouvoirs mentaux peuvent influencer le temps[1]. Leurs études apportent des détails sur ce que de nombreux artisans de lumière ont toujours su. Nous pouvons voir l'énergie se disperser et être emportée par les anges vers la lumière purificatrice. Nous pouvons également avoir des images mentales d'un lâcher-prise collectif sur le refus de pardonner. Ainsi, nous aidons l'ego de la Terre, qui comme le nôtre est autodestructeur, à lâcher prise.

Comme dans le travail de guérison spirituelle s'appliquant au corps humain, les prières peuvent susciter des guérisons miraculeuses du corps de la Terre. Nous disposons déjà de la preuve scientifique documentée que la prière accroît le rythme de croissance des plantes et des microbes[2] et influence les propriétés de l'air et de l'eau[3]. Pourquoi la prière ne profiterait-elle pas au reste de la nature ? Vos prières, combinées à celles des autres artisans de lumière, pourraient ramener la terre à son état de santé parfaite et radieuse.

Le travail énergétique sur le monde

Le chercheur britannique James Lovelock a avancé une théorie selon laquelle la Terre est un organisme vivant qui lutte pour maintenir son homéostasie* en modifiant sa masse et le temps. Lovelock a appelé sa théorie « Gaïa » du nom de la déesse grecque de la terre[4]. Selon la théorie Gaïa, les catastrophes terrestres sont les effets naturels de la cruauté des humains envers la nature.

Intuitivement, la théorie Gaïa de Lovelock a du sens. Nous savons également d'après les études s'appuyant sur la photographie Kirlian que la lumière entourant la matière change en fonction de l'évolution des émotions de la personne tenant cette matière. Par exemple, un objet tenu par une personne en colère aura sur une photo une aura plus petite ou plus sombre que s'il est photographié tenu par une personne exprimant le bonheur.

La photographie Kirlian a récemment essuyé les tirs des scientifiques, qui débattent de l'origine de l'aura. Ils sont nombreux à croire aujourd'hui que les auras que fait apparaître la photographie Kirlian sont en réalité l'image de l'humidité ou de la chaleur de l'objet. Toutefois, le problème n'est pas de savoir si ce que l'on voit autour des objets sur la photographie Kirlian est en réalité de l'humidité, de la chaleur ou de la lumière. Le fait est que l'étude de ces photos fait apparaître des changements marqués en réaction à des émotions. Elles montrent également que la matière absorbe et réfléchit les émotions de la personne tenant l'objet ou celles du propriétaire de ce dernier.

Voilà qui ne devrait pas surprendre des médiums, car nous tenons souvent la bague, la montre ou les clés d'une cliente durant nos séances. Ces objets renforcent et augmentent la quantité d'information que nous pouvons détecter à propos des émotions, des formes de pensées et même de la vie de quelqu'un. À de nombreuses reprises,

* NdT. Constance de ses conditions de vie.

je n'ai eu qu'à tenir la bague d'une cliente pour recevoir instantanément un flot d'information psychique à son sujet.

On a appelé l'énergie qui est codée d'information « force vitale », « ki », « chi » et « prana ». Dans les années 1940, des chercheurs ont appelé l'énergie vitale « énergie de l'orgone ». Le scientifique Wilhelm Reich a trouvé l'énergie de l'orgone présente dans la matière organique notamment dans l'eau, la laine, le bois, et dans l'atmosphère. Reich a finalement mis au point un dispositif ressemblant à un canon qui pouvait influencer l'énergie de l'orgone, avec lequel il a procédé à des modifications du temps au cours de plusieurs études vérifiées[5]. Reich pensait que le ciel bleu était en réalité l'énergie de l'orgone visible, car il soupçonnait que l'énergie était de couleur bleue. Les photos satellites de la Terre permettent de vérifier que la planète est entourée d'une couche électrique bleue[6].

Nous pouvons œuvrer à guérir la Terre comme s'il s'agissait du corps d'un client. Notre travail énergétique et médiumnique peut comporter les mêmes étapes qu'avec un client humain. Par exemple, nous voudrions tout d'abord nous détendre et permettre à notre esprit de s'éclaircir. Ensuite, nous nous harmoniserions avec la Terre pour sentir les zones de souffrance.

Vous pouvez vous adresser directement à la souffrance et recevoir une grande quantité d'information. Par exemple, demandez-lui : « Qu'essaies-tu de me dire ? » Ensuite, écoutez et vous découvrirez que cette souffrance a une voix qui lui est propre. Cette voix vous orientera vers ce pour quoi elle a le plus besoin de votre aide. Elle pourrait vous demander d'envoyer des anges ou de la lumière blanche dans certains lieux géographiques, par exemple. Il vous faudra lever tous vos doutes et vos jugements, tandis que vous vous laisserez guider par cette sage patiente qu'est la Terre.

Vous pouvez également examiner psychiquement la Terre avec minutie de la même manière que les chakras d'une cliente. Un client vivant dans une région éloignée du pays m'avait demandé de le faire pour le terrain entourant sa maison durant une séance de lecture psychique au téléphone. Je me suis mentalement promenée sur son terrain et j'ai été attirée par trois zones différentes. Dans chacune, j'ai vu une forme sombre qui ressemblait à un verre à vin géant enfoui dans le sol. Tout en examinant ces zones, j'ai senti les frissons d'une intense énergie négative. Je n'ai pas aimé être branchée à ces endroits et j'ai immédiatement informé mon client de mon malaise. Il m'a expliqué que les zones que je décrivais étaient protégées par des barrières qui portaient des panneaux du gouvernement mettant en garde contre les radiations. Selon lui, ma vision des grandes silhouettes en forme de verres à vin correspondait aux puits de déchets toxiques situés sous la surface du sol. Je me suis employée à nettoyer psychiquement ces zones durant le reste de nos séances.

Je mène fréquemment un travail de libération d'esprit sur des villes où l'agitation sociale est élevée. Dans l'une de mes visualisations préférées, je dirige un tuyau éthérique géant vers le bas et sur la ville. Je demande à ce tuyau de trouver toute obscurité résultant de la peur et du refus de pardonner. Ensuite, je me visualise mettant l'interrupteur sur la vitesse « élevée » pour que le tube aspire vite toute l'obscurité. Je me représente cette obscurité entrant dans la lumière de Dieu où elle est instantanément purifiée et dissoute. Une fois l'obscurité disparue, j'inverse l'interrupteur pour faire sortir de la lumière blanche, comme le dentifrice sort d'un tube. Cela recouvre la ville d'amour, de paix et d'une sécurité totale. Je termine la visualisation en adressant une prière à Dieu et à Ses anges en reconnaissance de la santé parfaite de cette ville. J'ai également recours de temps à autre à cette visualisation pour les centres du pouvoir politique. Vous serez peut-être inspiré à vous en servir pour les prisons, la forêt tropicale ou d'autres régions que vous souhaiteriez guérir.

Une autre visualisation efficace consiste à voir un gigantesque nuage d'amour de votre couleur préférée. Enveloppez-en la Terre et regardez-le pénétrer en splendides gouttes de joie dans le sol. Sentez la joie de la Terre à absorber avidement cette énergie d'amour. Regardez les plantes et les animaux réagir avec un merveilleux regain tandis que votre don d'amour se répand dans l'écosystème.

La guérison spirituelle du monde

La guérison spirituelle et la guérison par un travail énergétique ont des objectifs identiques. Elles ne diffèrent que par la manière d'envisager le résultat final. La guérison spirituelle amène à regarder au-delà des problèmes et à n'affirmer comme vérité que la perfection sous-jacente, alors que le travail énergétique est concentré sur le problème et essaie de le guérir. La guérison spirituelle a recours aux pensées, aux mots et à l'esprit ; tandis que le travail énergétique s'appuie sur la lumière et des instruments matériels ou éthériques. Votre guide intérieur vous aidera à choisir la méthode de guérison appropriée à chaque situation.

Comme pour la guérison spirituelle des clients humains, la guérison spirituelle de la Terre implique de lâcher prise sur le refus de pardonner puisque c'est la conscience de masse qui alimente les problèmes sociaux et environnementaux.

Le refus de pardonner est une forme de pensée qui divise le monde entre les bons et les mauvais. Le moi-ego est à l'aise en rendant des forces extérieures responsables de ses cauchemars. De cette façon, il est assuré de poursuivre son existence. Après tout, une fois qu'une personne a découvert que l'ego et ses perceptions ne sont qu'illusions, celui-ci perd en quelque sorte son trône. Comme le magicien d'Oz, l'ego nous dit continuellement de « ne pas faire attention à l'homme derrière le rideau », alors qu'il cherche à nous distraire par un déploiement de tonnerre et d'éclairs.

Nous ne pouvons pas guérir le cauchemar du réchauffement climatique, de la destruction de la forêt tropicale et autres avec des jugements et de la colère à l'égard des « mauvais » qui en sont les auteurs. Une telle focalisation crée une immense boîte de Petri* dans laquelle le comportement des « mauvais » se reproduit selon l'infaillible Loi de la cause et de l'effet : tout ce à quoi nous pensons s'amplifie.

Les artisans de lumière peuvent toutefois guérir la *cause* du comportement irresponsable de ceux qui maltraitent la forêt tropicale et aux autres auteurs de méfaits contre la nature. Cependant, cela exige du courage pour avoir la foi que la solution – le pardon – portera ses fruits.

Dieu a parlé à ceux qui maltraitent la Terre. Ces gens savent dans leur cœur qu'ils engendrent de la souffrance. Le fait de le savoir a effrité l'image qu'ils ont d'eux-mêmes et ils se voient comme indignes de mener une vie plus heureuse et plus productive. La plupart d'entre eux ont peur qu'une ruine financière n'accompagne le chan-

* NdT. Boîte en verre servant à la culture de bactéries.

gement opéré dans leur cœur. Les gens qui perpétuent un comportement criminel sont sur le point de guérir et l'état d'esprit d'amour des artisans de lumière mis en commun peut apporter le petit élan nécessaire à l'éveil de leurs esprits.

Artisans de lumière, vous pouvez guérir des milliers de maux sociaux en décidant collectivement de pardonner à ces criminels et de les aimer. Vous n'avez pas besoin de pardonner leurs actes ; pardonnez simplement à la personne à l'origine des actes. Cela nécessitera peut-être que vous ayez le désir de pardonner au « mauvais » de votre propre vie. En effet, souvent nous projetons un ancien refus de pardonner sur des situations nouvelles nous rappelant les blessures passées.

Voyez les criminels pour ce qu'ils sont vraiment : des enfants de Dieu sacrés et aimants. Visualisez-les « recevant » la vision que leur quête de sécurité et de bonheur a engendré de la souffrance pour eux-mêmes et pour les autres. Imaginez-les ayant une révélation qui les fait tomber à genoux, impressionnés par l'amour de Dieu. Voyez-les en retour utiliser leur savoir au service du bien, en éveillant et en guérissant d'autres criminels.

Si vous trouvez que ces visualisations manquent de naturel ou sont difficiles, vos efforts de guérison spirituelle peuvent vous amener à avoir des pensées délibérément neutres à propos du crime. De cette façon, vous ne jetterez pas d'huile sur le feu en entretenant des pensées de colère ou de peur à l'égard des criminels. Ce genre de pensées est le paysage où naît en premier lieu l'effrayante illusion du crime.

Demandez aux anges de vous aider à trouver l'amour pour les criminels dans votre cœur. Cet amour vous aidera à vivre vraiment la merveilleuse expérience de *savoir* que nous faisons tous un en Dieu. Cela vous aidera peut-être de relire la citation de Ralph Waldo Trine qui énonçait clairement au début de ce livre que la connaissance de l'unité est la clé de la guérison.

La pratique de la conscience éveillée

Lorsque je me suis engagée sur la voie des artisans de lumière, mon intuition m'a incitée à éviter les conversations, les émissions télévisées et les lectures négatives. Elle n'a pas eu à me le demander deux fois ! J'ai suivi ce conseil de bonne grâce, anxieuse que j'étais de préserver la joie encore fragile d'avoir redécouvert mon Moi spirituel.

En parlant avec d'autres artisans de lumière, je découvre qu'ils ont eux aussi reçu et suivi le même conseil de leur guide intérieur. Pourtant, leurs activités de guérisseurs placeront certains d'entre eux en première ligne, là où l'interaction avec les médias est inévitable. L'attention d'autres artisans de lumière occupant des postes au gouvernement ou dans le milieu des soins traditionnels pourra être assaillie par des scènes très crues ou des discussions passionnées.

Il est sans aucun doute plus facile de concentrer son attention sur la vérité d'amour du monde en évitant les bulletins de nouvelles et les discussions à propos des « problèmes ». Toutefois, il se peut que cela ne soit pas toujours faisable ou désirable. Une artisane de lumière a dit qu'elle aimait regarder les nouvelles du soir parce qu'ainsi elle sait où diriger ses prières. Sa perspective est un merveilleux modèle pour ceux d'entre nous qui se demandent comment équilibrer leurs désirs de garder leur esprit pur tout en apportant des services en vue de guérir le monde.

Nous pouvons toujours demander aux anges de nous aider à lâcher prise sur nos peurs et notre colère face aux situations de ce monde. Les anges *veulent* nous aider à guérir le monde. Toutefois, sauf dans les cas d'extrême urgence, la Loi du libre arbitre nous oblige à demander leur intervention. Les anges répondent avec plaisir à nos appels à l'aide, car ils savent qu'ils guérissent le monde en même temps qu'ils guérissent le cœur et l'esprit des artisans de lumière.

C'est dans les fonctions de guérison que les artisans de lumière utilisent le mieux leur temps et leur énergie. C'est pourquoi les discussions et les débats sur les problèmes du monde vont à l'encontre du but recherché sur la voie des artisans de lumière. Les conflits naissent de l'ego et s'appuient sur une vision des autres et de nous-mêmes comme étant des êtres distincts. Le temps et l'énergie dépensés dans un débat pourraient être mieux utilisés dans une séance de travail énergétique, de guérison spirituelle ou simplement en des gestes de bonté envers la Terre.

Dans le même esprit, la guérison de notre monde implique de faire attention aux mots que nous employons dans notre discours et nos pensées. Cela comprend d'éviter de discuter de « combien effroyable » est l'évolution de la situation dans telle ou telle partie du monde. Il y a toujours moyen d'aiguiller délicatement les conversations sur une perspective d'espoir et de guérison. Je demande souvent à Jésus ou à l'Esprit Saint de m'aider à choisir mes mots, et je suis toujours surprise de la rapidité avec laquelle ils me donnent sur-le-champ la phrase à dire exactement.

La santé et la paix du monde

Sur le plan spirituel, non seulement il n'existe rien de *mauvais* dans le monde mais *le monde n'existe pas.* L'illusion de la matière solide provient de l'esprit de l'humain et non du Créateur. Néanmoins, l'artisane de lumière compatissante peut s'aider elle-même, ainsi que ses frères et sœurs vivant sur Terre, à goûter leurs rêves à propos de la Terre.

Vous avez sans doute fait l'expérience d'un rêve lucide dans lequel, votre conscience étant coupée en deux, vous rêviez tout en ayant parfaitement conscience de rêver. Une partie de vous faisait le rêve, tandis que l'autre vous regardait rêver. Cette part de votre conscience qui regardait était capable d'orienter votre rêve. Vous pouvez de la même manière orienter le rêve collectif avec votre conscience.

Chaque fois qu'une artisane de lumière a la révélation de faire un avec l'amour de Dieu et avec les uns et les autres, c'est un apport pour l'esprit de tous les autres êtres. L'effet est similaire à la manière dont un sillon apparaît dans le cortex cérébral chaque fois que nous apprenons quelque chose de nouveau. L'esprit unique reçoit les saines pensées de l'artisane de lumière à propos de la véritable réalité et ce nouveau sillon pousse tous les fils et les filles de Dieu vers l'éveil.

La guérison spirituelle de notre planète ayant trait à l'esprit du vrai moi, et non au corps, vos traitements seront donc faits dans le monde du vrai Moi. On pénètre dans ce monde en appuyant sur le bouton « en marche » et qui permet d'entrer dans la vie parallèle grâce à une pensée d'amour. Cela signifie qu'il vous faudra éviter d'avoir sur le monde des pensées de peur ou de colère. Il se peut que vous ayez besoin de vous souvenir des bienfaits de guérison de la pratique du « détachement » de la matière prôné par les philosophies orientales. Évidemment, bien qu'aimant la nature et ne voulant pas la voir subir des dommages ou être détruite, c'est par les pensées inspirées du niveau supérieur de la vérité que vous montrez le plus votre amour pour elle. Après tout, nous ne pouvons pas guérir à partir de la peur et du désespoir,

Le monde est guéri à l'instant où vous décidez de voir un monde guéri. J'ai affiché chez moi des panneaux disant : « Le monde est aimant, heureux et forme un tout ». Cela me rappelle de guérir le monde en l'imaginant guéri ; ce n'est pas un moyen de nier la laideur ou la souffrance, mais de le débarrasser de ces illusions extérieures superflues. Le cœur de notre monde est magnifique, pur et paisible, et nous pouvons en faire l'expérience juste en décidant de le voir.

À cet égard, la seule chose exigée d'une artisane de lumière désirant aider le monde est sa décision de rester centrée dans une perspective d'amour. Tandis que nous artisans de lumière guérissons individuellement, le monde guérit simultanément. Comme il est dit dans *Un cours en miracles* :

> « Ainsi, votre guérison est la seule chose dont le monde ait besoin pour pouvoir guérir. La résurrection du monde attend votre guérison et votre bonheur, pour que vous puissiez faire la preuve de la guérison du monde. »

* * * *

Prière des artisans de lumière

« Née du ciel, l'âme doit suivre une course la menant au ciel. Au-delà du monde, elle prend son essor. L'homme sage, je l'affirme, ne peut trouver aucun repos dans ce qui périt, pas plus qu'il ne prêtera son cœur à quelque chose qui dépend du temps. »

— Michelangelo Buonarroti,
artiste et philosophe de la Renaissance italienne

Nous nous disons parfois : « Si seulement le monde était un endroit meilleur, *alors* je serais heureux ». En réalité, de telles pensées vont à reculons, car elles inversent l'ordre de la cause et de l'effet.

Votre bonheur ne dépend pas de la paix du monde. En revanche, la paix du monde dépend de votre bonheur. Le monde entier et sa population sont les reflets exacts de vos pensées intérieures. Si vous vous voyez, ainsi que le monde à travers l'objectif de votre ego, vous verrez et vivrez une peur, une culpabilité et un malheur affreux. Donnant libre cours à son imagination, l'ego vous enverra chercher la condition extérieure qui est la promesse d'un bonheur que lui et ses cadeaux ne peuvent toutefois jamais apporter, parce que le bonheur est l'avis de congédiement qui met un terme à l'existence de l'ego.

Toutefois, si vous écoutez la Voix provenant de Dieu qui s'adresse à vous par des pressentiments et des intuitions, vous serez guidée à voir le monde avec les yeux de votre vrai Moi. Avec cette vision-là, le monde est instantanément guéri parce que tout ce que voit et connaît votre vrai moi, c'est l'amour.

La voie des artisans de lumière est celle qui conduit à garder votre conscience centrée sur l'état de votre vrai Moi. C'est la voie menant à la découverte que le vrai Moi n'offre que les cadeaux que vous désirez. C'est la décision de lâcher prise sur les attachements au monde matériel, et ce faisant, d'accéder à l'unique source de joie qui existe, tout en vivant dans le monde matériel. Vous guérissez *dans* le monde, en n'étant pas *du* monde.

En avançant sur la voie des artisans de lumière, affirmons ensemble :

Prière des artisans de lumière

Je choisis de rester centrée dans la conscience de l'amour, de Dieu et de mon vrai moi. En ce centre, comme dans l'œil du cyclone, tout est serein, sûr et paisible. Mon pouvoir, ma sagesse et ma paix viennent de ce que je reste en ce centre, et je demande le soutien de Dieu et de Ses anges pour garder mon esprit aligné avec la vérité.

Je me détache du monde matériel de mon plein gré, sachant qu'en faisant cela, je peux efficacement aider les autres. Je fais confiance à Dieu pour satisfaire tous mes besoins et je permets à Sa toute-puissante sagesse de me diriger par tous les moyens.

J'accepte de suivre en permanence un régime d'amour et de joie en sachant que je mérite le bonheur et la santé. Je lâche prise volontiers et avec amour sur les jugements de l'ego à mon sujet et face aux autres, sachant que tout ce que je veux vient de ma décision de vivre dans l'unité de toute vie.

Je sais que je suis destinée à être guérisseuse et enseignante au nom de Dieu et j'accepte intégralement ma mission dès à présent, sans retard ni réserve. Je remets tous les comportements qui m'empêcheraient d'entendre ma voix intérieure et je suis heureuse de faire confiance à mon guide intérieur pour me conduire sur la voie des artisans de lumière, où je suis avec joie un instrument de l'amour. Je laisse aller tous les doutes et les peurs que je peux avoir quant à l'accomplissement de ma mission divine et m'engage dès maintenant à rester consciente de la Voix provenant de Dieu en moi. Je sais qu'elle est le seul outil dont je n'aurai jamais besoin pour ma propre guérison et celle du monde.

« *Amen* »

* * * *

ANNEXE

RÉFÉRENCES

Chapitre 1 : Premiers miracles

1. MacDonald, William, L. (1995). "The effects of religiosity and structural strain on reported paranormal experiences", *Journal for the Scientific Study of Religion*, vol. 34, p. 366-376.

2. Nelson, Roger. D. (1996). "Wishing for Good Weather: A Natural Experiment in Group Consciousness". Communication présentée lors de la 15e réunion annuelle de la Society for Scientific. Exploration, s'appuyant sur une étude menée par le département de génie de l'université de Princeton sur les anomalies (New Jersey).

3. Morse, Melvin (1992). *Transformé par la lumière : l'effet puissant des expériences de mort imminente sur la vie des gens*, New York, Ballantine Books.

Chapitre 2 : Influences familiales

1. Vreeland, Susan (1996). *What Love Sees : A biographical Novel*, Thorndike (Maine), Thorndike Press.

2. Dresser, Annetta, G. *The Philosophy of P.P. Quimby, with Selections from his Manuscripts and a Sketch of his Life* (Third Edition), Boston (MA), Geo. H. Ellis.

3. DeWitt, John & Canham, Erwin D. (1962). *The Christian Science Way of Life*, New York, Prentice Hall Inc.

4. BAKER, Eddy Mary. *Science and Health with Key to the Scripture*. Boston, MA : The First Church of Christ, Scientist.

Chapitre 3 : L'Esprit et la matière

1. FOUNDATION FOR INNER PEACE. *A Course in Miracles*, Glen Ellen (CA). [*Un Cours en Miracles*, également chez les Éditions du Roseau, 2005.)

2. WATKINS, G. K., A.M. WATKINS & R.A. WELLS (1972). "Further studies on the resuscitation of anesthetized mice", Research in Parapsychology, vol. 35, nº 4, p. 257-272.

3. LA BIBLE, New King James Version, Luc, 8 : 50.

4. HARALDSSON, Erlendur & HOUTKOOPER, Joop M. (1992). "Effects of perceptual defensiveness, personality and belief on extrasensory perception tasks", *Personality and Individual Differences*, vol. 13, nº 10, p. 1085-1096.

5. RADIN, Dean & NELSON, Roger D.(1989). "Consciousness-related effects in random physical systems", *Foundations of Physics*, vol. 19, p. 1499-1514.

6. NELSON, R. D., G. J. BRADISH, Y. D. DOBYNS, B. J. DUNNE, R. G. JAHN (1992). "Field REG anomalies in group situations", *Journal of Scientific Exploration*, vol. 10, nº 1, p. 111.

7. DOSSEY Larry (1993). *Ces mots qui guérissent*, Éditions Latté, Paris.

8. Braud William G. "Consciousness interactions with remote biological systems : Anomalous intentionality effects", *Subtle Energies Journal*, vol. 2, no 1, p. 1-46.

Chapitre 4 : Une visite depuis l'au-delà

1. HUXLEY, LAURA (1963). *You Are Not the Target*, North Hollywood (CA),Wilshire Book Company.

2. BAKER EDDY, MARY. Op.cit.

3. GILLIAN, R., B. MONDELL & J. R. WARBASSE (1977). "Quantitative evaluation of Vitamin E in the treatment of angina pectoris", *American Heart Journal*, vol. 93, p. 444-449.

Chapitre 5 : Avoir confiance en l'esprit

1. REEVES, FRANCES R. (1993). *Selected Passages from the Teachings of Sri Sathya Sai Baba*, Tustin (CA), Sathya Sai Baba Society.

2. PEALE, NORMAN VINCENT (1982). *Positive Imaging*, New York, Ballantine Books. (traduit en français sous le titre *La pensée positive*.)

Chapitre 6 : Le Centre de soins

1. LARSEN, Michael. *How to Write a book Proposal*, Cincinnati (Ohio), Writers Digest Books, 1985.

2. *Writer's Market*, Cincinatti (Ohio) Writers Digest Books. (Livre de référence publié chaque année, conte-

nant des renseignements concernant l'établissement de proposition ainsi que les noms et adresses des éditeurs de livres et de magazines; en vente dans les principales librairies, environ 25 $.)

[3] MOODY, Raymond (1975). *Life After Life*, Covington, GA, Mockingbird Books.

Chapitre 7 : Le plan divin

[1] *Literary Marketplace : The Directory of American Book Publishing*, New York, RR. Bowker Co. (mis à jour chaque année).

[2] FRANKL, E. Viktor (1984). *Man's Search for Meaning*, New York, Pocket Books.

Chapitre 8 : Une nouvelle porte s'ouvrira

[1] FOUNDATION FOR INNER PEACE. *Op. cit.*

Chapitre 9 : La présence

[1] HEAD, Joseph and CRANSTON, S.L., Editors (1981). *Reincarnation : An East-West Anthology*, Wheaton (Illinois), The Theosophical Publishing House.

[2] EADIE, Beatty, *Embraced by the Light* [*Dans les bras de la lumière*], Placerville (Californie), Gold Leaf Press, 1992 ; (nouvelle publication en 1994 par) Bantham, New York.

[3] RADIN, D. I., R.D. TAYLOR, et W. BRAUD (1995). "Remote mental influence of human electrodermal acti-

vity : A pilot replication", *European Journal of Parapsychology*, vol. 11, n° 19-34.

4. HIRASAWAM, M. Yamamoto, K. KAWANO, et A. FURUKAWA. *An experiment on extrasensory information transfer with electroencephalogram measurement*, Journal of International Society of Life Information Science, (1996), vol. 14, p. 43-48.

RADIN, I. DEAN. *Silent shockwaves : Evidence for presentiment of emotional futures*, European Journal of Parapsychology, 1996, vol. 12.

5. HONORTON, C., et al. (1990). "Psi-communication in the Ganzfeld : Experiments with an automated testing system and a comparison with a meta-analysis of earlier studies", *Journal of Parapsychology*, vol. 54.

VARVOGLIS, Mario (1986). "Goal-directed and observer-dependent PK: An evaluation of the conformance-behavior model and the observation theories", *The Journal of the American Society for Psychical Research*, vol. 80.

BRAUD, William & M. SCHLITZ (1983). "Psychokinetic influence on electrodermal activity", *Journal of Parapsychology*, vol. 47.

Chapitre 10 : Le réveil

1. ROBERTSON, Pat (1992). *Shout It From the Housetops*, Bridge Publishers.

Chapitre 11 : Visions des dons de l'artisan de lumière

1. ALVARADO, Carlos, Nancy L. ZINGRONE (1994). "Individual differences in aura vision: Relationships to

visual imagery and imaginative-fantasy experiences", European Journal of Parapsychology, 1994, vol. 10, p. 1-30.

BRAUD, William, G (1990). "Meditation and psychokinesis", *Parapsychology Review*, vol. 21, nº 1, p. 9-11.

RAO, P. Krishna and K. Ramakrishna RAO (1982). "Two studies of ESP and subliminal perception", *Journal of Parapsychology*, vol. 46, nº 3, p. 185-207.

RAO, K. Ramakrishna and Puri IRPINDER (1978). "Subsensory perception (SSP), extrasensory perception (ESP) and transcendental meditation (TM)", *Journal of Indian Psychology*, vol. 1, nº 1, p. 69-74.

RAO, K. Ramakrishna, Hamlyn DUKHAN and P.V. Krishna RAO (1978). "Yogic meditation and psi scoring in forced-choice and free-response tests", *Journal of Indian Psychology*, vol. 1, nº 2, p. 160-175.

2. LA BIBLE. NEW King James Version, *Première épître aux Corinthiens*, 13:2 ; 14:1; 14 :31; 14:39.

3. BERN, Daryl and Charles HONORTON (1994). "Does psi exist ? Replicable evidence for an anomalous process of information transfer", *Psychological Bulletin*, vol. 115, p. 4-18.

Science News, Jan 29 1994, vol. 145, nº 5, p. 68.

Scientists Peer into the Mind's Psi.

Chapitre 12 : L'ouverture du troisième œil

1. DYER, W. WAYNE (1995). *Meditations for Manifesting*, Carlsbad (CA), Hay House Inc., 1995, (audio-cassette.)

Chapitre 13 : Lever le voile

1. ALTEA, Rosemary (1995). *The Eagle and the Rose : A remarkable True Story*. New York : Warner Books. [*Une longue échelle vers le ciel*, Presse du Châtelet, Collection *J'ai Lu* 2006]

2. PALMER, John (1975). "Some recent trends in survival research", *Parapsychology Review*, vol. 6, n° 3, p. 15-17.
HARALDSON, Erlendur & Ian STEVENSON (1974). "An Experiment with the Icelandic medium Hafsteinn Bjornson", *Journal of the American Society for Psychical Research*, vol. 68, n° 2, p. 192-202.

Chapitre 14 : Faire la paix avec Dieu

1. BRINKLEY, Dannion et PAUL PERRY. *Saved by the Light*, 1994, Villard Books, New York. (Paru en français sous le titre *Sauvé par les anges*).

DEUXIÈME PARTIE :

Introduction : Les mondes parallèles de l'énergie et de l'esprit

1. WIGNER, E. P. *op., cit.*, 1962.

2. WAPNIK, KENNETH (1985). *Time According to A Course in Miracles,* Roscoe (NY), Foundation for A Course in Miracles Academy.

Chapitre 17 : Préparation à la guérison psychique et spirituelle

1. HARALDSON, ERLENDUR & JOOP M. HOUTKOOPER (1992). Op. cit.

IRWIN, HARVEY J (1986). Op. cit.

DEBES, JEFFREY et ROBERT L. MORRIS (1982). Op. cit.

SOLFIN, G. F. (1982). Op. cit.

BENASSI, VICTOR A., D. PAUL SWEENEY & GREGG E. DREVNO (1979). Op. cit.

SCHMEIDLER, GERTRUDE R. (1975). *Op. cit.*

2. ALVARADO, CARLOS S. & NANCY L. ZINGRONE (1994). Op. cit.

BRAUD, WILLIAM G. (1990). Op. cit.

RAO, P. KRISHNA & RAMAKRISHNA K. RAO (1982). Op. cit.

RAO, RAMAKRISHNA K. & PURI IRPINDER (1978). Op. cit.

RAO, RAMAKRISHNA K., HAMLYN DUKHAN et P. V. RAO (1978). Op. cit.

3. HONORTON, C. et al. (1990). Op. cit.

VARVOGLIS, MARIO (1986). Op. cit.

BRAUD, WILLIAM & M. SCHLITZ (1983). Op. cit.

BEM MARYL, J. & CHARLES HONORTON (1994). Op. cit.

4. BEM MARYL, J. & CHARLES HONORTON (1994). Op. cit.

QUIDER R. F. "The effects of relaxation/suggestion and music on forced-choice ESP scoring". *Journal of the*

American Society for Psychical Research, 1984, vol. 18 p. 241-262.

Chapitre 18 : Augmentez votre réceptivité psychique

1. MACDONALD, WILLIAM L. (1995). Op. cit.

Chapitre 19 : Réalisation de lectures psychiques et de guérisons énergétiques

1. BRYANT, INA (1978). *Magnetic Electricity : A Life saver*, Kingsport, TN: Kingsport Press.

Chapitre 20 : Spiritisme et libération d'esprit

1. SMITH SUSY (1974). *The Book of James*, G.P. Putnam & Sons, New York.

Chapitre 22 : Guérison spirituelle

1. FOUNDATION FOR INNER PEACE. Op. cit.

2. SCHMIDT HELMUT (1984). "Comparison of a theological model with a quantum collapse model of psi", *Journal of Parapsychology*, vol. 48, no 4.

SCHMIDT H (1982). Collapse of the state vector and psychokinetic effect, *Foundations of Physics*, vol. 12, p. 565-591.

SCHMIDT H.1(981), Op. cit.

SCHMIDT H. (1978), Op. cit.

SCHMIDT H. (1976) "PK effects with prerecordered targets", *Journal of American Society of Psychical Research*, vol.70, p. 267-291

3. BRAUD WILLIAM et al.(1979). "Experiments with Matthew Manning", *Journal of the Society for Psychical Research*, vol. 50, no 782, p. 199-223.

Chapitre 23 : Guérir le monde

1. NELSON D. ROGER (1996). Op. cit.
ROBINSON J. LAURIE (1995). Op. cit.
BARTH L. 1961, op. cit.

2. BRAUD WILLIAM, op. cit.
KRIEGER DOLORES (1981). Op. cit.
PLEASS C. M. ET DEAN N. NEY (1990). Op. cit.
NASH C. B. (1984). Op. cit.
BARRY J. (1968). Op. cit.

3. PIATNITSKY L. N. ET V.A. FONKIN (1995). Op. cit.
SCHMEIDLER R. GERTRUDE (1984). Op. cit.
SCHMEIDLER R. GERTRUDE (1973). Op. cit.

4. LOVELOCK J.E. *Gaia: a new look at life on earth*, 1979, Oxford University Press, Oxford.

5. STARZ K. (1978). "The effects of orgone energy accumulator on air: The creative process", *Bulletin of Interscience Research Institute*, vol. 2, no 4, p. 125-137.

6. REICH W. (1945). "A case history". *International Journal of Sex, Economy, and Orgone Research*, vol. 4, p. 59-64.

REICH W. (1944). "Thermical and electroscopical orgonometry", *International Journal of Sex, Economy, and Orgone Research*, vol. 3, no 1.

À PROPOS DE L'AUTEURE

Doreen Virtue, Ph.D. est détentrice de trois diplômes universitaires en psychologie du counseling. Elle accomplit son travail de rédaction, de guérison et ses ateliers en œuvrant avec les anges et le domaine des élémentaires. Doreen enseigne dans le monde entier aux membres du public comment entendre, voir, sentir et connaître les messages du monde de l'esprit. Elle offre également un séminaire à Hawaï dans lequel les membres du public vont nager avec les dauphins.

Doreen a été l'invitée d'*Oprah, The View* sur CNN et d'autres émissions-débats télévisées où on la présente souvent comme « La dame des anges ». De plus son travail a paru dans *Redbook, Glamour, McCalls, Mademoiselle* et d'autres publications.

Si vous avez des récits de rencontres avec un ange ou une fée, Doreen appréciera de les recevoir. Vous pouvez les lui soumettre via son site Internet AngelStories@AngelTherapy.com. Pour vous renseigner à propos des retraites de guérison que Doreen organise à Hawaï ou sur ses autres ateliers, veuillez consulter le site **www.AngelTherapy.com**.

Pour obtenir une copie
de notre catalogue,
communiquez avec :
AdA
1385, boul. Lionel-Boulet
Varennes, Québec
J3X 1P7
Téléc : (450) 929-0220
info@ada-inc.com
www.ada-inc.com
Pour l'Europe, voici les coordonnées :
France : D.G. Diffusion Tél. : 05.61.00.09.99
Belgique : D.G. Diffusion Tél. : 05.61.00.09.99
Suisse : Transat Tél. : 23.42.77.40